本书受吉林外国语大学学术著作出版基金资助出版

·经济与管理书系·

欧亚经济联盟对外自由贸易区建设研究

闫亚娟 | 著

光明日报出版社

图书在版编目（CIP）数据

欧亚经济联盟对外自由贸易区建设研究 / 闫亚娟著. -- 北京：光明日报出版社，2023.7
ISBN 978-7-5194-7330-3

Ⅰ. ①欧… Ⅱ. ①闫… Ⅲ. ①自由贸易区—研究—中国 Ⅳ. ①F752

中国国家版本馆 CIP 数据核字（2023）第 115279 号

欧亚经济联盟对外自由贸易区建设研究

OUYA JINGJI LIANMENG DUIWAI ZIYOU MAOYIQU JIANSHE YANJIU

著　　者：闫亚娟	
责任编辑：王　娟	责任校对：郭思齐　乔宇佳
封面设计：中联华文	责任印制：曹　净

出版发行：光明日报出版社
地　　址：北京市西城区永安路 106 号，100050
电　　话：010－63169890（咨询），010－63131930（邮购）
传　　真：010－63131930
网　　址：http：//book.gmw.cn
E - mail：gmrbcbs@gmw.cn
法律顾问：北京市兰台律师事务所龚柳方律师
印　　刷：三河市华东印刷有限公司
装　　订：三河市华东印刷有限公司
本书如有破损、缺页、装订错误，请与本社联系调换，电话：010-63131930
开　　本：170mm×240mm
字　　数：200 千字　　　　　　　印　　张：15
版　　次：2023 年 7 月第 1 版　　 印　　次：2023 年 7 月第 1 次印刷
书　　号：ISBN 978-7-5194-7330-3
定　　价：95.00 元

版权所有　　翻印必究

前　言

20世纪90年代以来，全球自由贸易区迅速发展，形成了以欧盟、北美自由贸易区、东盟为主体的三大区域板块，对世界政治经济格局产生了重要影响。苏联解体后，俄罗斯作为苏联主要继承国，自独立以来就不断加强独联体地区的经济一体化建设，努力与独联体国家一道成为世界多极格局中的一极。经过多年的反复探索，2015年1月1日，俄罗斯、哈萨克斯坦、白俄罗斯三国共同成立了欧亚经济联盟，随后亚美尼亚、吉尔吉斯斯坦两国加入。欧亚经济联盟是俄罗斯主导的独联体地区重要的区域经济一体化成果，最终目标是发展成为类似于欧盟的欧亚联盟。但欧亚经济联盟成立之初正值俄罗斯遭遇美欧等西方国家经济制裁，加之国际石油价格大幅下跌，俄罗斯陷入经济危机。受俄罗斯影响，欧亚经济联盟其他成员国经济也都出现了不同程度下滑，欧亚经济联盟陷入发展困境。在此背景下，欧亚经济联盟提出对外建立自由贸易区，这是欧亚经济联盟各国自独立以来首次宣布同独联体以外国家开展自由贸易区建设，这不仅为欧亚经济联盟各国经济发展带来了新机会，也为域外国家深度参与独联体地区的经济一体化建设提供了新契机。欧亚经济联盟是中国周边最具影响力的区域经济组织之一，是中国"丝绸之路经济带"建设的核心区，深入分析欧亚经济联盟对外战略动向对中国深化对外合作具有重要意义。

本书选取欧亚经济联盟对外自由贸易区建设为研究对象，在明确独联体地区、欧亚经济联盟、自由贸易区等相关概念的基础上，以自由贸易区理论、非传统收益理论、轮轴-辐条理论以及地缘经济学理论为基础，从自由贸易区建设的背景与诉求、自由贸易区建设的推进思路、自由贸易区建设的实际进展入手，重点分析了自由贸易区建设的主要特征、主要影响以及面临的困境，对自由贸易区建设的未来走势进行了研判，在此基础上针对中国—欧亚经济联盟自由贸易区建设提出了中国应采取的对策建议。

欧亚经济联盟对外自由贸易区建设是在内部和外部环境都不甚乐观的情况下提出的，目标宏大。为使建设顺利进行，欧亚经济联盟规划了对外自由贸易区建设的具体推进思路。第一，以新欧亚主义地缘思想为指导。新欧亚主义思想是 21 世纪以来俄罗斯对外政策的主要指导思想，它主张东西并重，强调重视欧洲的同时，增加亚洲在对外合作中的比重。第二，以广大的亚洲地区为主要发展方向。乌克兰危机爆发后，俄罗斯与欧盟关系恶化，欧亚经济联盟向西发展受阻，在此背景下，欧亚经济联盟选择以广大的亚洲地区作为对外自由贸易区建设的主要发展方向。第三，以中国、越南、印度、伊朗等为实施中的支点国家。中国和越南为俄罗斯的全面战略伙伴关系国，印度为俄罗斯的优先战略伙伴关系国，伊朗为俄罗斯的"特殊关系"国，欧亚经济联盟选取四国依次为东亚、东南亚、南亚、西亚的支点国家，以点带面，进行对外自由贸易区建设。第四，以"5+1"为基本合作模式。"5"这里是指欧亚经济联盟五个成员国，分别为俄罗斯、哈萨克斯坦、白俄罗斯、亚美尼亚、吉尔吉斯斯坦，"1"这里是指第三国或区域经济一体化组织，"5+1"即为欧亚经济联盟+中国、欧亚经济联盟+越南、欧亚经济联盟+伊朗等。第五，以市场、能源和技术合作为推进手段。欧亚经济联盟拥有巨大的潜在市场、丰富的能源储备以及先进的军工技术，借助潜在市场、开展能源外交以及进行军事技术合作成为欧亚经济联盟对外自由贸易区建设的主要推进手段。

按照欧亚经济联盟对外自由贸易区建设路线图，2015 年 5 月 29 日，欧亚经济联盟与越南签署自由贸易协定，2016年10月5日，《欧亚经济联盟—越南自由贸易协定》正式生效，该协定是欧亚经济联盟对外签署的第一个自由贸易协定，是欧亚经济联盟对外自由贸易区建设的样板。2018年5月17日，欧亚经济联盟与伊朗签署临时自由贸易协定，2019年10月27日，《欧亚经济联盟—伊朗临时自由贸易协定》正式生效。之后，2019年10月1日及10月25日，欧亚经济联盟又分别与新加坡和塞尔维亚两国签署自由贸易协定，2021年7月10日，《欧亚经济联盟—塞尔维亚自由贸易协定》正式生效。目前欧亚经济联盟对外已签署3个自由贸易协定和1个临时自由贸易协定。除此之外，欧亚经济联盟与印度、以色列、埃及等国也分别进行了多轮自由贸易谈判。从其现有实践看，欧亚经济联盟对外自由贸易区建设表现出了如下四个特征：第一，在地域范围上以亚洲国家为主；第二，在谈判对象上优先选择盟友及战略伙伴国；第三，在协议内容上采取灵活的自由化标准；第四，在建设目标上兼顾传统与非传统收益。经过多年努力，欧亚经济联盟对外自由贸易区建设形成了自己独特的特点，对独联体地区、欧洲地区、亚洲地区乃至全球的地缘政治经济格局都产生了一定影响。

欧亚经济联盟对外自由贸易区建设至今已有六年时间，取得了一定成效，但也面临一系列困境。具体表现在以下几方面：第一，联盟各成员国自由贸易区建设目标不一致延缓了谈判进程；第二，联盟各国产业结构畸形与贸易结构单一影响贸易伙伴国的选择范围；第三，联盟对外贸易伙伴国整体贸易规模偏小制约了经济收益；第四，美欧等西方国家的地缘政治经济压力挤压了发展空间。未来欧亚经济联盟依然会把小型贸易伙伴作为自由贸易区建设的重点对象，同时逐步推进与东盟和中国的自由贸易区建设，并最终实现与欧盟建立自由贸易区。

中国作为欧亚经济联盟在东亚的支点国家，双方具有建立自由贸易区的可行性。首先，双方建立自由贸易区是深化双方区域经济合作的客观需要；其次，双方建立自由贸易区是实现双方持续经济增长的有效途径；再次，双方建立自由贸易区是改善双方外部政治环境的必然选择；最后，双方建立自由贸易区是"一带一盟"对接的现实要求。目前，中国与欧亚经济联盟双方具有建立自由贸易区的有利条件。一是地理位置毗邻为双方自由贸易区建设提供了地缘条件；二是经济结构互补为双方自由贸易区建设提供了直接动力；三是政治基础良好为双方自由贸易区建设提供了有力保障；四是发展战略契合为双方自由贸易区建设提供了重要支持。

尽管中国和欧亚经济联盟已具备建立自由贸易区的基础和有利条件，且双方已签署经贸合作协定，但距离双方建立自由贸易区还有很长一段距离，双方自由贸易协定达成还存在很大障碍。为此，中国可以借鉴欧亚经济联盟已签署自由贸易协定的成功经验采取相应的对策和措施。

目 录 CONTENTS

绪　论 …………………………………………………………… 1
　　一、选题背景与研究意义 …………………………………… 1
　　二、国内外研究概况 ………………………………………… 4
　　三、研究方法与结构安排 …………………………………… 7
　　四、创新与不足 ……………………………………………… 9

第一章　相关概念与理论基础 ………………………………… 11
　第一节　基本概念界定 ………………………………………… 11
　　一、独联体地区 ……………………………………………… 11
　　二、欧亚经济联盟 …………………………………………… 15
　　三、自由贸易区 ……………………………………………… 19
　第二节　理论基础 ……………………………………………… 23
　　一、自由贸易区理论 ………………………………………… 23
　　二、非传统收益理论 ………………………………………… 25
　　三、轮轴-辐条理论 ………………………………………… 27
　　四、地缘经济学理论 ………………………………………… 30

1

第二章　欧亚经济联盟对外自由贸易区建设的背景与诉求 ········ 33
第一节　欧亚经济联盟对外自由贸易区建设的背景 ············ 33
一、乌克兰危机 ·· 33
二、国际石油价格大幅下跌 ·· 36
三、独联体地区向心力下降 ·· 40
四、亚太地区自由贸易区迅速发展 ······························ 43
第二节　欧亚经济联盟对外自由贸易区建设的诉求 ············ 45
一、推动联盟各国经济增长 ·· 45
二、改善联盟外部政治环境 ·· 47
三、维护联盟各国地区安全 ·· 49
四、提升联盟地区及国际影响力 ·································· 50
本章小结 ·· 51

第三章　欧亚经济联盟对外自由贸易区建设的推进思路 ········ 53
第一节　以新欧亚主义地缘思想为指导 ·························· 53
一、新欧亚主义地缘思想的形成 ·································· 54
二、新欧亚主义地缘思想的核心内容 ···························· 56
三、新欧亚主义影响下联盟成员国的对外合作战略 ·········· 57
第二节　以广大的亚洲地区为主要发展方向 ····················· 59
一、联盟成员国的欧洲观 ·· 59
二、联盟成员国的亚洲观 ·· 61
三、乌克兰危机后亚洲在联盟对外合作中的地位 ············· 63
第三节　以中国、越南、印度、伊朗为实施中的支点国家 ··· 64
一、东亚的支点国家：中国 ··· 64
二、东南亚的支点国家：越南 ····································· 66

三、南亚的支点国家：印度 ………………………………… 68
　　四、西亚的支点国家：伊朗 ………………………………… 69
第四节　以"5+1"为基本合作模式 ………………………………… 71
　　一、"5+1"合作模式的内涵 ………………………………… 71
　　二、"5+1"合作模式的优点 ………………………………… 72
　　三、"5+1"合作模式的难点 ………………………………… 74
第五节　以市场、能源、技术合作为推进手段 …………………… 75
　　一、借助巨大的潜在市场 …………………………………… 75
　　二、开展能源外交 …………………………………………… 76
　　三、进行军事技术合作 ……………………………………… 78
本章小结 ………………………………………………………………… 80

第四章　欧亚经济联盟对外自由贸易区建设的实际进展 ………… **82**
第一节　与越南、塞尔维亚、新加坡的《自由贸易协定》已
　　　　分别签署 ………………………………………………… 82
　　一、《自由贸易协定》的签订背景 …………………………… 83
　　二、《自由贸易协定》的主要内容 …………………………… 88
　　三、《自由贸易协定》的签订效果 …………………………… 91
第二节　与伊朗的《临时自由贸易协定》正在向《自由贸易协定》
　　　　升级 ……………………………………………………… 99
　　一、《临时自由贸易协定》的签订背景 ……………………… 99
　　二、《临时自由贸易协定》的主要内容 …………………… 101
　　三、《临时自由贸易协定》的实施效果 …………………… 102
第三节　与印度、以色列、埃及的《自由贸易协定》正在分别
　　　　谈判中 …………………………………………………… 105
　　一、《自由贸易协定》的谈判背景 ………………………… 106

二、《自由贸易协定》的谈判进展 …………………………………… 108
三、《自由贸易协定》的预期效果 …………………………………… 109
本章小结 ……………………………………………………………… 111

第五章　欧亚经济联盟对外自由贸易区建设的特征与影响 ……… **113**

第一节　欧亚经济联盟对外自由贸易区建设的主要特征 ………… 113
一、在地域范围上以亚洲国家为主 …………………………………… 113
二、在谈判对象上优先选择盟友及战略伙伴国 ……………………… 114
三、在协议内容上采取灵活的自由化标准 …………………………… 115
四、在建设目标上兼顾传统与非传统收益 …………………………… 117

第二节　欧亚经济联盟对外自由贸易区建设的主要影响 ………… 118
一、推动了独联体地区经济与世界经济的融合 ……………………… 118
二、加剧了俄罗斯与美欧的地缘政治竞争 …………………………… 121
三、提升了亚洲国家在联盟空间的经济地位 ………………………… 124
四、促进了世界多极化向深度和广度拓展 …………………………… 127

本章小结 ……………………………………………………………… 130

第六章　欧亚经济联盟对外自由贸易区建设的困境与走势 ……… **132**

第一节　欧亚经济联盟对外自由贸易区建设面临的困境 ………… 132
一、联盟成员国自由贸易区建设目标不一致延缓了谈判进程 ……… 132
二、产业结构畸形与贸易结构单一影响伙伴国选择范围 …………… 134
三、对外自由贸易伙伴国整体贸易规模偏小制约了经济收益 ……… 136
四、美国的地缘政治与地缘经济压力挤压了发展空间 ……………… 137

第二节　欧亚经济联盟对外自由贸易区建设的走势 ……………… 138
一、继续推进与小型贸易伙伴的自由贸易区建设 …………………… 138
二、努力推进与东盟的自由贸易区建设 ……………………………… 141

三、长期致力于与欧盟的自由贸易区建设 …………………………… 142
四、逐步推进与中国的自由贸易区建设 …………………………… 145
本章小结 ………………………………………………………………… 148

第七章 中国—欧亚经济联盟自由贸易区建设的可行性 ……………… 150
第一节 中国—欧亚经济联盟自由贸易区建设的现实意义 ………… 150
一、深化双方区域经济合作的客观需要 …………………………… 150
二、实现双方持续经济增长的有效途径 …………………………… 152
三、改善双方外部政治环境的必然选择 …………………………… 154
四、"一带一盟"对接的现实要求 …………………………………… 156
第二节 中国—欧亚经济联盟自由贸易区建设的贸易基础 ………… 158
一、中国与俄、哈、白、亚、吉五国的贸易发展历程 …………… 158
二、中国与欧亚经济联盟的贸易发展现状 ………………………… 160
三、中国与欧亚经济联盟贸易关系的测度 ………………………… 164
第三节 中国—欧亚经济联盟自由贸易区建设的现有优势 ………… 173
一、地理位置毗邻为双方自由贸易区建设提供了地缘条件 ……… 173
二、经济结构互补为双方自由贸易区建设提供了直接动力 ……… 174
三、政治基础良好为双方自由贸易区建设提供了有力保障 ……… 176
四、发展战略契合为双方自由贸易区建设提供了重要支持 ……… 178
本章小结 ………………………………………………………………… 180

第八章 中国—欧亚经济联盟自由贸易区建设的障碍与对策建议 …… 182
第一节 中国—欧亚经济联盟已取得的经贸合作成果 ……………… 182
一、双方已签署经贸合作协定 ……………………………………… 182
二、《经贸合作协定》的主要内容 …………………………………… 183
三、经贸合作协定与自由贸易协定的关系 ………………………… 184

第二节　中国—欧亚经济联盟自由贸易区建设的障碍 …………… 185
　　一、俄罗斯担心中国会削弱其在联盟的影响力 …………… 185
　　二、联盟其他成员国警惕对中国经济形成过度依赖 ……… 188
　　三、联盟成员国地区安全隐患困扰中国与其深化合作 …… 190
第三节　中国深化对欧亚经济联盟自由贸易区建设的对策建议 …… 191
　　一、坚持以经济为导向，积极引导去政治化 ……………… 191
　　二、深化实体项目合作，逐步扩大产业投资 ……………… 195
　　三、借助上合组织平台，加强安全领域合作 ……………… 197
　　四、秉持先易后难原则，加快推进自贸区谈判 …………… 200
本章小结 ……………………………………………………………… 203

结　论 204

参考文献 207

绪 论

一、选题背景与研究意义

(一) 选题背景

1991年，苏联解体，世界发生了重大转折。在政治领域，以美苏为首的两极格局结束，世界朝着美、欧、日、俄、中等多极格局的方向发展。在经济领域，经济全球化成为世界经济发展的主流，世界各国为了满足对贸易自由化的需求，纷纷选择加入世界贸易组织（WTO），但随着WTO成员数量的增加以及各利益体矛盾冲突的加剧，世界多边贸易体制举步维艰。在全球政治格局不断调整以及经济全球化陷入停滞的背景下，原有的世界力量重新分化组合，世界主要经济体将精力转向了以构建自由贸易区为主的区域经济一体化建设。经过多年发展，全球自由贸易区建设取得了极大进展，目前已形成了以欧洲、美洲和亚洲为主体的三大区域板块。在欧洲地区，欧盟一方面不断吸纳新成员发展壮大自己，另一方面努力与欧洲以外的其他国家签署自由贸易协定，扩大全球合作的范围。在美洲地区，美国与加拿大、墨西哥成立了北美自由贸易区后，继续加紧在全球范围内排兵布阵。在亚洲地区，以东盟为轴心的5个"10+1"自由贸易区建立，日本、韩国、中国等亚洲主要经济体也将自由贸易区战略上升为国家战略，不断在全球构建自由贸易区网络。自由贸易区发展至今已从最初的纯粹追寻经济利益演变为追求经济、政治、安全等多个利益目标的集合。新一轮的区域经济一体化建设正在重构世界各国的关系，对世界政治经济格局产生了重要影响。

俄罗斯作为苏联主要继承国，自独立以来，就不断加强独联体地区的经济一体化建设，努力与独联体国家一道成为世界多极格局中的一极。经过反复探索，2015年1月1日，俄罗斯、哈萨克斯坦、白俄罗斯三国在独联体地区共同成立了欧亚经济联盟，随后亚美尼亚、吉尔吉斯斯坦两国加入。欧亚经济联盟是独联体地区重要的区域经济一体化成果，开启了独联体地区区域经济一体化的新征程。乌克兰是独联体地区的重要国家，在苏联时期，乌克兰曾一度是苏联15个加盟共和国中仅次于俄罗斯的第二大经济体，其独立之后，尽管经济出现了衰退，依然是独联体地区最有影响力的国家之一。俄罗斯注重发展与乌克兰的关系，并希望乌克兰能加入欧亚经济联盟，成为其重要一员。但由于乌克兰地理位置的特殊性，它不仅是欧亚经济联盟重点发展的国家，也是北约和欧盟东扩的主要对象国，几大区域组织对乌克兰的争夺最终引发乌克兰危机。2013年底的乌克兰危机是独联体地区的一次重大政治危机，对欧亚经济联盟产生了重要影响。一方面，美欧与俄罗斯的制裁与反制裁使欧亚经济联盟陷入经济困境；另一方面，克里米亚脱乌入俄使欧亚经济联盟陷入政治危机。作为新兴的区域经济一体化组织，欧亚经济联盟的最终目标是发展成为类似于欧盟的欧亚联盟，成为世界多极格局中的重要一极。但现阶段欧亚经济联盟无论是在经济总量上，还是在地区及国际影响力上，都与欧盟、北美自由贸易区以及东盟相去甚远，加之成立之初又遇乌克兰危机，欧亚经济联盟进一步发展面临困境。在此背景下，欧亚经济联盟提出拓展外部空间的发展思路，其中积极与独联体以外国家建立自由贸易区是其主要思路之一。2015年5月29日，欧亚经济联盟与越南签署自由贸易协定。2018年5月27日，欧亚经济联盟与伊朗签署临时自由贸易协定。之后，2019年10月1日以及2019年10月25日，欧亚经济联盟又陆续与新加坡、塞尔维亚两国签署了自由贸易协定。目前，欧亚经济联盟与越南、与塞尔维亚的自由贸易协定，与伊朗的临时自由贸易协定已分别生效，与新加坡的自由贸易协定已签署待生效，与印度、以色列、埃及等国的自由贸易协定正在分别谈判中。六年来，欧亚经济联盟对外自由贸易区建设成果显著，这在一定程度上反映了欧亚经济联盟对外自由贸易区建设的决心，未来欧亚经济联盟还将致力于与中国、东盟、欧盟等大型经济体建立自由贸易区。

2013年9月和10月，中国分别提出了"丝绸之路经济带"和"21世纪海上丝绸之路"倡议，即"一带一路"倡议。2013年11月，中国共产党第十八届三中全会提出了要逐步建立起立足周边、辐射"一带一路"、面向全球的高标准自由贸易区网络。2015年12月，中国国务院发布了《关于加快实施自由贸易区战略的若干意见》，指出积极同"一带一路"沿线国家商建自由贸易区，形成"一带一路"大市场。2016年3月，中国发布了"十三五"规划，再次明确指出，积极同"一带一路"沿线国家和地区商建自由贸易区。通过自由贸易区建设促进中国与自由贸易伙伴的经济发展，实现互利共赢。欧亚经济联盟是中国周边最重要的区域经济组织之一，欧亚经济联盟各国是中国"丝绸之路经济带"建设的重要节点国家，深入分析欧亚经济联盟对外自由贸易区建设的具体情况，可以更好地推进中国—欧亚经济联盟自由贸易区建设。

(二) 研究意义

本书对欧亚经济联盟对外自由贸易区建设进行系统研究，其理论意义在于从区域经济一体化组织对外自由贸易区建设的角度进一步完善自由贸易区理论体系。本书以自由贸易区理论、非传统收益理论、轮轴—辐条理论、地缘经济学理论为基础来研究区域经济一体化组织对外自由贸易区建设的推进思路和实际进展，深入分析了其对外自由贸易区建设的特征与影响，研究了其对外自由贸易区建设的具体困境，有助于更好地掌握区域经济一体化组织对外自由贸易区建设的整体思维与逻辑，以此丰富自由贸易区建设理论体系，同时也为深化区域经济一体化组织自由贸易区建设提供理论支撑。

本书的现实意义在于把握欧亚经济联盟对外自由贸易区建设动向、面临的困境以及发展趋势，以此为中国—欧亚经济联盟自由贸易区建设提供参考。在经济全球化和区域经济一体化迅速发展的现阶段，经济体之间的利益博弈在相互孤立的情况下是十分危险的。欧亚经济联盟五个成员国中有三个国家都是中国近邻，其中俄罗斯为中国最大的邻国和最重要的战略合作伙伴，欧亚经济联盟与其他国家签署自由贸易协定在对中国产生贸易转移效应的同时，也对中国周边的政治环境产生了一定的影响。因此，深入研究欧亚经济联盟对外自由贸易区建设有利于中国立足周边开展大国外交，也有助于为中国与欧亚经济联盟深入合作找到突破路径。

二、国内外研究概况

欧亚经济联盟是独联体地区重要的区域经济一体化组织，自成立以来，国内外学者对其进行了大量研究，但研究主要集中在内部一体化问题上，如欧亚经济联盟成立的动因、发展现状、面临的困境以及发展前景等。而对于欧亚经济联盟对外经济合作的研究，也仅限于对外经济合作的路径以及欧亚经济联盟与丝绸之路经济带对接等方面的研究。关于欧亚经济联盟对外自由贸易区建设的研究相对较少，按照研究内容的侧重点不同，将其分为以下两个方面。

首先，关于欧亚经济联盟对外自由贸易区建设的研究。宫艳华（2017）指出，欧亚经济联盟自成立以来，对内积极建立共同市场，对外努力融入世界经济一体化进程，在对外构建自由贸易区过程中，欧亚经济联盟保守且谨慎，自由贸易区伙伴国均为贸易小国，现阶段对欧亚经济联盟经济拉动较小。①安兆祯（2018）指出，欧亚经济联盟以构建自由贸易区的形式加强对外合作，该拓展方式引起世界多国兴趣，其中希望与其达成自由贸易协定的有50多个国家，包括一些发达国家。②张继荣（2019）指出，欧亚经济联盟努力与第三国和区域经济组织构建自由贸易区，从其实践来看，欧亚经济联盟对外自由贸易区建设的态度谨慎，特别是在服务贸易和投资自由化方面较为保守。③宫艳华（2020）认为，欧亚经济联盟对外自由贸易区建设层次低、内容少、规模小，远没有欧亚经济联盟官方和学界所宣扬的那样成绩显著。④

其次，关于欧亚经济联盟与某一具体经济体的自由贸易区建设研究。Мазырин（2016）指出，欧亚经济联盟选择越南作为其第一个自由贸易合作伙伴并非偶然，越南是欧亚经济联盟长期的、久经考验的合作伙伴，双方在政治领域拥有相对完善的互动机制，在经济领域，欧亚经济联盟可以通过越南，与东盟建立更紧密的关系。⑤ Amat Adarov等（2021）指出，2019年10月，欧亚经济联盟与伊朗临时自由贸易协定生效，一定程度上促进了双方贸易，其中欧亚经济联盟对伊朗的出口预期收益将会增大。⑥周密（2016）指出，欧亚经济联盟与新加坡建立自由贸易区是各取所需，对消除双方贸易壁垒，提升欧亚经济联盟的对外开放水平具有积极的促进作

---

① 宫艳华. 欧亚经济联盟对外自贸区合作分析 [J]. 西伯利亚研究，2017（8）：53-58.
② 安兆祯. 欧亚经济联盟的对外经济关系 [J]. 西伯利亚研究，2018（1）：28-31.
③ 张继荣. 欧亚经济联盟对外自由贸易区建设的实践与启示 [J]. 中国流通经济，2019（11）：86-93.
④ 宫艳华. 欧亚经济联盟对外经济合作评析 [J]. 欧亚经济，2020（6）：45-61.
⑤ В. Мазырин. Вьетнам: зоны свободной торговли [J]. Мировая экономика и международные отношения，2016（3）：72-82.
⑥ Adarov A, Ghodsi M. The impact of the Eurasian Economic Union-Iran preferential trade agreement on mutual trade at aggregate and sectoral levels [J]. Eurasian Economic Review，2021（1）：1-33.

用。① 张国凤（2016）从中国与欧亚经济联盟构建自由贸易区的基础出发，分析了双方构建自由贸易区将面临的问题，指出中国为推进自由贸易区建设应采取政策协调及增进了解和信任等相关对策。② 程中海等（2017）指出，如果中国与欧亚经济联盟签署自由贸易协定，非关税壁垒降低将会比关税削减更能为双方带来较大的经济福利与实际收入。③ 高志刚等（2017）认为，中国和欧亚经济联盟建立自由贸易区，将会使各方福利都得到改善，其中俄罗斯取得的福利效应最大，中国次于俄罗斯，位居第二位。④ 丛晓男（2018）通过构建全球多区域一般均衡模型，对双方关税减让的不同组合进行了情景分析，得出中国与欧亚经济联盟建立自由贸易区，将扩大中国对欧亚经济联盟的出口，除去政治因素，单从经济收益角度看，欧亚经济联盟从自由贸易区中获得的收益有限，短期内中国与欧亚经济联盟自由贸易区建设存在较大困难。⑤

综上所述，现阶段关于欧亚经济联盟对外自由贸易区建设的研究较少，这与当前欧亚经济联盟有意扩大域外自由贸易区建设的目标不相符。因此，本书立足欧亚经济联盟对外自由贸易区建设全局，分析欧亚经济联盟对外自由贸易区建设的背景与诉求、推进思路、实际进展，进而了解欧亚经济联盟对外自由贸易区建设的特征与影响，面临的困境以及未来走势，从全局角度掌握欧亚经济联盟对外自由贸易区建设的发展动向，以此为中国和欧亚经济联盟自由贸易区建设提供经验借鉴。

---

① 周密. EAEU 对接新加坡：自贸版图的扩张与升级 [J]. 世界知识，2016（6）：13.
② 张国凤. 中国与欧亚经济联盟自由贸易区构建的基础、问题与对策 [J]. 中国高校社会科学，2016（4）：96-107.
③ 程中海，袁凯彬. 中国—欧亚经济联盟 FTA 的经贸效应模拟分析——基于 GTAP 模型及偏效应分解 [J]. 世界经济研究，2017（1）：96-108.
④ 高志刚，王彦芳，刘伟. 丝绸之路经济带背景下中国—欧亚经济联盟自贸区建设研究 [J]. 国际贸易问题，2017（5）：80-89.
⑤ 丛晓男. 中国—欧亚经济联盟 FTA 的经济障碍与现实选择——基于可计算一般均衡 GMR-CGE [J]. 俄罗斯研究，2018（1）：82-110.

三、研究方法与结构安排

（一）研究方法

1. 文献研究法

本书搜集了欧亚经济联盟、自由贸易区、独联体地区经济一体化等资料及中俄文文献，了解了欧亚经济联盟对外自由贸易区建设的背景与诉求、推进思路，深入分析了欧亚经济联盟对外自由贸易区建设的实际进展，总结了欧亚经济联盟对外自由贸易区建设的主要特征、影响、面临的困境以及未来走势，从而为中国深化欧亚经济联盟自由贸易区建设提供经验借鉴。

2. 政治经济分析法

本书运用政治经济分析方法，结合地缘经济学理论对欧亚经济联盟对外自由贸易区建设进行分析，突破了以往文献仅从经济的单一视角对自由贸易区建设研究的片面性，从更深入、更全面的视角对欧亚经济联盟对外自由贸易区建设进行政治经济综合研究。

3. 历史归纳法

鉴于欧亚经济联盟以及欧亚经济联盟对外自由贸易区建设均有历史可以追溯，因此本书运用历史分析法，归纳并总结了欧亚经济联盟对外自由贸易区建设的现实需求和推进思路。通过历史归纳法的分析，掌握欧亚经济联盟对外自由贸易区建设的进展以及推进特点，对欧亚经济联盟对外自由贸易区建设的发展趋势进行准确研判。

（二）结构安排

本书共分为八章，对欧亚经济联盟对外自由贸易区建设展开全方位和多层次研究，概括起来，主要包括以下五部分内容：

第一部分（第一章）为相关概念与理论基础。首先对独联体地区、欧亚经济联盟、自由贸易区等基本概念进行界定；其次解释和阐述了自由贸易区理论、非传统收益理论、轮轴—辐条理论、地缘经济学理论等，以期为后续章节提供理论支撑。

第二部分（第二章、第三章）为本书的重点之一。首先，介绍了欧亚经济联盟对外自由贸易区建设是在乌克兰爆发地缘政治危机、国际石油价格大幅下跌、独联体地区向心力下降以及亚太地区自由贸易区迅速发展的背景下提出的。其次，分析了欧亚经济联盟对外自由贸易区建设的诉求，即推动联盟各国经济增长、改善联盟外部政治环境、维护联盟各国地区安全、提升联盟地区及国际影响力。最后，在背景与诉求的基础上重点从指导思想、主要发展方向、实施中的支点国家、合作模式、推进手段等五方面详细阐述了欧亚经济联盟对外自由贸易区建设是如何规划的，指出欧亚经济联盟对外自由贸易区建设是以欧亚经济联盟为轴心，以东亚中国、东南亚越南、南亚印度、西亚伊朗等国家为支点，以"5+1"为合作模式，以市场、能源和技术合作为手段，从点到面，逐步构建自由贸易区网络的。

第三部分（第四章）为本书的重点之二。本部分将欧亚经济联盟对外自由贸易区建设进展情况分为三类，即已签署的自由贸易协定、临时自由贸易协定向自由贸易协定升级、正在谈判的自由贸易协定三种类型。进而分别从三种自由贸易协定的签订背景或谈判背景、协定的主要内容或谈判进展、协定的实施效果或潜在效果三个方面详细分析了欧亚经济联盟对外自由贸易区建设的具体情况。

第四部分（第五章、第六章）为本书的重点之三。首先，从欧亚经济联盟对外自由贸易区建设的实际进展中，分析归纳了欧亚经济联盟对外自由贸易区建设的主要特征，一是在地域范围上以亚洲国家为主，二是在谈判对象上优先选择盟友和战略伙伴国，三是在协议内容上采取了灵活的自由化标准，四是在建设目标上兼顾传统和非传统收益。其次，分析了欧亚经济联盟对外自由贸易区建设对独联体地区、欧洲地区、亚洲地区乃至全球产生的影响。再次，指出欧亚经济联盟对外自由贸易区建设虽然取得了一定成效，但也显现出了一系列问题，如联盟成员国自由贸易区建设目标不一致，联盟成员国产业结构畸形和贸易结构单一，对外自由贸易伙伴整体贸易规模偏小，西方国家的战略挤压等。最后，分析了欧亚经济联盟对外自由贸易区建设的未来走势，指出短期欧亚经济联盟仍然会继续推进与小型贸易伙伴的自由贸易区建设，但长期欧亚经济联盟将致力于与东盟、中国、欧盟建立自由贸易区。

第五部分（第七章、第八章）以中国和欧亚经济联盟自由贸易区建设为研究对象，首先分析了中国与欧亚经济联盟建立自由贸易区的现实意义、贸易基础以及现有条件，指出现阶段中国与欧亚经济联盟具有建立自由贸易区的可行性。在此基础上，重点分析了双方已签署的经贸合作协定与尚未签署的自由贸易协定之间的联系与区别，指出现阶段双方签署自由贸易协定的主要障碍，并从中国角度提出了相关对策建议。

四、创新与不足

（一）本书的创新点

本书的创新主要有以下三点：

第一，研究内容的创新。本书对欧亚经济联盟对外自由贸易区建设进行专门研究，欧亚经济联盟成立时间较短，现阶段对欧亚经济联盟的研究主要集中于自身一体化问题的研究，而本书结合中国积极与"一带一路"沿线国家建立自由贸易区的现实需要，对欧亚经济联盟对外自由贸易区建设进行系统分析，总结欧亚经济联盟对外自由贸易区建设的特点与诉求，提出中国的对策建议。

第二，研究视角的创新。本书采用政治经济分析法，以往对自由贸易区的研究主要从经济角度分析自由贸易区建设的动因以及建立效果，而本书则从地缘政治和地缘经济角度分析欧亚经济联盟对外自由贸易区建设的整体布局、实际进展以及产生的影响，指出欧亚经济联盟对外自由贸易区建设在注重经济收益的同时，政治收益以及安全收益也是其重点考虑的因素。

第三，研究架构的创新。本书从指导思想、主要方向、支点国家、合作模式、推进手段五个方面全面系统地考察了欧亚经济联盟对外自由贸易区建设的战略安排，这一结构安排明确勾勒出了欧亚经济联盟对外自由贸易区建设的整体思路，避免了从单一角度分析的局限性。

(二) 本书不足之处

本书的不足有以下两点：

第一，本书的研究对象是欧亚经济联盟对外自由贸易区，需要参考大量的外文资料，由于笔者外语水平有限以及相关国外文献资料获取渠道的限制，在一定程度上影响了部分内容的研究深度。

第二，在对欧亚经济联盟对外自由贸易区建设的实际进展研究中，由于欧亚经济联盟已签署和正在谈判的自由贸易伙伴国均是欧亚经济联盟对外贸易小国，且自由贸易协定生效时间较短，因此本书只使用了大量的数据资料作为支撑进行定性分析，未来利用数量模型进一步对自由贸易协定效果进行定量分析，将成为笔者研究努力的方向。

第一章

相关概念与理论基础

第二次世界大战以后,特别是20世纪90年代以来,自由贸易区在世界各地不断发展,并取得了积极效果,为区域经济一体化做出了巨大贡献。随着自由贸易区数量的增加,自由贸易区理论也在不断完善和发展。在传统自由贸易区理论的基础上,又相继出现了非传统收益理论、轮轴-辐条理论、地缘经济学理论等,这些理论从不同角度解释了自由贸易区的形成和发展,成为现阶段自由贸易区建设的理论基础。

第一节 基本概念界定

一、独联体地区

(一)独联体地区的概念界定

"独联体地区"原则上主要指加入独立国家联合体(以下简称独联体)的国家所辖的范围区域。苏联解体后,一个原来联邦主义级别的大国分裂为15个独立主权国家,其中部分独立主权国家为使原有的经济政治联系不立刻中断,成立了独联体。独联体作为接替苏联的组织,其结构较为松散，成员国发生了多次变动。

1991年12月8日，苏联的俄罗斯、白俄罗斯、乌克兰三个加盟共和国共同签署了《关于建立独立国家联合体的协定》，并表示赞同其他苏联加盟共和国加入该组织；同年12月21日，苏联（除波罗的海三个加盟共和国和格鲁吉亚外）的11个加盟共和国通过了《阿拉木图宣言》，宣布成立独联体，同时苏联停止存在；1993年1月22日，格鲁吉亚加入独联体，独联体成员国扩大至12个国家，包括了除波罗的海三国以外的所有苏联加盟共和国。此后，由于多种因素，独联体成员国中的土库曼斯坦、格鲁吉亚、乌克兰3国分别于2005年、2008年和2014年相继退出了独联体，但由于历史传承以及本书研究的需要，本书对独联体地区的研究将涵盖上述三国。

（二）独联体地区的经济一体化历程

1991年苏联解体，除波罗的海3国及格鲁吉亚外的苏联11个加盟共和国共同成立了独联体，之后1993年格鲁吉亚正式加入。① 1991至1993年，独联体各国经历了短暂的非一体化后，社会经济出现了全面危机。为克服危机，发展经济，独联体各国开始了一体化进程。

首先，独联体整体经济一体化。1993年9月24日，独联体9国（除土库曼斯坦、格鲁吉亚、乌克兰3国外）首脑在俄罗斯首都莫斯科签署了《独联体经济联盟条约》。条约仿照欧盟，规定经济一体化分自由贸易区、海关联盟、统一市场三个阶段逐步实施，最终目标是在成员国间建立统一的经济区，实现商品、劳务、资本的自由流动。该条约的签署标志着独联体各国非经济一体化时期的结束和经济一体化新阶段的开始。1993年12月24日，土库曼斯坦加入经济联盟。之后，格鲁吉亚、乌克兰两国也分

---

① 11个加盟共和国分别为俄罗斯、白俄罗斯、乌克兰、摩尔多瓦、阿塞拜疆、亚美尼亚、哈萨克斯坦、乌兹别克斯坦、吉尔吉斯斯坦、塔吉克斯坦、土库曼斯坦。

别加入经济联盟,经济联盟由独联体9国扩大至12国。与此同时,独联体各国通过了著名的《阿什哈巴德宣言》,宣言将经济一体化相关政策以法律的形式固定下来,宣言的通过表明独联体各国确定朝着经济一体化方向迈进。1994年4月16日,独联体各国为推动经济一体化进一步发展,通过了两项重要决议,一是建立经济联盟委员会,任务是保证经济联盟的有效活动;二是建立自由贸易区,签署了俄罗斯与独联体其他国家逐步建立自由贸易区的协议。1994年10月21日,独联体国家成立了第一个超国家经济机构——跨国经济委员会,同时还签署了《独联体一体化发展基本方针(备忘录)》《独联体一体化发展的前景计划》等多项协议。截止到1995年,独联体各国签署了上百项经济合作协议,但由于政治、经济、社会目标不同,新独立的独联体各国联而不紧,绝大多数协议都未能得到有效执行,大部分协商机构也仅限于空转,独联体整体经济一体化更多停留在纸面上。独联体整体经济一体化难以推进的原因,主要表现在以下三个方面。一是独联体各国在整体经济一体化认识上存在较大差异。在独联体12个国家中,俄罗斯与白俄罗斯互为重要伙伴,两国赞成全面一体化;而中亚的哈萨克斯坦、乌兹别克斯坦、吉尔吉斯斯坦和塔吉克斯坦在经济上对俄罗斯有较强的依赖,但在政治上却有较强的民族主义,4国赞成在经济及某些社会领域一体化;独联体其他6国则对一体化不太热衷,政治上强烈的独立愿望致使各国对主权有极强的敏感性,担心一体化会使主权旁落,从而失去来之不易的独立地位,特别是乌克兰、阿塞拜疆、摩尔多瓦3国赞成有限经济一体化,反对任何超国家机构。二是新独立的独联体各国均面临经济体制转轨危机。在1991至1995年间,独联体12国国内生产总值较上一年平均下降分别为8.1%、22.1%、15.0%、18.1%、6.25%。其中下降最多的为格鲁吉亚,5年间平均下降25.1%,下降最少的国家为乌兹别克斯坦,5年间平均下降也达到了4.1%,而作为一体化主要推动者的俄罗斯，5年间则平均下降了8.96%。① 各国由经济危机引发的政治危机和社会危机频繁爆发，为尽快摆脱混乱局面，恢复经济增长，独联体各国赞成经济一体化，希望通过一体化获得直接的经济利益，但又不愿在一体化上做任何让步，这在一定程度上阻碍了一体化进程。三是外部势力插手。独联体各国因特殊的地理位置和特有的资源禀赋，自独立以来就成为大国博弈的焦点，以美国为首的西方国家不断对独联体国家进行政治经济渗透，以阻挠独联体地区一体化进程。而独联体国家为使自身利益最大化，在参与独联体地区经济一体化的同时，也不断扩大同独联体以外国家的政治经济联系。如中亚各国就与其相邻地区的土耳其、伊朗等国家合作十分活跃，1992年中亚五国共同参加了由伊朗、巴基斯坦、土耳其建立的经济合作组织，这对独联体整体经济一体化产生了一定的负面影响。

其次，由整体转到次区域经济一体化。在独联体整体经济一体化举步维艰的情况下，俄罗斯提出了"不同速度、不同层次的次区域经济一体化"。1995年1月6日，俄罗斯与白俄罗斯两国签署了独联体框架内的首个双边关税同盟协议。同年1月20日，俄、白两国作为缔约国与哈萨克斯坦签署了《关于建立关税同盟协议》，形成了"三国海关联盟"。之后，1996年3月29日和1999年2月26日，吉尔吉斯斯坦、塔吉克斯坦两国先后加入"三国海关联盟"，由此"五国关税联盟"正式形成。"五国关税联盟"计划分两个阶段实施，第一个阶段为完全取消成员国间的关税和贸易数量限制，形成统一的贸易制度；第二个阶段则致力于消除同盟内部的关境，建立统一关境。经过一段时间建设，"五国关税联盟"虽在贸易、经济、法律方面都取得了一定进展，但成员国间巨大的经济发展水平差距所带来的效率低下问题难以避免。为促使"五国关税联盟"向更高层次发展，2000年10月10日，在俄罗斯总统普京提议下，俄、白、哈、吉、塔五国

---

① 刘启芸. 独联体国家和波罗的海三国1990—1995年国民生产总值增长率[J]. 东欧中亚市场研究，1996（8）：42.

首脑在哈萨克斯坦首都阿斯塔纳共同签署了《关于成立欧亚经济共同体条约》，决定将"五国关税联盟"升级为欧亚经济共同体，目标是在五国关税同盟基础上建立统一的货币市场和劳动力市场，进而建立统一经济空间。欧亚经济共同体在俄罗斯的精心经营和推动下，规模逐渐扩大，2002至2003年，独联体中的摩尔多瓦、乌克兰、亚美尼亚三国相继被接纳为该组织的观察员国，2005年中亚合作组织（哈萨克斯坦、吉尔吉斯斯坦、塔吉克斯坦、乌兹别克斯坦、俄罗斯）并入欧亚经济共同体，2006年乌兹别克斯坦正式加入欧亚经济共同体。欧亚经济共同体的成员涵盖了独联体大部分国家，成为当时独联体框架内最具有发展前景的区域经济一体化组织。但由于成员国较多，经济发展水平差距巨大，"五国关税联盟"发展中存在的问题，欧亚经济共同体也未能摆脱。如，各项计划协商一致所带来的效率低下问题，机制中对成员国不履约、违约行为的具体制裁问题，超国家的权力机构建立问题等。这些问题阻碍了欧亚经济共同体进一步发展，2014年10月10日，欧亚经济共同体成员国在白俄罗斯首都明斯克签署了关于撤销欧亚经济共同体的协议。2015年1月1日，欧亚经济共同体所有机构停止活动。与此同时，欧亚经济联盟正式成立。

二、欧亚经济联盟

（一）欧亚经济联盟的形成

从1995年俄罗斯、白俄罗斯两国签署双边关税同盟协议，到哈萨克斯坦加入"三国海关联盟"，再到吉尔吉斯斯坦、塔吉克斯坦两国加入"五国关税同盟"，到最后成立欧亚经济共同体，俄罗斯一直试图建立由多个独联体国家参与的关税同盟，但由于成员国间较大的经济差距，特别是吉、塔与俄、白、哈之间的巨大差距，使得这项工作困难重重。为使经济一体化深入发展，俄、白、哈三国提出了分阶段建设欧亚经济共同体的设想。2007年10月6日，俄、白、哈三国领导人在出席欧亚经济共同体领导人峰会时声称，三国将在欧亚经济共同体框架内先行建立关税同盟，实行统一海关监管，待条件成熟后，再期待其他国家加入。2010年1月1日，俄白哈关税同盟在欧亚经济共同体框架下正式成立，对外实行统一进口关税，部分商品设有过渡期。2010年7月6日，俄白哈关税同盟海关法正式生效。2011年7月1日，俄、白、哈三国相互间取消了边境海关监管，三国形成了统一关境。俄白哈关税同盟的正式运行，标志着俄、白、哈三国步入了一体化的实质阶段。2011年11月18日，俄、白、哈三国首脑又通过了《欧亚经济一体化宣言》，表示三国将在俄白哈关税同盟基础上创立统一经济空间。2012年1月1日，俄白哈三国统一经济空间正式启动。按照统一经济空间原则，三国不仅实施统一的对外关税，而且还将实现成员国间商品、服务、人员的自由流动，最终建立欧亚经济联盟。2012年2月1日，欧亚经济委员会取代关税同盟委员会，成为关税同盟和统一经济空间的共同常设超国家管理机构。2013年12月，欧亚经济委员会最高理事会在莫斯科召开，会议除了明确成立欧亚经济联盟外，还规划了邀请亚美尼亚和吉尔吉斯斯坦两国加入欧亚经济联盟的发展蓝图。2014年5月29日，俄、白、哈三国在哈萨克斯坦首都阿斯塔纳共同签署了《欧亚经济联盟条约》。2015年1月1日，欧亚经济联盟正式启动，同年1月2日和5月8日，亚美尼亚和吉尔吉斯斯坦两国正式加入欧亚经济联盟，就此欧亚经济联盟包含了独联体地区的俄罗斯、白俄罗斯、哈萨克斯坦、亚美尼亚、吉尔吉斯斯坦五个国家。

（二）欧亚经济联盟的运行现状

欧亚经济联盟是独联体地区重要的区域经济一体化成果，它的建立标志着独联体地区经济一体化进入了一个全新的发展阶段。欧亚经济联盟以欧盟为样板，致力于在成员国间实现商品、服务、劳动力和资本的自由流动,并在某些经济领域进行政策协调。经过多年发展,目前欧亚经济联盟已经建立了较为完备的组织机构,制定了统一的对外关税,实现了大部分商品的自由流动,形成了共同的劳动力市场。

首先,建立了较为完备的组织机构。为协调成员国之间的经济利益,促进内部高效运转,欧亚经济联盟仿照欧盟建立了相对完善的组织机构,主要有欧亚经济最高理事会、欧亚政府间理事会、欧亚经济委员会和欧亚经济联盟法院,这些机构作为欧亚经济联盟的重要职能机构对其发展起着关键作用。一是欧亚经济最高理事会,作为欧亚经济联盟的最高权力机构,欧亚经济最高理事会由成员国国家首脑组成,主要是制定欧亚经济联盟重大核心问题以及解决与欧亚经济联盟内部一体化和未来发展等相关的战略性问题。二是欧亚政府间理事会,该机构主要由成员国国家总理组成,其主要任务是监督和落实欧亚经济联盟条约、欧亚经济联盟框架内的国际条约、最高理事会的相关决议等,该机构的决议须经一致同意的方式采纳。三是欧亚经济委员会,该机构是欧亚经济联盟的常设管理机构,负责欧亚经济联盟的日常管理。四是欧亚经济联盟法院,该机构是欧亚经济联盟的常设司法机构,总部设在白俄罗斯首都明斯克,主要任务是保证欧亚经济联盟成员国及其各机构能够有效执行联盟条约和相关决议,并调节联盟内部出现的各类纠纷。

其次,制定了统一的对外关税。欧亚经济联盟的基础是关税同盟,核心是统一对外关税,即欧亚经济联盟所有成员国对进口商品实行统一关税并按照预先规定的关税收入分配比例进行分配。欧亚经济联盟成立后,联盟成员国经协调对原俄白哈关税同盟中的关税收入比例进行了重新划分,调整后的欧亚经济联盟各成员国关税收入分配比例分别为:俄罗斯占85.265%、白俄罗斯占4.56%、哈萨克斯坦占7.055%、亚美尼亚占1.22%、吉尔吉斯斯坦占1.9%。由于俄罗斯经济在五国经济总量中最大,且远远超过其他四国,因而所占比例最高,达到了85%以上;而亚美尼亚和吉尔吉斯斯坦两国的经济总量较小，因此关税收入比例分别占不到2%。总体来看，亚美尼亚和吉尔吉斯斯坦两国对此种关税收入分配比例比较满意，而哈萨克斯坦作为欧亚经济联盟第二大经济体则认为自己所占比例过少。

再次，实现了大部分商品的自由流动。欧亚经济联盟启动后，将俄、白、哈统一经济空间提出的商品自由流动、劳动力自由流动、金融资本和服务自由流动作为其运行的主要原则。其中，商品贸易自由是欧亚经济联盟建设的主要组成部分，联盟规定，取消商品自由贸易中的例外，在统一关税基础上实现成员国间商品自由流动，具体内容为：除特殊规定以外，进口商品关税、非关税壁垒、保护条款、反倾销以及反补贴措施等都不适用联盟内部市场，欧亚经济联盟各成员国间不得采取任何限制措施阻碍商品贸易自由化。现阶段商品贸易已成为欧亚经济联盟内部发展的主要构成要素，为欧亚经济联盟各成员国发展带来了较为现实的经济利益。

最后，形成了统一的劳动力市场。统一劳动力市场的形成，意味着欧亚经济联盟成员国间实现了劳动力自由流动，这是继商品自由流动后，欧亚经济联盟内部取得的又一成就。目前，欧亚经济联盟已成为除欧盟外世界上又一个达成单一劳动力市场的区域经济一体化组织。根据劳动力自由流动原则，欧亚经济联盟各国公民有权在其内部的任何成员国工作，本人和家属都可以获得基本社会保障，如养老金福利、子女教育等，此时欧亚经济联盟各国不得采取任何措施限制劳动力自由流动，除非涉及国家安全抑或因公共事务的需要，同时欧亚经济联盟还规定成员国间相互承认教育学历和教育文凭，不需要额外文件，但医疗、教育、法律以及制药领域除外。欧亚经济联盟成员国关于劳动力自由流动的措施将有助于联盟内部劳动力共同市场的建立。随着欧亚经济联盟条约生效，联盟各国不再对其他成员国的公民实行限制，这在一定程度上促进了欧亚经济联盟内部劳动力的自由流动。

18

三、自由贸易区

(一) 自由贸易区的概念

根据世界贸易组织的有关定义,自由贸易区(Free Trade Area),主要是指两个或两个以上国家或单独关税区,通过签订自由贸易协定,在最惠国待遇基础上彼此开放市场,相互取消关税以及非关税壁垒,改善投资和服务的市场准入条件,在此基础上形成的贸易自由化以及投资便利化的区域。[①]

从自由贸易区的定义看,自由贸易区建设的基础是自由贸易伙伴国在谈判与协商的基础上签订自由贸易协定(Free Trade Agreement),自由贸易协定成员国依据自由贸易协定的有关规定分层次、分阶段取消区域内货物的关税和非关税壁垒,实现货物自由流动。目前随着自由贸易区的发展,世界上越来越多的自由贸易协定已不局限于货物贸易自由化,还包括货物贸易便利化、服务和投资便利化以及知识产权、劳工和环境保护等多个方面。因此,自由贸易区不仅是其货物贸易自由流动的区域,还是其服务和投资便利化的区域。确切地说,这个意义的自由贸易区就是指各成员依据自由贸易协定所形成的区域,自由贸易协定是自由贸易区建设的制度基础,而自由贸易区是自由贸易协定实施的具体区域。

这里还需强调,自由贸易区不同于自由贸易园区,自由贸易园区(Free Trade Zone),主要是指在某一国家或者地区境内,设立的实行特殊监管和优惠税收政策的特定区域,如一国的经济开发区、出口加工区、保税区

---

① 商务部海关总署关于规范"自由贸易区"表述的函 [EB/OL]. 中华人民共和国商务部,[2008-05-09]. http://www.mofcom.gov.cn/aarticle/b/e/200805/20080505531434.htmlhao123.com/.

等。① 从内涵来看，自由贸易区与自由贸易园区是一致的，都是以消除贸易障碍并促进对外贸易为目的。但两者又存在明显区别，这主要表现在两者覆盖的地域范围不同，自由贸易园区是某一个国家或者地区境内的某一小块特定区域，而自由贸易区覆盖的区域范围是签订自由贸易协定所有成员国的全部关税区域。因此，自由贸易区不同于自由贸易园区。

（二）自由贸易区的特点

自由贸易区作为区域经济一体化的典型形式之一，与其他区域经济一体化形式相比具有内部贸易自由化、不必实行统一的对外关税和经济政策的特点，自由贸易区是目前区域经济一体化最基本和最普遍采用的形式。图1-1为区域经济一体化从低级到高级的六种形式。

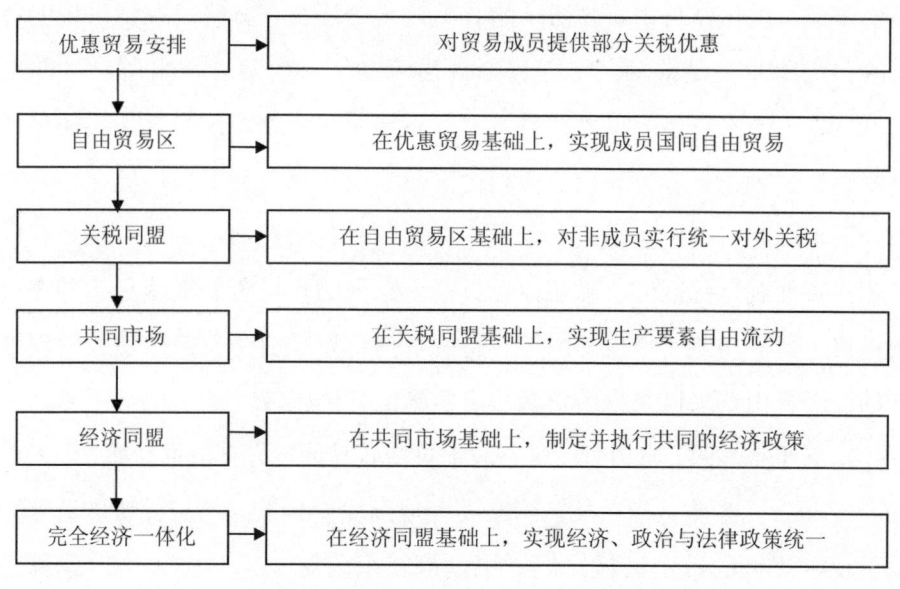

图1-1 区域经济一体化的形式及关系

资料来源：胡俊文. 国际贸易（第二版）[M]. 北京：清华大学出版社，2011：181-183.

---

① 商务部海关总署关于规范"自由贸易区"表述的函 [EB/OL]. 中华人民共和国商务部，[2008-05-09]. http://www.mofcom.gov.cn/aarticle/b/e/200805/20080505531434.htmlhao123.com/.

从图1-1可以看出，在区域经济一体化的六种形式中自由贸易区位于优惠贸易安排与关税同盟之间，与其他区域经济一体化形式相比，自由贸易区具有如下主要特点。

首先，内部取消关税和非关税壁垒。优惠贸易安排只是对成员国之间的部分或全部商品实行减税，而自由贸易区则是对成员国之间的所有商品实行关税减免，使货物在成员国间自由流动。

其次，对外不实行统一关税。关税同盟在实行内部商品自由流动的同时，对来自成员国以外的商品还实行统一关税，但自由贸易区并不要求成员国对外实施统一关税。从经济上讲，自由贸易区的这个特点不会对成员国与原有贸易伙伴国的经贸关系产生深刻影响；从政治上讲，会使自由贸易区谈判及构建的政治阻力变小。

再次，内部商品要素自由流动。共同市场允许商品、劳动、资本等生产要素在成员国间自由流动，甚至企业可以享有区内自由投资的权利。而自由贸易区则只规定商品在成员国间自由流动。

最后，对外不必执行统一的经济政策。经济同盟以及完全经济一体化都要求成员国制定并执行某些共同的经济政策。但自由贸易区成员国对外不必执行统一的经济政策。

从以上特点可知，自由贸易区属于低层次的区域经济一体化形式，是较为松散的区域经济组织。

（三）自由贸易区的推进模式

按照世界各国构建自由贸易区的模式，可将全球自由贸易区的模式归为以下五种基本类型："1+1"模式、"1+1+n"（n≥1）模式、"（1+n)+1"（n≥1）模式、"N+1"（N≥1）模式、"N+N"（N≥1）模式。[①]

[①] 刘德标，张秀娥. 区域贸易协定概论［M］. 北京：中国商务出版社，2009：17-23.

(1)"1+1"模式

"1+1"模式,主要是指两个国家相互间为取消关税和非关税壁垒而签署的自由贸易协定,按照已签署的自由贸易协定的规定,实现成员国间商品的自由流动。"1+1"模式是当前自由贸易区推进的主要模式,如中韩自由贸易区。

(2)"1+1+n"(n≥1)模式

"1+1+n"模式,这里 n 是指某一国家。"1+1+n"模式,是指三个及三个以上国家之间为实现贸易自由化而签订自由贸易协定,进而取消成员国间关税和非关税壁垒,实现内部商品自由流动。目前全球主要的"1+1+n"模式为北美自由贸易区。

(3)"(1+n)+1"(n≥1)模式

"(1+n)+1"模式,这里 n 同样指某一国家。"(1+n)+1"模式,是指原有自由贸易区的扩容,即在现存的自由贸易区基础上吸纳一个或多个国家为其成员国,从而使原有自由贸易区的规模扩大,新加入的成员国在经过一段时期过渡后同原有成员国享有同等的权利和义务。如,东盟从成立之初的 4 个成员国扩大到现在的 10 个成员国。

(4)"N+1"(N≥1)模式

"N+1"模式,这里 N 是指某一区域经济一体化组织。"N+1"模式,是指区域经济组织与某一国家签订自由贸易协定的模式。这种模式与第三种模式有本质区别,第三种模式新加入的成员国同原有成员国享有同等的权利与义务,而这种模式新成员国只能享有协定中的权利与义务,却不能享有原成员国内部的非协定优惠措施。如,东盟与中国签署的"10+1"模式。

(5)"N+N"(N≥1)模式

"N+N"模式,这里 N 同样指某一区域经济一体化组织。"N+N"模式是指区域经济一体化组织与区域经济一体化组织之间,通过谈判达成的一项地理范围更大的自由贸易协定，两个区域经济一体化组织之间仅就所签订的自由贸易协定履行权利与义务，而彼此之间依旧保持独立。这种模式涉及的国家较多，成员国的利益分歧较大，因此这种模式发展相对缓慢。

在这五种发展模式中，"1+1"模式为自由贸易区建设的最主要模式，目前以"1+1"模式构建的自由贸易区数量最多，且发展势头不减。不过，近年来随着自由贸易区的发展，以"N+1"模式建立的自由贸易区也在逐步发展，如欧盟—日本自由贸易区、欧亚经济联盟—越南自由贸易区等。

第二节　理论基础

一、自由贸易区理论

自由贸易区理论是英国著名经济学家彼得·罗布森（P. Robson）在其1980年出版的《国际一体化经济学》一书中提出的，罗布森在范纳（J. Viner）的关税同盟理论基础上提出了自由贸易区理论，他认为自由贸易区与关税同盟类似，同样存在贸易转移效应和贸易创造效应，但不同的是自由贸易区还存在间接的贸易偏转效应。图1-2是从单一国家角度分析自由贸易区的贸易创造、贸易转移和贸易偏转效应的。在图1-2中，横轴表示产品供求数量，纵轴表示产品价格。假设有两个国家H国和P国（H国为主分析国，P国为其他成员国），两国生产同样的产品X，但效率不同，P国生产X产品的效率高于H国，两个国家对X产品采取不同的进口关税，H国的关税较高为P_WP_3，P国的关税较低为P_WP_1，P_W为X产品的世界市场价格，P_3为X产品的H国市场价格，P_1为X产品的P国市场价格，S_H为H国X产品的供给曲线，S_{H+P}为H国与P国供给曲线水平相加之和，

D_H 为 H 国 X 产品的需求曲线。

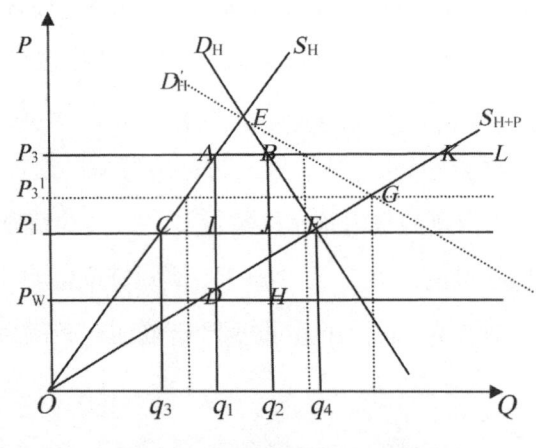

图 1-2 自由贸易区的一国模型

资料来源：[英] 彼得·罗布森. 国际一体化经济学 [M]. 上海：上海译文出版社，2001：28-30.

两国签署自由贸易协定前，H 国以 P_W 的价格在世界 X 产品市场上进口该产品，并对其征收 $P_W P_3$ 价格的关税，X 产品以 P_3 的价格在 H 国市场上销售，此时 H 国 X 产品的供给量为 Oq_1，X 产品的需求量为 Oq_2，X 产品的进口量为 $q_1 q_2$。两国签署自由贸易协定后，在 H 国和 P 国市场内，X 产品可以享受免税移动，而原产地原则禁止了世界其他低价格国家 X 产品从 P 国进入 H 国，如果两国建立自由贸易区后市场上 X 产品总体是净进口，那么 H 国的 X 产品价格就不会降到 P_1 以下，也不会高于 P_3，这时 H 国 X 产品的有效供给曲线为 $P_1 FGKL$。

当 X 产品价格为 P_1 时，此时 H 国的供给量为 Oq_3，需求量为 Oq_4，进口量为 $q_3 q_4$，$q_3 q_4 = q_3 q_1 + q_1 q_2 + q_2 q_4$，这里的 $q_3 q_1 + q_2 q_4$ 为两国签署自由贸易协定后贸易创造效应的结果，$q_1 q_2$ 为两国签署自由贸易协定后贸易转移效应的结果（H 国从签署自由贸易协定前从其他国家进口 X 产品转为签署自由贸易协定后从 P 国进口 X 产品）。假设 P 国市场上 X 产品的价格低于

P_1，且 P 国国内生产足以满足 H 国的进口需求，此时两国签署自由贸易协定后 X 产品价格与 P 国 X 产品的价格相等。但如果 P 国 X 产品价格低于 P_1，且 P 国国内生产无法满足 H 国进口，那么此时会产生间接贸易偏转效应，即 P 国向 H 国出口满足 H 国的进口需求，而 P 国却要从自由贸易区外进口以满足本国的需求，此时，自由贸易区内价格要高于 P 国内该产品的价格。一般来说，一国的需求曲线弹性越大，如 H 国的 $D_H{'}$（比 D_H 更平坦），则此时建立自由贸易区后的价格更接近于未建立自由贸易区时市场上的价格，即 $P_3{'}>P_1$，$P_3{'}$ 比 P_1 更接近 P_3，贸易偏转效应越大。

H 国的净福利变化，建立自由贸易区后，H 国的消费者剩余净增加 △ACI 和 △BJF 两个部分，但政府关税收入净损失 IDHJ 部分，因而，H 国净福利变化是不确定的，取决于 △ACI+△BJF 与 IDHJ 之间的比较，若 △ACI+△BJF>IDHJ，则 H 国有净福利增长，若 △ACI+△BJF<IDHJ，则 H 国有净福利损失。

另外，自由贸易区理论还从两国模型的角度分析了自由贸易区的静态效应。与静态效应相比，自由贸易区的动态效应还没有形成相对完整成熟的理论。

二、非传统收益理论

1998 年，美国学者 Fernandez 和 Partes 发表的《回到区域主义：对区域贸易协定的非传统收益分析》以及 Schiff 和 Winters 发表的《作为外交的区域一体化》，两篇文章共从六个方面阐述了区域经济一体化在某些条件下可能带来的非传统收益，标志着非传统收益理论的初步形成。非传统收益理论为后来研究区域经济一体化提供了新的视角，更好地解释了小国在传统收益不利的情况下参与区域经济一体化的动机。具体而言，主要包括以下六方面内容。

第一，提供保险效应。保险效应，主要是指参加区域经济一体化组织的成员国可以获得预测和防范未来特定事件的保险，这不仅表现在可以避免未来发生贸易战的保险，也表现在可以防止其他国家对其实行贸易壁垒的保险。很多国家，特别是贸易小国加入区域经济一体化组织很大程度是为了获得大国向其开放市场的保险，避免未来大国对其实行贸易保护。这有利于解释，为什么在某些一体化协议中，小国面临许多不利条款时仍然选择加入区域经济一体化组织，因为小国从中可以获得大国稳定市场的保证。

第二，保证政策连贯性。建立自由贸易区，成员国通过签署自由贸易协定形成约束，确保成员国政府对外贸易政策的连贯性。在现实中，具有政策决定权的政府通常会在外部环境不利的情况下，面临国内相关利益集团的压力，修改原有的政策，政策的不断变动会削弱政府可信度，降低政府信誉。签署自由贸易协定在某种程度上可以保证政府政策的连贯性以及政府更换对政策改变的影响。

第三，发信号。通常其他国家对某一国家政府的政策导向、与他国的关系以及政治经济环境等存在信息不完全和不对称的情况。此时，签署自由贸易协定，可以向外界传达一种信号，如该国坚持自由贸易、国内经济状况良好、行业具有潜在竞争力、经济环境自由开放、汇率稳定、贸易壁垒小、与其他成员国关系良好等，这在一定程度上可以向外界表明本国所具备的有利条件，深化与其他国家经济合作的可能，吸引直接投资。

第四，增强讨价还价能力。国际贸易中一个国家对国际规则的影响力常常在于其所提供的出口市场规模，即出口市场规模越大，对国际贸易规则的影响力越大，因而，通常贸易大国比贸易小国在国际谈判中拥有更大的谈判能力。参与区域经济一体化组织，通过国家间联合，能够有效扩大市场规模，从而增强对区域经济组织以外国家讨价还价的能力。

第五，形成协调一致机制。加入区域经济一体化组织能够在成员国间形成一种协调一致机制。这主要体现在两个方面：一是通常贸易自由化的获益者与损失者相比更为分散，而且一般获益时间较长，并带有很大的不确定性，但损失却是即时的、具体的，这往往会使贸易自由化的反对者比支持者更容易集中起来，而签署自由贸易协定可以形成一种协调机制，把贸易自由化的支持者协调起来；二是由于不同国家的贸易政策不同，自由贸易协议可以使各成员国相互妥协，形成一种协调一致机制，推动成员国在不同领域之间交易。

第六，改善成员国安全。斯科夫和温特斯两位学者强调，参加区域经济一体化组织还可以改善成员国安全。具体表现在三个方面：一是可以改善成员国国内安全，如地中海国家与欧盟建立自由贸易区的一个主要原因就是希望消除内部宗教激进主义的蔓延；二是可以有效应对来自域外第三国的安全威胁，如海合会的建立在某种程度上就是为了应对来自伊拉克、伊朗等国的潜在威胁；三是地缘安全不稳定因素推动区域经济一体化组织建立，如欧洲经济共同体成立的一个主要因素就是减少地缘安全威胁。

虽然非传统收益理论从以上六个方面解释了新一轮区域经济一体化形成的动因，但它并未包含全部的非传统因素。因此，非传统收益理论也存在一定缺陷。

三、轮轴-辐条理论

非传统收益理论是从新一轮区域经济一体化形成动因的角度探讨的，而轮轴-辐条理论则是从新一轮区域经济一体化模式的角度来分析的。20世纪90年代以来，随着全球区域经济一体化的蓬勃发展，出现了一国与多个国家分别建立自由贸易区的情形，而且这种情形发展得异常迅速，人们把这种新的区域经济一体化形式称为"轮轴—辐条结构"。

轮轴—辐条结构，是指一国或经济体与多个国家或经济体分别建立自由贸易区时，这个国家或经济体就像一个轮轴，通常称作轮轴国，而与其签订自由贸易协定的多个国家或经济体由于相互之间没有缔结自由贸易协定，就像辐条，通常称作辐条国，在整个自由贸易区网络中轮轴国和辐条国形成了轮轴—辐条结构，具体如图1-3所示。

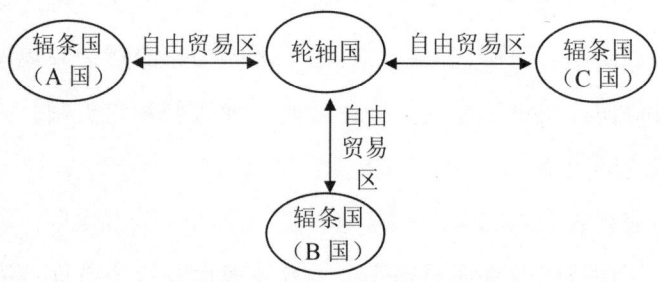

图1-3 轮轴—辐条的基本结构

世界上第一个轮轴—辐条自由贸易区结构是由欧盟设立的。1973年，欧盟分别与瑞士、冰岛、列支敦士登等国建立自由贸易区，为此欧盟成为世界首个轮轴国。之后轮轴—辐条式的自由贸易区结构在全球迅速发展，与此同时关于轮轴—辐条理论的研究也不断涌现。如Kowalczyk、Wonnacott（1992），Baldwin（1994、2003），Deltas、Desmet、Facchini（2005）等学者是从贸易效应角度研究轮轴—辐条结构的；Krugman（1993），Puge、Venables（1997）等学者则是从区位优势的角度研究轮轴—辐条结构的；而Jadish Bhagwati（2002）则是将相互交织的轮轴—辐条自由贸易区结构称为"意大利面碗"现象，认为随着轮轴—辐条自由贸易区结构的发展，全球多边贸易体制将会陷入困境，多边贸易体制将会变得更加复杂以及缺乏透明度。① 总体来说，轮轴—辐条结构的动态发展不仅围绕该结构对各国贸易、经济的影响而展开，同时还融合了非经济因素，具体表现在以下三个方面。

首先，轮轴国可以比辐条国享受更多的优惠。在贸易方面，轮轴国的

---

① 东艳. 区域经济一体化新模式——"轮轴-辐条"双边主义的理论与实证分析［J］. 财经研究，2006（9）：4-18.

产品可以借助自由贸易区进入所有辐条国市场，但辐条国的产品由于受自由贸易区的原产地原则影响，没有进入其他辐条国的自由，这就产生了部分贸易转移效应。在投资方面，由于轮轴国具有更全面、更开放的市场，因而对辐条国的资本会形成较强的吸引力，辐条国的资本会更大程度地流向轮轴国。除此之外，轮轴国在制定贸易规则方面也具有更大主动权，因为轮轴国可以借助自身在贸易、投资等方面的特殊优惠，利用"辐条"国家之间的竞争，使"辐条"国对其妥协。

其次，小国也可能成为轮轴国。通常在国际经济合作中，小国相对于大国来说讨价还价的能力较弱，在建立自由贸易区时，小国一般都会对大国做出较大让步，在自由贸易谈判时小国处于相对劣势地位，很难成为轮轴国。但也有例外情况，如小国具有重要的战略意义，在小国与大国建立自由贸易区时，由于小国的特殊地位，大国竞相与小国建立自由贸易区，在这种情况下，小国也可能成为大国之间的轮轴国。因此，处于劣势地位的国家，当由于某种特殊地位其他国家纷纷与之签署自由贸易协定时，该国的谈判优势就会增强，就会在谈判中获取更多利益，一旦处于劣势的国家成为轮轴国，该国就拥有了更广阔的市场，就能够获取更大的收益，在区域经济一体化的进程中也就能争取到更有利的外部环境。从这个层面来说，发展中国家可以利用轮轴—辐条模式探索出一条有利的自由贸易区建设路径，突破某些发达国家在全球形成的自由贸易区网络。

最后，轮轴—辐条结构拥有自我强化的功能。轮轴—辐条理论的自我强化能力主要体现在以下两个方面：一是在轮轴—辐条体系中轮轴国和辐条国存在利益不对称，由于轮轴国能够获得更多收益，因此轮轴国为保证自己的有利地位，就会不断与其他国家建立自由贸易区，从而使自由贸易区的数量增加，同样，辐条国为了改变自己的不利地位，也会努力建立自由贸易区，使其他国家成为自己的辐条国。因此，在轮轴国效应的驱动下，轮轴—辐条体系就会形成良性循环，这样轮轴—辐条结构就会不断自我强化。二是由于轮轴国的市场容量是有限的，轮轴国在向所有辐条国开放时，就会导致辐条国在轮轴国市场上形成竞争，这样就会形成每新加入一个辐条国，原有辐条国的市场份额就会减少，同时先加入的辐条国的收益会明显高于后加入的辐条国的收益。因此，外部国家为了抢占先机，就会急于与轮轴国签署自由贸易协定，这样轮轴—辐条体系就得到了自我强化。

从上述分析可知，与传统的贸易创造效应和贸易转移效应所引起的利益分配相比，轮轴—辐条理论所形成的利益分配更不均衡，处于轮轴地位的经济体在贸易、投资以及市场规则等方面能够获得更多利益，而处于辐条位置的经济体以及轮轴—辐条体系外围的经济体为了降低福利损失会采取积极的行动，这会促进轮轴—辐条体系的不断扩大，这就为世界各国竞相签署自由贸易协定提供了新的理论基础。

四、地缘经济学理论

地缘政治主要是研究地理环境对国际格局、国际关系以及国家政治行为的影响。它把作为地理事物的国家投放到整个地球的空间来加以考察，研究自然地理与国际政治之间的因果关系。而地缘政治学则是从地理环境的角度对一国的政治行为以及对外政策进行系统研究的科学，地缘政治理论最早产生于19世纪末。早期的地缘政治理论主要包括马汉的海权论以及麦金德的陆权论。1890年，马汉作为美国的海军将领，通过对英国17世纪至19世纪海上霸权建立历程的考察，提出了著名的海权论。马汉认为，衡量一国繁荣与强大的主要标志是获得海权，而获取海权的途径则主要是控制海上航线以及海上重要通道。同时马汉还指出，未来美国能否成为世界大国的关键是能否获取海权，该理论曾在很长一段时间被美国等西方国家奉为圭臬，也曾长期被发展中国家追捧，如印度。而与美国马汉海权论相对立的是英国麦金德的陆权论。1904年，英国地缘政治学家麦金德提出了著名的枢纽地带论，表达了对英国地理位置的担忧，麦金德从历史的角度分析了枢纽地带的重要性，认为铁路等系统的机动性使某些国家成了世界枢纽。之后，麦金德将枢纽地带改为心脏地带，并提出了著名的地缘政治三段论公式，即谁控制了东欧，谁就主宰了心脏地带；谁主宰了心脏地带，谁就统治了世界岛；谁统治了世界岛，谁就主宰了世界。该三段论公式引起英国恐慌，英国担心如果德国与俄国结盟将控制枢纽地带，进而会控制整个欧亚大陆，这将会对英国的世界霸主地位构成威胁。早期的海权论和陆权论都服务于西方某些大国的政治利益，其研究的内容也都集中于生存空间的扩张。

20世纪90年代初，以美苏为首的世界两极格局结束，经济全球化与区域经济一体化迅猛发展，世界政治经济形势趋于缓和，和平与发展成为新的时代主题，某一国家的国际地位和世界影响力不再局限于该国领土大小和军事力量，而是更多取决于其经济发展以及所占的世界市场份额。一国欲在世界事务中拥有更多发言权，需在经济上具有较大优势和较强影响力。在此背景下，地缘经济学理论在传统地缘政治理论的基础上形成并发展。

地缘经济学是地缘政治学发展到一定阶段的产物，因此也被称为后地缘政治学。地缘经济学的概念最早是由美国地缘经济学家爱德华·卢特沃克提出的，1990年，卢特沃克在《从地缘政治到地缘经济：冲突的逻辑、贸易法则》一文中首次提出地缘经济学的概念，1993年，卢特沃克在《危机中的美国》一书中进一步阐释了地缘经济学理论。此后，地缘经济学理论不断发展，并逐步形成了美国学派、意大利学派以及俄罗斯学派。美国学派的主要思想为地缘政治的时代即将结束，而地缘经济时代即将到来，在地缘经济时代，资本、贸易、投资、技术合作将取代地缘政治时代的军队、基地等成为新的对外战略手段，此时国家间的竞争演变为依靠占据世界经济版图来实现，而美国过去依靠武力取得的东西，现在需要依靠经济威力来获得。美国的地缘经济学理论服务于美国的对外扩张需要。意大利学派的地缘经济思想与美国学派过分强调经济较量不同，它是从国际竞争与国际合作的角度分析国家经济地位的。该学派认为国家间的竞争不是跨国公司或银行，而是国家本身，指出意大利在与美国、德国、日本、英国以及法国的竞争中处于劣势，原因在于意大利经济制度老化、产业政策脱离贸易政策、国家与私人部门在创新领域缺乏协调等。意大利学派的地缘经济学理论研究为其国家改革提供了重要的理论支撑。俄罗斯学派关于地缘经济学理论提出了两个经典模型：一是六角模型，该模型将世界从经济空间的角度划分为六个区域，指出"北大西洋西方"目前在世界地缘经济整体地位中占据首要；二是地缘经济模型，该模型的核心为民族经济体系，主要问题是能源问题，指出自经济和金融成为国家竞争手段以后，建立世界能源体系可以使世界再生产过程更和谐。俄罗斯学派主要是从经济地理角度研究地缘经济学的。除此之外，地缘经济学对区域经济合作也给予了特别关注，指出地缘经济学理论在一定程度上促进了世界各国从对抗走向合作。

在区域经济一体化实践中，地缘政治以及地缘经济学理论对区域经济合作产生了重要影响，促进了全球自由贸易区的迅速发展。与此同时，自由贸易区的发展也促进了国家间的政治互信与经济合作，为成员国带来了巨大的政治经济收益，从某种程度上说，区域经济一体化也推动了地缘政治以及地缘经济学理论的进一步发展。

第二章

欧亚经济联盟对外自由贸易区建设的背景与诉求

欧亚经济联盟是俄罗斯主导的独联体地区重要的区域经济一体化组织，它的建立体现了成员国间复杂的政治经济关系以及共同的地缘政治经济利益。但欧亚经济联盟成立后并没有像成员国预想的那样顺利发展。美欧对俄罗斯的制裁以及国际石油价格的大幅下跌，使俄罗斯陷入经济危机。受俄罗斯经济危机影响，欧亚经济联盟其他成员国经济明显下滑，欧亚经济联盟在独联体地区的影响力显著下降。而此时的亚太地区自由贸易区迅速发展，主要经济体都在积极构建有利于自身的自由贸易区网络。在此背景下，为缓解联盟内部经济危机，摆脱地缘政治孤立，扩大地区及国际影响力，欧亚经济联盟提出对外积极加强自由贸易区建设。

第一节 欧亚经济联盟对外自由贸易区建设的背景

一、乌克兰危机

乌克兰地处欧洲东部，领土面积约为60万平方公里，是独联体地区继俄罗斯、哈萨克斯坦之后面积第三大的国家；人口约为4600万，在独联体地区中仅次于俄罗斯，位居第二位。乌克兰东部与俄罗斯接壤，西部与欧盟成员国波兰、罗马尼亚、斯洛伐克、匈牙利等国毗邻，北临白俄罗斯，地理位置十分重要，历史上乌克兰曾是大国的必争之地。1991年年底，独立后的乌克兰再次成为地缘政治焦点，一方面，俄罗斯将其视为与西方国家的缓冲地带；另一方面，美欧将其视为北约和欧盟东扩的主要对象，夹缝中的乌克兰逐渐成为两大阵营争夺的主战场。在这种复杂的地缘政治环境中，乌克兰面临多种选择，倒向西方、倒向俄罗斯抑或保持中立。多年来，围绕地缘战略选择问题，乌克兰一直举棋不定、东西摇摆，最终导致乌克兰内部出现两股力量，即亲俄势力和亲美势力，这两股力量相互对抗、相互制衡，最终演变成乌克兰危机。2013年年底，乌克兰时任总统亚努科维奇（亲俄派）拒绝与欧盟签署自由贸易协定，同时准备恢复与俄白哈关税同盟的经贸联系和磋商。这一决定激怒了乌克兰国内的反对派，反对派在乌克兰国内多个主要城市举行大规模抗议活动。随后俄罗斯承诺向乌克兰提供150亿美元的优惠贷款，同时表示向乌克兰出口天然气的价格下调三分之一。俄罗斯此种行为被乌克兰国内反对派视为收买乌克兰加入欧亚一体化的投资，乌克兰国内的抗议活动进一步恶化。乌克兰危机愈演愈烈，最终导致乌克兰内部政权更迭，亲美势力上台。对此乌克兰东南部以俄罗斯族为主的克里米亚地区举行公投宣布独立，并加入了俄罗斯。俄罗斯收回克里米亚的举动激怒了以美欧为首的西方阵营，乌克兰内部危机最终发展成为以美欧为首的西方阵营与俄罗斯阵营的对抗。

乌克兰危机不仅是乌克兰国内的一次政治危机，更是独联体地区重要的地缘政治危机，这次危机给俄罗斯以及欧亚经济联盟带来了深刻影响，导致欧亚经济联盟与欧盟关系全面恶化。

首先，双方经济关系恶化。乌克兰危机后，克里米亚脱乌入俄，这在一定程度上打破了第二次世界大战以后形成的欧洲新秩序，以美欧为首的西方发达国家对俄罗斯实施大规模经济制裁，制裁涵盖多个领域。一是金融领域，美欧阻止俄罗斯的部分金融机构进入欧盟的一、二级资本市场，并取消了对俄罗斯某些项目的投资；二是能源领域，欧盟国家撤销了与俄罗斯能源合作的产业项目，冻结了与俄罗斯的谈判项目，暂停了对其石油勘探和生产领域的技术服务；三是军工领域，欧盟表示禁止向俄罗斯出口可用于军事用途的军民两用产品。欧洲是俄罗斯及欧亚经济联盟对外经济合作的主要地区，欧亚经济联盟近一半的对外贸易额都是与欧盟产生的，欧盟国家参与对俄罗斯的经济制裁行动对欧亚经济联盟的经济产生了巨大打击，欧亚经济联盟资本外流加剧，外国直接投资下降，企业的投融资渠道被堵，进出口能力下滑，欧亚经济联盟陷入经济危机。与此同时，制裁也影响到了欧盟国家的经济发展，欧盟主要成员国德国对俄罗斯的出口大幅下降，经济发展受阻，欧亚经济联盟与欧盟经济关系恶化。

其次，双方政治互信遭到破坏。俄罗斯和欧盟作为地区乃至国际舞台上的两大重要经济体，虽然在政治、军事、意识形态以及价值观等方面存在诸多分歧，但由于双方在地理上接近、经济上互补、安全上相互依存以及战略上相互借重，自冷战结束以来，双方一直保持着竞争与合作并存的形态。欧盟出于对俄罗斯能源的需求、维护欧洲地区安全与稳定的需要以及制衡美国进而提升自身地位的战略考虑，一直重视发展与俄罗斯的关系。俄罗斯虽然对欧盟东扩保持了必要的警惕，但总体上，俄罗斯一直把欧盟作为重要的合作伙伴。正因为双方互有所求、各有借重，因此双方一直维持着一定程度的政治互信。但乌克兰危机却使双方政治互信被打破，政治互疑加深。从欧盟方面来看，俄罗斯不顾国际法的约束，强行将乌克兰国家的领土纳入自己版图的举动是绝对不能容忍的。对俄罗斯来说，乌克兰危机，欧盟为自己的政治利益与美国共同对俄罗斯实施经济制裁，表明欧盟在思想深处一直对俄罗斯有所防范，一直把俄罗斯作为遏制的对象。乌克兰危机后，俄罗斯以及欧亚经济联盟与欧盟的政治互信遭到破坏，双方政治疑虑进一步加深。

最后，双方文化领域矛盾加深。随着俄罗斯与欧盟经济、政治关系的全面破裂和深度对抗，双方文化领域的矛盾凸显。在俄罗斯的文化历史发展中，俄罗斯始终将融入欧洲文化作为其主要目标，在俄罗斯看来，只有文化上融入欧洲才是根本性地融入欧洲。但俄罗斯横跨欧亚大陆的地理特征使其受到了东西方文化的不同影响，在西方国家看来，俄罗斯文化中具有集体主义和中央集权的因素，这与西方人崇尚的个人主义相背离。苏联解体后，欧洲国家试图通过文化来影响俄罗斯，希望俄罗斯能够实现完全的西化，但俄罗斯与生俱来的东西方文化特点在一时间难以改变。俄罗斯与美欧之间的文化差异不仅影响着本国居民，也对身处俄罗斯与美欧之间的国家产生了重要影响，如乌克兰。受地理位置以及民族属性的影响，乌克兰的东西部在文化上出现了两种相反的倾向，乌克兰东部在文化上更接近俄罗斯，而乌克兰西部在文化上更向往欧洲式的文化。乌克兰危机实质上是俄欧两种文化在乌克兰的碰撞。乌克兰危机后，俄罗斯以及欧亚经济联盟与欧盟的文化矛盾进一步加深。

总之，乌克兰危机恶化了欧亚经济联盟与欧盟的经济、政治以及文化关系，使双方关系降至冷战以来的最低点，欧亚经济联盟向西发展受阻。

二、国际石油价格大幅下跌

自2014年中旬以来，国际市场石油价格大幅下降，北海布伦特原油价格从2014年的98.94美元/桶一路下滑，2016年跌到了44.05美元/桶，与2012年111.97美元/桶相比下降了60.7%，其中在2016年1月更是出现了27.88美元/桶的最低价格，虽然自2016年3月原油价格出现小幅回升，但之后原油价格基本维持在50~70美元/桶。此次原油价格大幅下跌既是供求关系的作用，也是金融汇率的影响，是多种因素相互叠加的结果。具体表现在以下四个方面：一是全球经济增长放缓背景下的石油需求缩减。在市场经济环境下，商品价格最终还是由供求关系决定的，需求不足导致市场价格向买方倾斜。自2008年全球经济危机以来，世界主要经济体经济增长放缓，这在一定程度上抑制了石油需求，世界市场石油需求不足导致石油价格大幅下降。二是页岩油的发展。页岩油作为石油的最重要替代资源，近几年开采技术不断提升，产量大幅增加，这直接导致全球对石油需求量的减少，在一定程度上缩减了石油的需求空间。三是全球石油供给持续放宽。在需求明显缩减的情况下，世界主要石油出口国为稳定自己的市场份额，避免页岩油冲击，产量并没有随着需求的减少而减少，这使得国际石油价格大幅下降。四是美元汇率的持续走强。2010年美国经济出现好转，2014年以来美元景气指数不断攀升，美元汇率的走强实际上等于降低了世界市场上以美元计价的大宗商品的价格，这成为国际油价下降的另一主要因素。在上述多种因素的综合影响下，国际石油价格出现大幅下跌。

石油作为重要的能源产品，其价格波动不仅对石油需求国产生重要影响，也对石油供给国产生了深刻影响。欧亚经济联盟是世界石油生产和出口最主要的经济体之一，其成员国俄罗斯、哈萨克斯坦拥有丰富的石油资源，两国的经济发展对石油价格有较强的依赖。自1991年独立以来，俄、哈两国的经济增长与世界石油价格紧密相关。具体详见图2-1。[①]

从图2-1可以看出，在1992至2019年间国际石油价格变化主要经历了三个节点，分别为1998年、2009年和2016年。第一个节点是1998年，受1997年亚洲经济危机影响，1998年国际石油价格跌至12.7美元/桶，这使刚刚恢复增长的俄罗斯、哈萨克斯坦两国经济严重受挫，这一年两国GDP的增长率分别为-5.3%和-1.9%；第二个节点是2009年，受2008年全球经济危机影响，2009年国际石油价格在经历了10年高速增长后下跌为61.9美元/桶，与此同时，俄罗斯、哈萨克斯坦两国的GDP增长率也同样在经历了10年快速增长后出现下降，这一年两国GDP的增长率分别

---

① 这里的国际石油价格采用的是国际通用的北海布伦特原油价格。

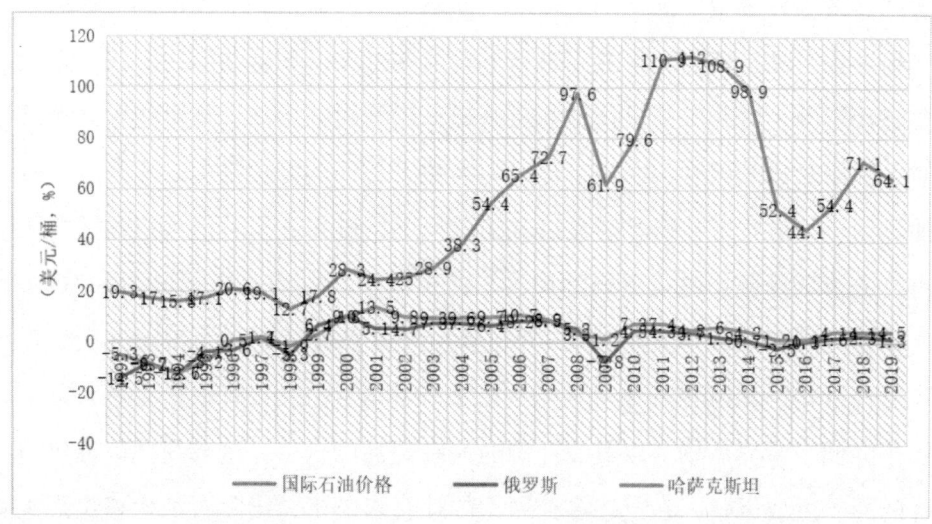

图 2-1 1992—2019 年国际石油价格与俄、哈两国 GDP 增长率的变化情况

资料来源：Статистический ежегоднике вразийского экономического союза. Евразийская экономическая комиссия, 2020года. 2020 年国际统计年鉴.

为 -7.8% 和 1.2%；第三个节点是 2016 年，受多种因素影响，国际石油价格再次出现大幅下跌，2016 年国际石油价格跌至 44.1 美元/桶，俄、哈两国的 GDP 同样出现了明显下滑，这一年两国的 GDP 增长率分别为 0.3% 和 1.1%。三个节点把俄、哈两国的 GDP 增长率分成了四个阶段，即 1992 至 1997 年的低迷阶段、1999 至 2008 年的快速增长阶段、2010 至 2015 年先增后降阶段以及 2017 至 2019 年的缓慢回升阶段。由此可见，俄、哈两国的经济增长率一直与国际石油价格呈同方向变动。

2014 年以来，国际石油价格急剧下滑，对俄罗斯和哈萨克斯坦两国经济产生了重要影响，欧亚经济联盟陷入经济危机。

首先，从 GDP 角度看。2015 年欧亚经济联盟 GDP 增长率较 2014 年下降了 1.9%，其中主要表现为俄罗斯下降了 2.3%；2016 年欧亚经济联盟 GDP 增长率虽然恢复增长，为 0.3%，但受俄罗斯经济影响，欧亚经济联盟主要成员国白俄罗斯的经济增长率持续下降，为-2.5%；2017年和2018年欧亚经济联盟GDP增长率虽然出现了小幅增长，增长率分别为1.9%和2.5%，但2018年欧亚经济联盟GDP总量（19204亿美元）与2014年欧亚经济联盟成立前联盟五个成员国的GDP总量（24012亿美元）相比仍然下降20%。与此同时，欧亚经济联盟的人均GDP也出现了明显下降，2015年欧亚经济联盟人均GDP为8919美元，与2014年的13382美元相比下降了33.4%，2016年人均GDP继续下降为8128美元，居民生活日益艰难，2017年有所恢复，2018年达到了10444美元，但与欧亚经济联盟成立前五国人均GDP相比下降明显。[1]

其次，从汇率角度看。汇率是一国主要的金融指标，是一国经济状况的重要体现。一国汇率水平，在短期内主要是由外汇市场上本币与外币的供求关系决定的，而长期则主要是由一国的经济发展状况、外汇储备情况以及国际收支等多种因素综合影响的。自2014年下半年，受国际石油价格下滑影响，欧亚经济联盟主要成员国俄罗斯的能源出口大幅缩水，外汇储备不断减少，卢布大幅贬值。2014年年底，卢布兑美元汇率为56.26∶1，与2013年年底的32.73∶1相比，暴跌了72%，2015年卢布贬值加剧，卢布兑美元的汇率为72.88∶1。之后，俄罗斯政府采取措施，在外汇市场上出售约2亿美元卢布，希望以此稳定卢布汇率，在俄罗斯的积极政策下，2018年年底，卢布兑美元的汇率为69.47∶1，与2013年年底相比贬值了112.3%。受卢布贬值影响，欧亚经济联盟其他成员国货币也都出现了不同程度的贬值，2014年，哈萨克斯坦坚戈、白俄罗斯卢布、亚美尼亚德拉姆、吉尔吉斯斯坦索姆分别贬值17.8%、15.1%、1.5%、10.8%。2015至2017年间，四国货币贬值并没有得到有效缓解，贬值继续加剧，

---

[1] Статистический ежегодник евразийского экономического союза. Евразийская экономическая комиссия, 2019года. http：//www.eurasiancommission.org/ru/act/integr_i_makro-ec/dep_stat/econstat/Pages/statpu-b.aspx.

与2013年年底相比，截止到2018年年底，四国货币分别下跌147.7%、127.4%、19.3%、41.8%。欧亚经济联盟成员国货币贬值导致资本外流加剧，欧亚经济联盟经济受到深刻影响。①

最后，从通货膨胀角度看。自2014年以来，欧亚经济联盟的通货膨胀率也出现了明显上升，欧亚经济联盟主要成员国俄罗斯2014年和2015年的通货膨胀率分别达到了11.4%和12.9%，这是继2008年13.3%后的又一次高通货膨胀率。2015年俄罗斯央行的预测报告指出，俄罗斯的通货膨胀率与国际石油价格存在明显的相关性，即如果2016年国际市场的石油价格为50美元/桶，那么俄罗斯的通货膨胀率将在5.5%~6.5%，如果国际市场石油价格下降到35美元/桶，那么俄罗斯的通货膨胀率将达到7%左右。②

本轮国际石油价格大幅下降除对欧亚经济联盟上述经济指标产生重要影响外，还使俄罗斯对欧亚经济联盟其他成员国的投资和援助明显减少，打击了欧亚经济联盟各成员国的信心，导致欧亚经济联盟进一步发展受阻。

三、独联体地区向心力下降

苏联时期，东欧社会主义国家是苏联防御西方的缓冲区，苏联解体后，独联体国家成为俄罗斯抵御西方新的缓冲区。俄罗斯认为，属于缓冲区的国家应该与俄罗斯结盟，这样才能保证俄罗斯的安全和稳定。因此，一直以来俄罗斯都重视与独联体国家的关系，并积极推动该地区经济一体

---

① Статистический ежегодник евразийского экономического союза. Евразийская экономическая комиссия, 2019года. http：//www.eurasiancommission.org/ru/act/integr_i_makroec/dep_stat/econstat/Pages/statpu-b.aspx.

② Статистический ежегодник евразийского экономического союза. Евразийская экономическая комиссия, 2019года. http：//www.eurasiancommission.org/ru/act/integr_i_makroec/dep_stat/econstat/Pages/statpu-b.aspx.

化。经过多年建设，俄罗斯最终推动成立了欧亚经济联盟。欧亚经济联盟作为独联体地区重要的区域经济组织，坚持开放性原则，希望其他独联体国家加入，但如果不能加入，俄罗斯也不希望这些国家加入其他组织，如北约。因为任何一个独联体国家加入北约都可能给俄罗斯以及欧亚经济联盟的地缘环境带来安全隐患，具体表现为：一是北约与俄罗斯及欧亚经济联盟的地理距离缩短；二是加入北约的独联体国家会在独联体地区产生辐射效应。因此，俄罗斯积极发展与除欧亚经济联盟成员国外的其他独联体国家的关系，希望这些国家能够加入欧亚经济联盟，成为其重要一员。除地缘安全因素外，经济因素也是俄罗斯重视独联体国家的主要原因，独联体国家是欧亚经济联盟各国重要的产品出口市场，是欧亚经济联盟与欧盟的主要贸易走廊和运输通道。俄罗斯将独联体国家视为其自身的势力范围，并不断推动欧亚经济联盟各国与独联体有关国家的政治经济关系。但乌克兰危机破坏了独联体有关国家的政治经济联系，降低了俄罗斯以及欧亚经济联盟在独联体地区的向心力和影响力。

首先，乌克兰退出了独联体，远离了欧亚经济联盟。2014年年底，乌克兰议会宣布放弃不结盟法案，增加与北约合作的法案。法案指出，俄罗斯在各领域对乌克兰施压，乌克兰为维护领土完整以及国家独立不得不寻求更有效的保障。① 2015年年底，乌克兰与北约签署了"国防和技术合作的路线图"。② 与此同时，乌克兰表示加入北约将是乌克兰的主要目标。2016年，北约与乌克兰委员会表示对乌克兰改革提供援助，援助主要涉及防卫和安全领域，乌克兰和北约的合作不断巩固和扩大。③ 2018年，乌克

---

① 乌克兰议会通过放弃不结盟地位法案 [EB/OL]．[2014-12-26]．https：//world.huanqiu.com/article/9Ca-KrnJGfn2．
② 乌总统波罗申科：加入北约依然是乌克兰的战略目标 [EB/OL]．[2016-09-07]．http：//news.fznews.c-om.cn/guoji/20160907/57cf7977a3c20.shtml．
③ 北约将扩大对乌克兰防务改革的援助 [EB/OL]．[2016-10-26]．http：//sputniknews.cn/military/201610-261021030385/．

兰总统宣布乌克兰正式退出独联体，并关闭其乌克兰驻白俄罗斯首都明斯克的所有代表机构。无论历史上还是现实中，乌克兰对于俄罗斯乃至欧亚经济联盟来说都具有举足轻重的意义，失去了乌克兰的欧亚经济联盟在独联体地区的影响力将大幅下降。

其次，格鲁吉亚和摩尔多瓦两国对俄罗斯乃至欧亚经济联盟表示高度警惕。俄罗斯对乌克兰东部势力的支持以及收回克里米亚的举动引起了独联体有关国家的警觉，尤其是与乌克兰有着相似境遇的摩尔多瓦和格鲁吉亚两国，导致两国对欧亚经济联盟表示怀疑。在俄罗斯的欧亚经济一体化构想中，欧亚经济联盟不仅包括现有联盟成员国，还包括独联体的其他国家。但俄罗斯在乌克兰危机中向乌克兰东部分裂势力提供的大量援助，引起了独联体有关国家的不满，使得这些国家在对待欧亚经济联盟的态度上更加谨慎。

最后，欧亚经济联盟内部凝聚力下降。欧亚经济联盟成员国均为苏联加盟共和国，作为新独立的国家，欧亚经济联盟各国在参与欧亚经济一体化的过程中，对国家主权极为敏感。乌克兰危机，克里米亚脱乌入俄，使白俄罗斯和哈萨克斯坦两国对俄罗斯的戒心有所增强，两国不赞成欧亚经济联盟过快发展。哈萨克斯坦前总统纳扎尔巴耶夫曾多次表示，欧亚经济联盟不是政治组织，欧亚经济联盟只讨论经济问题，不涉及政治问题，也不赞成内部统一制度建设，欧亚经济联盟内部凝聚力下降。如，2014年7月俄罗斯曾在欧亚经济委员会理事会上提出议案，建议白俄罗斯和哈萨克斯坦两国也对乌克兰商品采取限制进口的措施，但此议案未能得到白俄罗斯和哈萨克斯坦两国的支持，欧亚经济联盟内部凝聚力下降。

总之，独联体国家的分歧以及独联体部分国家对俄罗斯的警惕，严重制约了欧亚经济联盟在独联体地区的发展。欧亚经济联盟在独联体地区的作用明显减弱，欧亚经济联盟的地缘政治经济影响力显著下降。

<<< 第二章 欧亚经济联盟对外自由贸易区建设的背景与诉求

四、亚太地区自由贸易区迅速发展

自20世纪90年代以来，世界政治经济格局发生了显著变化，亚太地区因其经济高速发展而逐渐成为新的世界经济增长极。伴随着亚太地区在世界经济格局中的地位凸显，世界多个大型经济体都开始重视在该地区的影响力，不断扩大该地区的区域经济一体化建设，希望通过双边或多边自由贸易区建设加强与该地区国家的经济合作。根据亚洲开发银行的统计，截止到2014年，亚太地区签署并生效的自由贸易协定达199个。[①] 近年来，亚太地区的自由贸易区更是迅速发展。如果从数量上看，亚太地区签署的自由贸易协定位居世界各区域前列，该地区迅速增加的自由贸易协定已成为这一地区经济合作的新特点。如果从规模上看，该地区的几个大型多边自由贸易协定受世界各国的广泛关注，如，已建立的北美自由贸易区、东盟自由贸易区、东盟的五个"10+1"，已达成的全面与进步跨太平洋伙伴关系协定（CPTPP）以及区域全面经济伙伴关系协定（RCEP）等，这些自由贸易协定囊括了世界多个有重要影响力的国家和组织，成为世界新的区域经济一体化中心。

亚太地区集中了美国、日本、东盟以及中国等世界主要政治经济大国和区域组织，这些大型经济体为巩固和发展在亚太地区的影响力不断进行博弈，目前这一地区已经形成了以某些经济体为轮轴的自由贸易区网络。按照单个经济体来看，一是美国，美国一直着力维护其在亚太地区的影响力，早在1985年及1988年，美国就分别与以色列、加拿大两国建立了自由贸易区，之后美国又陆续与墨西哥、加拿大建立了北美自由贸易区，与新加坡、智利、澳大利亚、韩国等国签署了双边自由贸易协定，其中更是在2009年主导了当时亚太地区最具影响力的多边自由贸易组织——跨太

[①] 刘东旭. 亚太自由贸易区实现路径研究 [D]. 上海：上海社会科学院，2016.

平洋伙伴关系协定（TPP）。尽管 2017 年美国退出了 TPP，但美国在亚太地区自由贸易区体系中依然占有重要位置。二是日本，日本一直是亚太地区区域经济一体化的积极参与者，自 2010 年起，日本便将亚太地区视为其自由贸易区建设的重心，目前已签署的自由贸易协定也都主要集中在亚太地区，如已与新加坡、墨西哥、马来西亚、智利、泰国、文莱、印度尼西亚、菲律宾、东盟、越南、印度、澳大利亚等国和区域组织分别签署了双边自由贸易协定，是已达成的 RCEP 的主要成员国。除此之外，日本更是该地区多边自由贸易协定的主导者，在美国退出 TPP 后日本主导签署了 CPTPP，同时日本还是正在谈判的中日韩自由贸易区的积极倡导者。三是中国，虽然中国参与亚太地区区域经济一体化建设起步较晚，但目前中国已分别与亚太地区的新加坡、东盟、智利、新西兰以及韩国等签署了自由贸易协定，与澳大利亚也已启动了自由贸易协定谈判，同时中国也是已达成的 RCEP 和正在谈判的中日韩自由贸易区的主要参与者。除上述单个经济体外，还有区域经济组织。如东盟，东盟作为亚太地区重要的国家集团，在东亚地区的区域经济合作方面，通过打造多个层级的"10+1"以及 RCEP 自由贸易区战略确立了其在东亚地区的核心地位。现阶段，亚太地区自由贸易区体系多极化的趋势正在发展，美国、日本、中国以及东盟各大力量之间的相互关系不断调整和重新排位。

  欧亚经济联盟主要成员国俄罗斯作为苏联主要继承国，自独立以来，一直努力构建自由贸易区，但主要以独联体国家为主。据 WTO 统计数据显示，在欧亚经济联盟成立前，俄罗斯签署的区域自由贸易协定达 17 个，其中双边自由贸易协定为 12 个，多边自由贸易协定为 5 个。但在这 17 个自由贸易协定中只有塞尔维亚为独联体以外国家，其余全部为独联体国家。[①] 与此同时，欧亚经济联盟其他成员国同样也以独联体国家为主要一

[①] 包艳，崔日明. 俄罗斯区域经济一体化：进程、问题及前景［J］. 首都经济贸易大学学报，2016（1）.

体化合作对象。独联体国家只注重内部区域经济一体化的现象,在增进了内部经济合作的同时,也割裂了独联体国家与世界其他国家的经济联系。进入21世纪,随着世界经济重心向亚太地区转移,亚洲在欧亚经济联盟成员国外交中的地位显著提高。但与其他几个大型经济体相比欧亚经济联盟成员国在亚太地区参与的经济一体化组织还较少。欧亚经济联盟成立前,欧亚经济联盟主要成员国俄罗斯在这一地区参与的主要区域经济组织也只有亚太经合组织,这与俄罗斯的大国地位不相符。欧亚经济联盟成立后,俄罗斯及欧亚经济联盟在向西发展受阻后,为避免再被亚洲国家边缘化,积极同亚洲国家进行经济合作,希望通过自由贸易区建设提高其在该地区的影响力和话语权。

第二节　欧亚经济联盟对外自由贸易区建设的诉求

欧亚经济联盟作为新经济体的出现,在地缘经济和地缘政治竞争日趋激烈的情况下,提出对外拓展合作广度,集中于经济领域同其他国家开展自由贸易区建设,希望通过新经济体的加入实现其经济、政治以及安全方面的利益诉求。

一、推动联盟各国经济增长

欧亚经济联盟不同于世界其他区域经济组织,它的5个成员国均脱胎于苏联。苏联解体后,各加盟共和国虽在政治上成为独立主权国家,但近70年形成的相互交织、依存度较高的经济联系,并没有随着主权的独立而立刻消失,原有的对中央(主要是俄罗斯)的高度依赖依然存在。尽管独立后的各国希望按照国际市场需求和本国经济优势调整产业结构、选择出口方向,以此来逐步摆脱对俄罗斯的经济依赖,但实践证明,这并非易事。欧亚经济联盟启动的目标之一是推动联盟各国经济增长，但受乌克兰危机、美欧等西方国家对俄罗斯经济制裁以及国际石油价格大幅下跌的影响，欧亚经济联盟自成立以来，各国经济并未出现显著上升，相反却出现了明显下滑，具体详见表2-1。

表 2-1　2010—2019 年欧亚经济联盟各国 GDP 增长率

单位:%

	2010	2011	2012	2013	2014	2015	2016	2017	2018	2019
俄罗斯	4.5	4.3	3.4	1.3	0.6	-2.0	0.2	1.8	2.5	1.3
哈萨克斯坦	7.3	7.2	4.6	5.8	4.1	1.2	1.1	4.1	4.1	4.5
白俄罗斯	7.7	5.5	1.7	1.0	1.6	-3.8	-2.5	2.5	3.1	1.2
亚美尼亚	2.2	4.7	7.2	3.3	3.5	3.2	0.2	7.5	5.2	7.6
吉尔吉斯斯坦	-0.5	6.0	-0.1	10.9	3.6	3.9	4.3	4.7	3.8	4.5

数据来源：Евразийский экономический союз в цифрах: статистический－Ежегодник. Евразийская экономическая комиссия, 2015-2020года.

从表2-1可以看出，欧亚经济联盟成立前五年，欧亚经济联盟各国GDP平均增长率分别为：俄罗斯2.82%、哈萨克斯坦5.8%、白俄罗斯3.5%、亚美尼亚4.18%、吉尔吉斯斯坦3.98%；而欧亚经济联盟成立后五年，欧亚经济联盟各国GDP平均增长率分别为：俄罗斯0.76%、哈萨克斯坦3.0%、白俄罗斯0.1%、亚美尼亚4.74%、吉尔吉斯斯坦4.24%。欧亚经济联盟成立前后五年对比，联盟主要成员国俄罗斯、哈萨克斯坦、白俄罗斯三国GDP平均增长率分别下降了2.06%、2.8%、3.4%，而亚美尼亚和吉尔吉斯斯坦两国虽有所增长，但幅度较小，分别为0.56%和0.26%。欧亚经济联盟成立并没有对联盟成员国经济形成明显拉动，联盟三大主要成员国俄、哈、白的经济反而出现了明显下滑，虽然这与近几年外部大环境有明显的直接关系，但无论如何都与欧亚经济联盟成立的目标相偏离。短期内，俄罗斯及欧亚经济联盟与美欧等西方国家的关系不会发生根本改变，国际油价低位运行的态势难以逆转。在此情况下，欧亚经济联盟提出对外加强自由贸易区建设。

根据英国经济学家彼得·罗布森对自由贸易区的效应分析可知，构建自由贸易区可以给自由贸易区成员国带来贸易转移效应和贸易创造效应，具体为自由贸易成员国因相互降低或取消关税壁垒而带来的贸易规模扩大，不仅可以对本国效率较低的部门进行系统性优化，也可以推动本国效率较高部门扩大生产和出口，实现成员国的资源优化配置，给成员国带来贸易效应，推动成员国经济增长。因此，欧亚经济联盟提出对外建立自由贸易区，一方面，希望通过与新经济体的关税与非关税壁垒的降低或取消，扩大联盟对外贸易规模，促进联盟各国经济增长；另一方面，希望通过新经济体的加入，推动联盟各国经济结构优化，联盟对外建立自由贸易区后，自由贸易伙伴国之间的经贸往来密切，进出口商品频繁，成员国之间更容易产生知识外溢，正的市场外部性将会提高联盟各国产品竞争力，促进联盟各国经济增长。

二、改善联盟外部政治环境

在自由贸易区建设中，自由贸易伙伴国为了满足本国政治外交需要，也赋予了自由贸易区更多的政治属性。因此，在全球经济一体化过程中，经济体选择是否进行区域经济一体化建设，除了经济目标外，政治目标也是其重点考虑的因素。

欧亚经济联盟作为独联体地区重要的区域经济一体化组织，虽然在制度设计上有模仿欧盟的痕迹，但与欧盟强调内部成员国间的平等互利有很大不同，欧亚经济联盟实质是俄罗斯主导的，哈、白、亚、吉四国参与的"一强多弱"的区域经济结构组织。在欧亚经济联盟内部，俄罗斯具有绝对的权力和地位，具有压倒性的优势，这样的权力结构体系在欧亚经济联盟的发展过程中容易产生诸多问题。如俄罗斯的外部环境变化会直接影响欧亚经济联盟整体。

  2013年年底，乌克兰危机爆发，危机引发克里米亚脱乌入俄，这引起了美欧等西方国家的强烈不满，俄罗斯与美欧矛盾激化，美欧等西方发达国家对俄罗斯实施经济制裁以及全面的政治孤立。主要表现为，2014年3月，八国集团（G8）中除俄罗斯以外的七国宣布将不再参加该年6月在俄罗斯索契举行的G8峰会，并改为在比利时首都布鲁塞尔举行G7峰会，这表示所谓的西方国家俱乐部已经把俄罗斯排除在外。① 2014年11月，在澳大利亚举行20国集团（G20）峰会期间，俄罗斯依旧受到西方国家的排斥，西方国家轮番指责俄罗斯在乌克兰危机中的举动，这迫使俄罗斯总统普京不得不缩短行程，提前回国。② 美欧等西方国家除了联合盟友对俄罗斯实施政治孤立外，还积极拉拢独联体有关国家对俄罗斯进行地缘政治挤压。在美欧的不断努力下，乌克兰、格鲁吉亚、摩尔多瓦三国分别与欧盟签署了联系国协定。与此同时，美国还在中亚的乌兹别克斯坦开设了北约代表处，还计划与中亚的土库曼斯坦共同建设跨里海天然气管道。美欧与独联体有关国家的合作恶化了俄罗斯与这些国家的关系，俄罗斯的传统政治空间被压缩。

  美欧等西方国家对俄罗斯实施的地缘政治孤立，不仅使俄罗斯自身的地缘政治环境恶化，也使欧亚经济联盟陷入政治危机，欧亚经济联盟各成员国面临较强的地缘政治风险。在此背景下，欧亚经济联盟提出对外自由贸易区建设，希望通过对外经济合作巩固和扩大政治伙伴，寻求更多的政治盟友。

---

① 七国拒赴索契，俄遭G8"抛弃"［EB/OL］.［2014-03-26］. http：//newpaper. dahe. cn/hnrb/html/2014-03/-26/content_ 1048166. htm#.
② 俄罗斯总统普京G20"早退"［EB/OL］.［2014-11-17］. https：//news. 163. com/14/1117/00/AB7D04AC0-0014Q4P. html.

三、维护联盟各国地区安全

苏联解体后，曾处于苏联保护伞下的独联体各国不得不重新考虑自己的安全问题。俄罗斯作为欧亚经济联盟主导国，是一个地缘环境和地理位置极具特殊性的国家。俄罗斯横跨欧亚两大洲，领土面积1700多万平方公里，三面环洋，西面及西南面与挪威、芬兰、爱沙尼亚、拉脱维亚、白俄罗斯、乌克兰等国接壤，其中芬兰、爱沙尼亚、拉脱维亚均已加入北约和欧盟，乌克兰虽未加入，但近年来也有意向北约和欧盟靠拢，这对俄罗斯的地缘安全造成了极大威胁，俄罗斯重视发展与周边国家的关系，希望能为其自身提供安全稳定的周边环境。白俄罗斯作为欧亚经济联盟另一主要成员国，它地处欧洲与独联体国家的交叉点，国土面积狭小，人口稀少，综合国力较弱。与乌克兰类似，在历史和现实中白俄罗斯也一直是世界大国争夺的焦点。独立之初，白俄罗斯成为西方拉拢和俄罗斯力保的目标，但其后不久，白俄罗斯选择加入俄罗斯主导的独联体集体安全条约组织，与俄罗斯展开了全方位合作。由此白俄罗斯与西方国家关系恶化，美国等西方国家不断对白俄罗斯分化，白俄罗斯地缘政治环境变得复杂，地缘安全风险加大。哈萨克斯坦和吉尔吉斯斯坦作为欧亚经济联盟另外两个主要成员国，其地理位置极其重要，两国均位于中亚地区，是连接欧亚大陆与中东的枢纽。自中亚五国独立以来，该地区始终面临传统与非传统安全威胁，特别是非传统安全威胁已经严重影响和危害该地区国家的安全与稳定，出于地缘安全考虑，哈、吉两国一直重视发展与俄罗斯的关系，尤其是军事安全合作。亚美尼亚作为欧亚经济联盟另外一重要成员国，地处外高加索地区，地缘环境复杂，不仅跨地区大，而且与周边国家冲突多，如与阿塞拜疆的纳卡地区问题、与土耳其的历史种族灭绝问题等。由于亚美尼亚自身国家小、兵力弱，因此亚美尼亚始终把俄罗斯视为传统盟友和可靠的保护伞，希望借助俄罗斯的力量实现国家安全。欧亚经济联盟成员国间在地缘安全上的相互需求是欧亚经济联盟成立的主要因素之一。

然而，2013年年底乌克兰危机的爆发，使欧亚经济联盟各成员国以及欧亚经济联盟整体再次面临地缘安全威胁，欧亚经济联盟地缘安全不稳定因素增加。如2014年4月，北约在比利时首都布鲁塞尔召开峰会，会议决定北约将加强与乌克兰合作，合作的主要领域为防御体系等，同时应某些东欧国家请求，北约不断加强在东欧地区的军事力量，并在黑海及波罗的海举行海陆协同作战演习。同年9月，为应对俄罗斯挑战，北约建立了快速反应部队。2015年，北约以应对极端组织威胁为由，举行了军事演习，虽然演习是在地中海沿岸，但组建的快速反应部队是典型的乌克兰危机产物。除联合军事演习外，北约还利用反导系统对欧亚经济联盟主要成员国俄罗斯施压，欧亚经济联盟陷入复杂的地缘安全威胁中。

欧亚经济联盟外部地缘安全环境不断恶化，在此背景下，欧亚经济联盟选择加强对外自由贸易区建设，希望通过对外区域经济一体化建设，寻求更多的政治盟友，以缓解其联盟各国周边持续恶化的安全威胁，为联盟各国创造良好的外部安全环境。

四、提升联盟地区及国际影响力

欧亚经济联盟主导国俄罗斯作为苏联主要继承国，自独立以来就一直以世界大国和世界多极化中的主要一极强化自己。俄罗斯反对美国一极世界，它认为世界格局应当是多个大国抑或大型经济体共同推动的，这些大国或大型经济体间应该势力相当，相互制衡，而俄罗斯是其中重要一极。但俄罗斯在经历了独立初期数年的经济衰退和政治动荡后，在全球的影响力显著下降，在此情况下，俄罗斯一方面不断发展壮大自己，另一方面也积极与独联体国家联合建立紧密的政治经济共同体，希望通过共同体的建立扩大地区及国际影响力。因此，自1993年开始，俄罗斯在经历了短暂的亲西方政策后，便开始加强独联体地区的经济一体化建设，二十多年间，俄罗斯经历了从独联体整体经济一体化到独联体次区域经济一体化的数次实践，最终推动成立了欧亚经济联盟，俄罗斯的最终目标是将欧亚经济联盟打造成为与欧盟并行的世界多极化中的重要一极。

尽管有雄心，但欧亚经济联盟是在逆境中建立和成长起来的，乌克兰危机和国际石油价格下跌的双重影响，使得欧亚经济联盟并没有在独联体地区乃至国际形成预期的吸引力与影响力，相反，乌克兰危机后欧亚经济联盟在独联体地区乃至世界的影响力还出现了显著下降。俄罗斯设想的欧亚经济联盟成为与欧盟并行的世界一极的愿景在短期内难以实现，欧亚经济联盟与东盟、北美自由贸易区等世界主要区域经济组织相比竞争力还很弱，欧亚经济联盟在"再全球化"中的分量还较小。为此，欧亚经济联盟提出对外建立自由贸易区，积极发展同独联体以外国家的关系，希望通过对外自由贸易区建设，增强欧亚经济联盟在独联体地区乃至全球的影响力，提升其在国际事务中的参与度。

本章小结

欧亚经济联盟启动对联盟各成员国来说意义重大，不仅有助于这些国家在经济上融通合作，更有利于其在政治上抱团取暖，欧亚经济联盟的最终目标是发展成为集经济和政治于一体的欧亚联盟。但乌克兰危机引发的美欧等西方国家对俄罗斯的经济制裁以及国际石油价格的大幅下跌，使欧亚经济联盟主导国俄罗斯陷入经济危机，受此影响联盟其他成员国经济也都出现了明显下滑，欧亚经济联盟在独联体地区乃至全球的影响力显著下降，而此时亚洲地区自由贸易区迅速发展，欧亚经济联盟在向西发展受阻的情况下，不想再被亚洲地区边缘化，在此背景下，欧亚经济联盟提出对外加强自由贸易区建设。欧亚经济联盟在内外部环境都不甚乐观的情况下提出对外自由贸易区建设，诉求明显。一是推动联盟各国经济增长。欧亚经济联盟成立的目标之一就是提高联盟各国经济竞争力，促进联盟各国经济增长，但受西方经济制裁以及国际石油价格下跌的多重影响，欧亚经济联盟自成立以来，其经济就一直处于较低的增长水平，与欧亚经济联盟成立前各国的经济增长率相比出现了明显下滑。因此，欧亚经济联盟对外自由贸易区建设的诉求之一就是通过新经济体的加入推动联盟各国经济增长。二是改善联盟外部政治环境。乌克兰危机引发克里米亚脱乌入俄，美欧等西方国家对俄罗斯以及欧亚经济联盟实施地缘政治孤立，欧亚经济联盟陷入地缘政治危机，为克服危机，摆脱政治孤立，欧亚经济联盟积极开展对外自由贸易区建设，希望通过自由贸易区建设巩固原有的政治盟友，寻求更多的政治伙伴。三是维护联盟各国地区安全。欧亚经济联盟各成员国因地理位置、资源禀赋以及历史遗留等问题，自独立以来就为大国遏制和争夺的焦点，此次乌克兰危机，俄罗斯与美欧等西方国家的地缘争夺，再次将欧亚经济联盟各国推向复杂的地缘环境中，欧亚经济联盟希望通过对外自由贸易区建设为其各国营造良好的外部地缘环境。四是提升联盟地区及国际影响力。自苏联解体以来，俄罗斯一直视独联体地区为核心利益区，不断加强该地区的经济一体化建设。经过多年努力，俄罗斯最终在独联体地区推动成立了欧亚经济联盟，俄罗斯将欧亚经济联盟视为提升地区及国际影响力的重要平台，但欧亚经济联盟在成立之初便遇阻碍，俄罗斯主导欧亚经济联盟加强对外自由贸易区建设，希望通过对外自由贸易区建设，扩大地区乃至全球影响力。综上所述，欧亚经济联盟对外自由贸易区建设具有经济、政治、安全以及外交等多方面的利益诉求。

第三章

欧亚经济联盟对外自由贸易区建设的推进思路

欧亚经济联盟对外自由贸易区建设现已成为欧亚经济联盟对外政策的重要内容之一。为使建设顺利进行,欧亚经济联盟主导国俄罗斯规划了对外自由贸易区建设的具体推进思路,即以新欧亚主义地缘思想为指导,以广大的亚洲地区为主要发展方向,以中国、越南、印度、伊朗等为实施中的支点国家,以"5+1"为基本合作模式,以市场、能源和技术合作为推进手段,在全球范围内推进自由贸易区建设,形成以欧亚经济联盟为轴心向周边地区和国家辐射的自由贸易区网络。

第一节 以新欧亚主义地缘思想为指导

一国的地缘思想是其对外战略的核心理念,是对外政策制定的重要依据和出发点。俄罗斯地处欧亚大陆结合部,特殊的地理位置以及不断变动的地缘现实促进了俄罗斯地缘思想的形成与发展。冷战后,特别是进入21世纪以来,新欧亚主义地缘思想在俄罗斯不断发展,成为其对外战略的主要指导思想。俄罗斯作为欧亚经济联盟主导国,其地缘思想直接影响和决定着欧亚经济联盟的发展方向,成为欧亚经济联盟外交和对外合作的思想基础。

一、新欧亚主义地缘思想的形成

早期俄罗斯的地缘思想总体分为三种，分别为西方派、斯拉夫派以及欧亚主义学派。西方派最早产生于19世纪30年代，它突出强调俄罗斯的欧洲属性，赞成西方式的民主制度，主张俄罗斯应该按照西方模式改造，走西方的发展道路，认为只有这样俄罗斯才能走向繁荣。而与西方派几乎同时出现的思想流派还有斯拉夫派，斯拉夫派是与西方派相对立的一种社会思潮，它肯定俄罗斯的传统文化，强调俄罗斯文明的特殊性，迷恋俄罗斯文化中的和谐部分，如村社制度，崇尚国家权威和集体主义，反对俄罗斯走西方道路，认为俄罗斯应当走自己独特的发展道路。无论是西方派，还是斯拉夫派，都没能很好地解决俄罗斯应向何处去的问题，反而使俄罗斯陷入战略选择的困境。欧亚主义学派最早形成于十月革命之后旅居西欧和中欧的俄罗斯侨民中，它一方面深受俄罗斯本国思想影响，强调俄罗斯作为拜占庭文化的继承者，应当建立以东正教为主导，包容东西方多民族、多文化的"超级民族体"；另一方面，它也大量接受欧洲地缘思想，强调俄罗斯不可能孤立于欧洲。简言之，此时欧亚主义的基本主张是，否认西方文明具有一统性，宣扬世界文明具有多样性以及俄罗斯文明具有独特性，主张俄罗斯应当在文化、地理、文明样态上兼容东西方文明，在对外合作道路上应东西方并重。当时欧亚主义在欧洲的俄国侨民中具有较大影响，不久后便传入苏联境内。而此时苏联内部，由于苏联意识形态的排他性，几十年间，欧亚主义思想一直被边缘化。在这种困难时期，列夫·尼古拉耶维奇·古米廖夫发展了欧亚主义思想，认为只有欧亚主义才能拯救俄罗斯，指出欧亚大陆在地理上与欧洲以及亚洲都有区别，并提出俄罗斯在欧亚大陆重建欧亚空间的愿景，该愿景被视为当下欧亚经济联盟的最初构想。古米廖夫对欧亚主义思想的传承发挥了重要作用。但由于苏联卫国战争以及固有的意识形态，欧亚主义思想被长期批判，此时的欧亚主义在整体上处于停滞状态。

苏联解体后，一直困扰俄罗斯的国家走向问题，再一次成为俄罗斯争论的焦点。独立之初，由原来西方派发展而来的欧洲—大西洋主义率先在俄罗斯兴起，当时俄罗斯时任总统叶利钦、代总理盖达尔、外长科济列夫、总统顾问布尔布利斯均为这一思想的主要支持者，在大西洋主义思想的指导下，俄罗斯对内实行"休克疗法"，对外实行一边倒的"亲西方"政策，以求在经济和政治上快速融入西方，走西方式的发展道路。但这种过于理想化的地缘思想并没有为俄罗斯带来预期效果，俄罗斯陷入内外危机。在俄罗斯国内，经济连年倒退，政治斗争激烈，社会动荡不安，人民生活日益贫困；在俄罗斯外部，西方国家并没有给予俄罗斯大量的经济援助，俄罗斯不仅没有实现融入欧洲的目标，甚至连最基本的与美、欧平等伙伴关系的地位也没能获得。与此同时，北约不断东扩，独联体国家冲突频繁，俄罗斯的内外环境急剧恶化。这时在俄罗斯国内广为流传的大西洋主义思想招致谴责，而强调俄罗斯独特文化以及历史使命的斯拉夫主义重新在俄罗斯崛起。为了与19世纪30年代的斯拉夫主义相区分，人们把苏联解体以后的斯拉夫主义称为新斯拉夫主义。新斯拉夫主义推崇俄罗斯的历史以及传统文化，它反对全面倒向西方，强调重振俄罗斯国威，在对外关系上，新斯拉夫主义认为俄罗斯应优先发展同斯拉夫国家的关系，主张与白俄罗斯、乌克兰以及哈萨克斯坦共建国家联合体。在新斯拉夫主义思想指导下，俄罗斯内部转轨方式由激进式向渐进式转变，在对外战略上，俄罗斯将独联体国家作为优先发展方向，积极推动独联体地区经济一体化。然而，经过几年的发展，俄罗斯人民普遍认为，大西洋主义没能给俄罗斯带来想象的繁荣，而故步自封的新斯拉夫主义与俄罗斯人们所追求的平等、自由同样相矛盾。在此情况下，俄罗斯人民需要找到自身文明与西方文明的契合点，此时，价值取向介于新斯拉夫主义与大西洋主义之间的欧亚主义在一定程度上满足了俄罗斯人民的某种需求。同样，为了与早期的欧亚主义相区分，人们把苏联解体以后的欧亚主义称为新欧亚主义。新欧亚主义继承和发展了古典欧亚主义的思想，一方面，它反对过于理想化的大西洋主义，另一方面，它也不赞成过于激进的新斯拉夫主义，新欧亚主义认为俄罗斯应该在欧洲和亚洲之间走出一条独特的欧亚道路。自21世纪以来，新欧亚主义思想一直影响着俄罗斯的社会走向，成为俄罗斯外交和对外战略合作的思想基础。

二、新欧亚主义地缘思想的核心内容

新欧亚主义的主要代表人物有莫斯科大学教授帕纳林、国际欧亚主义运动的领导人杜金、俄罗斯科学院院士季塔连科等。帕纳林在进一步发展古米廖夫欧亚主义思想的基础上，致力于研究后苏联空间俄罗斯意识形态的构建和俄罗斯民族在整个世界民族体系中所处的位置，帕纳林认为西方国家要为苏联解体负责，俄罗斯在失去了对西方的选择后，只能将希望寄予自身。帕纳林还指出俄罗斯的新欧亚主义使命是作为先锋，带领弱者反对强者，并主张俄罗斯应重新走上面向东方、面向欧亚的道路。新欧亚主义另一个主要代表人物杜金，他是现阶段最受世界关注的，同时也是对俄罗斯政界影响最大的新欧亚主义代表，他被国外媒体称为"普京的大脑"。杜金以传统地缘思想中的"海权"和"陆权"划分为依据，认为俄罗斯要反抗强势的西方，建立多极的世界秩序，就应该奉行大陆主义，为此杜金把世界划分为四大区域，即美国—拉美区域、欧洲—非洲区域、亚太区域、欧亚区域。同时，他还指出俄罗斯是欧亚区域的中心，主张建立欧亚联盟，并将其发展成为欧亚大陆的领导者，进而主导世界新秩序的构建。而季塔连科作为新欧亚主义的另一位主要代表人物，他强调随着太平洋时代的来临，俄罗斯要把亚洲政策和欧洲政策等量齐观，要遵循新欧亚主义理念，把新欧亚主义地缘思想作为制定俄罗斯对外战略的基石。无论是帕纳林的回归彼得大帝之前俄罗斯的思想，还是杜金的建立欧亚联盟的思想，抑或季塔连科的俄罗斯亚洲战略的思想，这些思想都具有共同的特点，主要表现在以下几个方面。

首先，大国主义。无论是帕纳林的新欧亚主义，还是杜金的新欧亚主义，都着重强调俄罗斯的欧亚大国属性，指出俄罗斯在欧亚地缘空间中具有特殊性，其大国地位不容忽视。与此同时，新欧亚主义还认为俄罗斯经历了自身独特的发展道路，这种道路既不同于西方，也不同于东方，俄罗斯在文化及其道路上的特殊性要求俄罗斯创造独立空间，即将独联体国家联合起来，建立新的一体化政治经济体，新建立的一体化政治经济体将置于世界多极化体系之下，具体方案为建立欧亚主义联盟。

其次，东西兼顾。苏联解体初期，俄罗斯曾奉行亲西方一边倒的对外政策，最终以失败告终。之后，俄罗斯只注重发展与独联体国家的关系，这也没能给俄罗斯带来期待的繁荣。后来，俄罗斯选择新欧亚主义，新欧亚主义主张东西方并重，即在重视西方的同时，增加亚洲在对外合作中的比重，在东西平衡理念的指导下，将俄罗斯以及其他欧亚国家打造成为连接欧洲和亚洲的桥梁和枢纽。

最后，重视经济。新欧亚主义地缘思想的实质是，加强与周边国家经济合作，强调欧亚经济既不能完全融入欧洲经济，也不能单独建立亚洲经济，而应该建立一个符合欧亚国家自身特点的独立的欧亚经济。在此基础上，与欧洲和亚洲国家分别展开经济合作，走一条东西结合的经济发展道路，以此成为世界多极化中的重要一极。

三、新欧亚主义影响下联盟成员国的对外合作战略

自 21 世纪以来，新欧亚主义地缘思想在俄罗斯不断发展，不仅成为其地缘政治思想的主流，更是对其对外合作战略产生了重要影响。2000年，普京当选俄罗斯总统，同年他颁布了《俄罗斯联邦对外政策构想》，构想指出俄罗斯对外政策的特点在于平衡性，强调俄罗斯作为横跨欧亚两

大洲的国家，在对外政策上不会一味偏向欧洲或亚洲，而是会东西兼顾。①
2004年，在普京总统的第二任期，他不断强化俄罗斯的欧亚身份，以此与欧洲和亚洲国家分别展开经济合作。同年，普京在国情咨文和俄罗斯国家安全会议上均表现出新欧亚主义思想。该思想的核心是扩大与独联体国家之间的政治经济联系以及加快独联体地区的经济一体化进程，具体主张是："为成为地区乃至全球重要的参与者，俄罗斯需要在文化的基础上，综合运用地缘经济学、地缘政治学、地缘战略学等强化自己的文明理念。俄罗斯需要以自己独特的文化定义自己的文明代码，以此来构建一个成熟的话语体系来应对地缘政治和地缘经济的挑战。"② 2012年，俄罗斯总统普京第三任期，次年他在新颁布的《俄罗斯联邦外交政策构想》中明确指出，建立欧亚经济联盟是俄罗斯的优先战略任务，指出欧亚经济联盟如果启动可以最大限度地调动联盟成员国的政治经济关系，欧亚经济联盟将成为独联体地区的核心，同时普京还表示欧亚经济联盟将向其他独联体国家开放，在广泛经济一体化的基础上带动独联体国家成为欧洲和亚洲的桥梁，③ 这表示新欧亚主义已经被普京正式采纳。2013年，在瓦尔代俱乐部国际会议上，俄罗斯总统普京表示，欧亚经济一体化意味着俄罗斯有可能将独联体地区发展成为全球的一个独立的中心，而不是欧洲抑或亚洲的边缘，这被认为是新欧亚主义地缘思想在普京执政理念中的具体体现。④
2015年1月，欧亚经济联盟成立，欧亚经济联盟被认为是俄罗斯实现欧亚联盟构想的第一步，俄罗斯可以通过欧亚经济联盟吸引其他独联体国家，

---

① 史琳. 新欧亚主义思潮与俄外交政策中新欧亚主义取向对比研究 [D]. 上海：华东师范大学，2019.
② А. О. Ковалева. Евразийство：Путъ КЦ ивилизационному Суверенитету，См. http：//eurasiaforum. -ru/content/295.
③ 左凤荣. 欧亚联盟：普京地缘政治谋划的核心 [J]. 当代世界，2015 (4).
④ 郭丽双. 俄罗斯新欧亚主义的理论建构及其政治实践 [J]. 当代世界与社会主义，2017 (4).

以此重塑在独联体地区的传统影响力，同时俄罗斯希望借助欧亚经济联盟与美国、欧盟等展开合作与竞争，并表示欧亚经济联盟的影响力不仅会停留在独联体地区，还会扩大至欧洲、亚洲乃至全球。之后2015年9月，在联合国可持续发展大会上，哈萨克斯坦时任总统纳扎尔巴耶夫提出了"大欧亚"合作构想，构想主要是从区域合作机制角度提出的，构想建议建立欧盟、欧亚经济联盟、丝绸之路经济带三者相结合的区域合作框架，目标是建立一个从欧洲途经欧亚内陆最后到达太平洋的区域大市场，欧亚经济联盟在其中发挥桥梁和纽带作用。在此基础上，2016年6月，在圣彼得堡国际经济论坛上，俄罗斯总统普京提出了建立"大欧亚伙伴关系"的倡议，表示俄罗斯希望借助欧亚经济联盟与周边国家或经济体发展"伙伴关系"，将欧盟等欧洲国家、独联体国家、亚洲国家联合起来，带动整个欧亚大陆繁荣发展。欧亚经济联盟的建立以及"大欧亚伙伴关系"倡议的提出被认为是新欧亚主义地缘思想在欧亚经济联盟成员国对外合作战略中的最直接体现。

第二节 以广大的亚洲地区为主要发展方向

新欧亚主义从欧亚经济联盟成员国横跨欧亚两大洲的地理现实和兼具东西方文化的历史文明出发，将独联体国家视为一个整体，强调对欧亚经济联盟而言，亚洲与欧洲不是对立的存在，而是缺一不可。新欧亚主义突出亚洲，并不是弃西向东，而是要求在重视欧洲的同时，发展与亚洲国家的关系。

一、联盟成员国的欧洲观

欧洲自始至终都是欧亚经济联盟主要成员国对外合作的首选。从18

世纪彼得大帝开始，俄罗斯就力主向西倾斜，全盘西化，走西方式的发展道路。苏联解体后，新独立的俄罗斯在对外政策上更是完全倒向了西方。进入21世纪，俄罗斯总统普京曾多次强调，实现与欧盟经济一体化是俄罗斯对外经济合作的主要目标。欧亚经济联盟成立后，俄罗斯希望借助欧亚经济联盟，与欧盟实现区域经济一体化合作。多年来，欧亚经济联盟主要成员国一直重视发展与欧洲国家的关系，希望融入欧洲，其原因主要在以下几个方面。

首先，欧亚经济联盟成员国的"欧洲情结"。长期以来，欧洲对于欧亚经济联盟成员国而言不仅是地理上的概念，更是历史、价值观和文化上的认同。欧亚经济联盟主导国俄罗斯倾向于自己文化的欧洲定位，也与其文化认同紧密相连。俄罗斯文明和西欧文明都来源于古希腊文明和古罗马文明，虽然俄罗斯后来又受拜占庭文化以及亚洲文化的影响，但俄罗斯人自始至终都倾向于欧洲文化，他们向往欧洲式的文明生活、先进制度以及发达的科学技术，这使得俄罗斯人拥有浓厚的"欧洲情结"。俄罗斯总统普京曾指出，"俄罗斯文化是欧洲文化的主要组成部分，无法想象俄罗斯被隔离在欧洲甚至是世界文明之外"。俄罗斯人民特殊的"欧洲情结"成为推动欧亚经济联盟与欧洲关系发展的首要因素。

其次，欧亚经济联盟成员国经济发展需要欧洲支持。国际关系发展的历史表明，国家与国家之间的关系主要是由国家利益决定的，欧亚经济联盟成员国与欧洲国家的关系也不例外。尤其是对欧亚经济联盟主导国俄罗斯而言，欧洲国家是其最重要的经济合作伙伴。冷战结束，同时也结束了一个强大的苏联，苏联解体并没有换来俄罗斯的发展。相反，独立初期的俄罗斯经济急剧下滑，综合国力日渐衰退，经过近十年的调整，俄罗斯经济才缓慢恢复。进入21世纪，俄罗斯经济虽然呈现快速增长，但综合国力显著下降，俄罗斯经济发展需要欧洲国家的支持。

最后，欧亚经济联盟成员国在地缘安全上需要借助欧洲国家。欧洲国家与欧亚经济联盟成员国毗邻而居，发展与欧洲国家的关系在一定程度上可以保证欧亚经济联盟成员国的地缘安全与稳定。

虽然欧亚经济联盟主要成员国重视发展与欧洲国家的关系，并希望深度一体化，但要实现这一目标还存在许多制约因素。一方面，欧洲国家对欧亚经济联盟主导国俄罗斯早期的帝国扩张思想存有阴影；另一方面，俄欧长期以来在东欧以及独联体地区的对抗使得欧亚经济联盟与欧盟深度合作需要一个过程，特别是乌克兰危机以后，欧盟与俄罗斯的制裁与反制裁，使双方关系恶化到了极点，俄罗斯及欧亚经济联盟与欧盟关系重新"归零"，这使得欧亚经济联盟与欧盟进一步深化合作的梦想在短期内难以实现。

二、联盟成员国的亚洲观

欧亚经济联盟成员国地跨欧亚两大洲，幅员辽阔，独特的地理环境、文化信仰以及政治体制决定了欧亚经济联盟主要成员国的对外政策是东西兼顾。但与迫切融入西方相比，欧亚经济联盟成员国重视东方的时间较短。东欧剧变、苏联解体后，新独立的欧亚经济联盟各国经济急速衰退、政局动荡不安、社会矛盾日益尖锐。欧亚经济联盟主导国俄罗斯虽然继承了苏联大部分遗产，但在综合国力上与苏联相比相差较大。为实现国家复兴，独立之初的俄罗斯选择融入西方，在对外关系上以发展同欧洲国家的关系为主。在此期间，俄罗斯虽然与亚洲有关国家签署了多个合作宣言，但并没有真正重视亚洲，与亚洲某些国家的合作也只是与西方国家合作的辅助和补充。1996 年，俄罗斯时任总统叶利钦在意识到"一边倒"外交政策的问题后，开始调整对外政策，采取"平衡式"外交，注重发展与亚洲国家的关系，此时亚洲国家在俄罗斯对外战略中的地位有所提高。俄中、俄日关系不断推进，经济合作不断增强。进入 21 世纪以后，俄罗斯与西方国家的关系因北约和欧盟东扩、颜色革命、第二次车臣战争爆发等多重因素陷入危局。俄罗斯为寻求更多的政治合作伙伴，开始重视发展同亚洲国家的关系。在此期间，俄中两国签署了《俄中北京宣言》，同时两国领导人还举行了多次会晤，双方在很多领域的合作不断加深。除中国外，俄罗斯还积极发展同印度的关系。2000年和2002年，俄罗斯总统普京曾两次访问印度，两国签署了《战略伙伴关系宣言》，并在经济、政治以及科技等多个领域进行了交流与合作。2008年5月，梅德韦杰夫成为俄罗斯新一届总统，同年7月，梅德韦杰夫发表了新版《俄罗斯联邦对外政策构想》，构想指出俄罗斯将强化同亚洲国家的关系，积极发展与中国、印度的战略伙伴关系，同时推进与日本的关系。这一时期，俄罗斯与印度的关系不断加强，印度作为俄罗斯最大的军火贸易伙伴，与俄罗斯在军工贸易上的规模不断扩大。2012年，普京再一次担任俄罗斯总统，面对俄罗斯地缘环境的变化，普京积极发展与亚洲国家的关系，增强与亚洲国家的经济合作。2013年，在普京推出的《俄罗斯联邦对外政策构想》中，阐述了俄罗斯对外政策的主要目标、基本原则和优先发展方向，其中优先发展方向的排列顺序依次为独联体地区、欧洲地区、亚洲地区，亚洲地区的地位凸显。

　　欧亚经济联盟成员国重视发展与亚洲国家的关系，其原因主要表现在以下两个方面。

　　首先，亚洲地区经济迅速发展，世界经济重心逐渐向亚洲地区转移。自20世纪六七十年代开始，在亚洲地区就出现了亚洲"四小龙"等众多新兴经济体，这些经济体的发展推动了亚洲地区经济增长。进入21世纪，亚洲地区经济进一步发展，涌现出了中国、印度等金砖国家，这些国家在自身经济快速发展的同时，也带动了整个亚洲地区经济的繁荣。多年来，亚洲地区经济一直保持稳定增长，并已成为世界经济的重要引擎之一。

　　其次，欧亚经济联盟与亚洲某些国家经济结构显著互补。现阶段，欧亚经济联盟各国与亚洲某些国家之间的经济关系明显落后于政治关系，双方在经济领域合作的潜力巨大，双方经济结构显著互补。欧亚经济联盟属于典型的能源依赖型经济体，欧亚经济联盟出口总额中能源产品出口一度占到联盟出口总额的60%以上，而亚洲某些国家随着经济的日益增长，对能源的需求显著增加，双方深化经济合作可以使欧亚经济联盟的能源与亚洲某些国家的资金以及技术对接，从而促进双方经济增长。

三、乌克兰危机后亚洲在联盟对外合作中的地位

乌克兰危机爆发，欧亚经济联盟与欧盟关系恶化，欧亚经济联盟主要成员国的"西方梦"告一段落。在此背景下，欧亚经济联盟及其主要成员国对外合作战略的重点转向了亚洲。2015年1月，俄罗斯外长拉夫罗夫曾公开表示："转向亚太将是俄罗斯21世纪的优先发展战略。"2015年3月，欧亚经济委员会贸易部长安德烈·斯列普涅夫在接受《俄罗斯报》采访时曾指出，"欧亚经济联盟需要积极进入新的市场，欧盟仍然是主要贸易伙伴，但现阶段的重点是亚洲地区"[1]。2015年6月，在圣彼得堡国际经济论坛期间，俄罗斯总统普京曾表示，"加强与亚太地区国家的关系是加快俄罗斯远东发展的主要途径"。2015年年底，在俄罗斯总统普京批准的新版《俄罗斯联邦国家安全战略》中，亚太地区首次超越了欧洲地区，成为仅次于独联体地区俄罗斯第二优先发展的地区。2016年，俄罗斯出台了《对外政策构想》，构想指出俄罗斯把发展与亚太国家的关系以及维护在亚太地区的地位作为对外政策的主要方向。同年6月，俄罗斯总统普京提出"大欧亚伙伴关系"倡议，该倡议表示未来欧亚经济联盟对外自由贸易区建设的主要方向是广大的亚洲地区，特别是中国、越南、印度、伊朗等重要国家。

---

[1] Андрея Слепнева. Интервью Министра по торговле ЕЭК. Российской газете: Продам без визы, 2015 (3). http://www.eurasiancommission.org/ru/nae/news/Pages/24-03-2015-2.aspx.

第三节　以中国、越南、印度、伊朗为实施中的支点国家

欧亚经济联盟对外自由贸易区建设优先选取中国、越南、印度、伊朗为东亚、东南亚、南亚和西亚的支点国家，主要源于这些国家均为地区性大国，且与欧亚经济联盟主导国俄罗斯都有着某种密切关系，以这些国家为支点进行对外自由贸易区建设，有助于欧亚经济联盟以点带面建立自由贸易区网络。

一、东亚的支点国家：中国

中国位于东亚的中心，与北亚、中亚、南亚都有着直接或间接的地缘联系。自20世纪70年代以来，东亚经济持续快速增长，引起了世界的广泛关注。随着东亚经济的崛起，东亚地区的政治经济格局也发生了显著变化。中国由于政治稳定，经济快速增长，在东亚地区的地位和影响力显著增强，已成为东亚地区性大国。中国为欧亚经济联盟的最大邻国，欧亚经济联盟重视与中国的关系，并将其作为对外自由贸易区建设的支点国家。

欧亚经济联盟各国与中国具有良好的政治合作基础。苏联时期，苏联曾三次与中国结盟，分别为1896年中苏签署的《御敌互相援助条约》、1945年双方签署的《苏中友好同盟条约》、1950年双方签署的《苏中友好同盟互助条约》。苏联解体后，新独立的欧亚经济联盟各国与中国在国际和地区事务中的共识增多。2001年，欧亚经济联盟主要成员国俄罗斯、哈萨克斯坦、吉尔吉斯斯坦与中国为维护地区和平，共同成立了上海合作组织，该组织作为重要的地区性国际组织，深化了欧亚经济联盟各国与中国的政治互信，双方高层互访频繁。在上海合作组织框架下，随着双方在安全领域合作的逐步加深，双方在政治领域的互信进一步增强。2011年，中

俄、中哈分别签署了《全面战略伙伴关系联合声明》。2013年中白、中吉也分别签署了《战略伙伴关系联合声明》。2014—2017年，欧亚经济联盟各国和中国分别进入了全面战略伙伴关系的新阶段，双方良好的政治互信为双方进一步深化经济合作提供了保障。

欧亚经济联盟各国与中国具有紧密的经济关系。欧亚经济联盟各成员国自独立以来就与中国保持着紧密的经济联系，双方贸易往来频繁，贸易规模较大。2015年，中国为欧亚经济联盟主导国俄罗斯第一大贸易伙伴国（按国别划分），为哈、亚、吉三国除联盟成员国以外的第一大贸易伙伴国，为白俄罗斯除联盟成员国以外的第二大贸易伙伴国，中国与欧亚经济联盟的贸易总额占欧亚经济联盟对外贸易总额的13.61%，居联盟对外贸易总额的第一位。[1] 与此同时，中国也是欧亚经济联盟各成员国重要的投资伙伴国。截止到2014年年底，中国对欧亚经济联盟成员国的直接投资存量总计为174.85亿美元，其中俄罗斯为86.95亿美元、哈萨克斯坦为75.41亿美元，中国为欧亚经济联盟重要的贸易和投资伙伴。

欧亚经济联盟各国具有与中国深化合作的意愿。欧亚经济联盟主导国俄罗斯与中国拥有4300多千米的共同边境线，俄罗斯远东地区因地广人稀、经济落后等原因，与俄罗斯的中央联邦区发展存在较大差距。俄罗斯远东地区在地理位置上与中国的东北地区毗邻，双方具有发展经贸合作的区位优势。自2015年以来，俄罗斯针对远东地区分别出台了《俄罗斯联邦超前发展区法》《远东1公顷土地法》《符拉迪沃斯托克自由港法》等多部法律文件，这些法律文件为中俄进一步合作带来了新机遇。另外，欧亚经济联盟另外两个主要成员国哈萨克斯坦和吉尔吉斯斯坦，也分别与中国有1700多千米和1100多千米的共同边境线，两国均为内陆国家，中哈、中吉的边境口岸已成为两国通往东北亚和东南亚的重要通道。2013年，中

---

[1] Внешняя торговля ЕАЭС по странам. 2015года. http：//www.eurasiancommission.org/ru/act/trade/Pages/default.aspx.

国提出了"丝绸之路经济带"倡议，2014年，哈萨克斯坦对应提出了"光明之路"新经济政策，新经济政策旨在与中国的"丝绸之路经济带"倡议对接。2015年，中俄两国共同发表了《中华人民共和国与俄罗斯联邦关于与丝绸之路经济带建设和欧亚经济联盟建设对接合作的联合声明》，这些倡议与声明为欧亚经济联盟与中国建立自由贸易区奠定了基础。

现阶段，欧亚经济联盟各国和中国存在良好的双边及多边政治关系，双方具有广泛的经济贸易往来和巨大的经济贸易发展潜力。欧亚经济联盟选择以中国为东亚的支点国家进行对外自由贸易区建设，希望通过与中国的一体化合作带动整个东亚地区的自由贸易区网络建设。

二、东南亚的支点国家：越南

越南位于东南亚的中心，是东盟主要成员国之一，同时也是亚太经合组织和泛太平洋伙伴关系协定成员。越南作为东南亚地区唯一实行社会主义制度的国家，俄罗斯尤其重视与越南的政治经济关系。

首先，在政治领域。冷战时期，作为意识形态相同的盟国，苏联与越南有着深厚的政治基础。苏联解体后，随着俄罗斯实行全面倒向西方的对外政策，俄罗斯和越南关系进入短暂的冰点。之后，随着俄罗斯对外政策的"向东转"，俄罗斯和越南两国关系重新回归正轨。经过近20年的频繁交往，两国政治互信进一步增强。其间最具有标志性的事件是，2012年越南时任国家主席张晋创访问俄罗斯，俄越双方同意提升两国关系的层次，共同决定建设全面战略伙伴关系。俄越两国由新型战略伙伴关系发展成为全面战略伙伴关系，这标志着两国进入了一个新的历史发展阶段。2014年，越南共产党中央总书记阮富仲对俄罗斯进行访问，俄罗斯总统普京表示，俄罗斯将越南视为全天候战略伙伴，未来两国关系具有广阔的发展前景。俄罗斯与越南良好的政治关系以及悠久的历史合作为欧亚经济联盟与越南深层次合作打下了坚实的基础。

<<< 第三章　欧亚经济联盟对外自由贸易区建设的推进思路

其次，在经济领域。自俄罗斯与越南关系重回正轨以后，两国经济合作逐步加深，贸易规模日益扩大。2015年，双方贸易总额达到了38.96亿美元，占俄罗斯除欧亚经济联盟成员国以外贸易总额的0.81%，位于东盟十国的第一位。[①] 俄罗斯向越南出口的主要产品为机械设备、金属及金属制品，而俄罗斯自越南进口的主要产品为纺织产品以及水果蔬菜等热带产品，双方贸易结构显著互补。

最后，在军事技术领域。苏联时期，苏联与越南就曾有过长期的军事技术合作，越南曾是苏联重要的军事盟友，越南的金兰湾军事基地曾给俄罗斯使用过数十年，直到2002年，俄罗斯的最后一批军队才完全撤离。苏联解体后，越南更是俄罗斯武器和军事技术设备的重要出口国。近年来，越南采购俄罗斯的军事产品规模一直在增长。除武器装备外，俄罗斯还协助越南海军建造潜艇基地，俄罗斯与越南在军事技术领域的合作为双方进一步深化经济合作奠定了基础。

除此之外，俄越双方在能源领域的合作也不断深化。俄罗斯与越南的能源合作是对苏联与越南能源合作的良好继承。苏联解体后，俄罗斯利用其自身的能源优势不断与越南进行能源合作。1998年，俄罗斯决定帮助越南建设最大的石油炼油厂。2008年，俄越计划在越南建设新的石油及天然气基础设施，同时对越南已经老化的基础设施进行现代化改造。2012年，俄越发表联合声明，表示双方将考虑在俄罗斯组建第二个合资企业，并将共同勘探俄罗斯北极地区巴伦支海的石油和天然气。俄越双方在能源领域的深层次合作为欧亚经济联盟与越南自由贸易区建设提供了保障。

综上所述，欧亚经济联盟与越南不存在明显的历史障碍及利益冲突，双方具有良好的政治经济合作基础。因此，以越南为"支点"加强东南亚地区的自由贸易区网络建设，是欧亚经济联盟的最佳选择。

---

① Внешняя торговля ЕАЭС по странам, 2015года. http://www.eurasiancommission.org/ru/act/trad-e/Pages/default.aspx.

67

三、南亚的支点国家：印度

印度作为南亚的地区性大国，不仅在领土、人口、经济发展水平和军事力量等方面在南亚地区具有绝对优势，而且还位于南亚的中心。一直以来，欧亚经济联盟主导国俄罗斯都十分重视与印度的关系。苏联时期，印度曾是苏联在南亚地区的重要政治盟友。苏联解体后，作为苏联主要继承国的俄罗斯竭力发展与印度的关系，希望通过印度打通俄罗斯南下印度洋的陆上通道，进而扩大其在亚洲的影响力。经过20多年的发展，俄罗斯与印度已经建立了紧密的政治经济关系。

首先，政治领域。在苏联时期，苏联通过经济上援助、政治上支持以及军事上供给努力发展与印度的关系。1971年，苏联与印度签署了《和平友好条约》，该条约规定双方在经济、政治、军事以及安全等领域的合作，这是一份具有军事同盟性质的条约。苏联解体后，俄印两国关系经历了短暂的冷淡后，于1993年进入了全面的恢复和发展时期。2000年，俄印两国共同发表了《战略伙伴关系宣言》，该宣言的发表标志着俄印两国关系上升到了一个新高度。2014年，在西方制裁俄罗斯的情况下，俄罗斯总统普京对印度进行正式访问，这是印度总理莫迪就任以来普京的首次访问，同时也是俄印战略伙伴关系发展的重要转折点，俄罗斯表示印度将成为继中国之后，俄罗斯在亚太地区的重要伙伴。2015年，俄印两国共同发表了《新的合作视野下的信任关系》的联合声明，该声明的发表标志着两国关系又向前迈出了一大步，两国关系进入了一个更加积极的发展阶段。

其次，经济领域。进入21世纪，俄印两国领导人对双方经济合作都十分重视。2002年，俄印两国共同发表了《关于深化和加强经济合作的俄印宣言》，该宣言致力于扩大双方经贸关系以及科技领域的合作。2003年，俄印双方讨论并签署了一系列大型合作项目的文件，该文件主要涉及能源以及空间技术等领域的合作。在此基础上，2004年，俄印双方签署了多项协议，协议涵盖俄罗斯导航卫星系统使用、空间领域合作、核能和油田的联合开发等，在俄印两国领导人的大力推动下双方经济合作取得了一系列重大进展。

最后，安全领域。俄印双方已经建立了多层次的防务安全对话机制，如国防部长定期对话机制、政府间军事技术合作委员会、外长战略对话机制等，其中政府间军事技术合作委员会的启动在双方军事合作史上具有重要意义。迄今，该委员会已经成为印度采购和引进俄罗斯高科技军事装备以及升级和维护俄制武器技术产品的重要平台，在该委员会的运作下，俄印两国已经签署了多个军事技术合作协议，并在军事技术合作上取得了突破性进展。

俄罗斯与印度在政治、经济以及安全方面的紧密合作为双方乃至欧亚经济联盟与印度进一步深化合作奠定了基础。印度作为欧亚经济联盟在南亚的传统特殊战略伙伴，欧亚经济联盟将其视为对外自由贸易区建设的支点国家。

四、西亚的支点国家：伊朗

伊朗地处西亚，拥有较多的人口、较为丰富的农业资源和极为可观的油气资源，是西亚地区有影响力的大国。伊朗北与俄罗斯、哈萨克斯坦两国隔海相望，西与亚美尼亚、阿塞拜疆相邻，是欧亚经济联盟重要的邻国。苏联时期，伊朗为苏联南下的主要目标。苏联解体以后，随着俄罗斯西向政策的失败以及美伊关系的恶化，俄罗斯与伊朗之间的共同利益日益增大，面对相同的外部威胁，俄伊两国相互靠拢，在各领域的合作不断加强。

首先，战略性合作逐步扩大。1991年年底，苏联解体，苏伊原有的3000多千米的共同边境线消失，取而代之的是中亚以及外高加索国家同伊朗的直接接壤。然而，由于独立之初的俄罗斯综合国力大幅下降，经济自顾不暇，一时间中亚以及外高加索地区的上方出现了明显的权力真空，这给予了美国等世界大国插手该地区的可能。尽管俄罗斯与伊朗在中亚以及外高加索地区存在竞争，但面临美国等外部势力对该地区的插手，实力不济的俄罗斯与伊朗决定相互借助对方，以此来共同抵御美国等外部势力对中亚以及外高加索地区的干预，俄罗斯与伊朗在共同的地缘安全利益下展开了战略协调与配合。

其次，经济关系日益紧密。自俄罗斯独立以来，俄罗斯和伊朗的经济合作逐步扩大，经济关系逐步增强，这主要体现在双方日益扩大的军火贸易上。据统计，在1992—2000年间，伊朗自俄罗斯进口的武器设备超过40亿美元，伊朗是俄罗斯第三大武器设备出口国。之后，2000年俄伊两国还达成了一项总价值30亿美元，为期10年的军事技术合作项目。2005年和2007年，俄罗斯和伊朗双方再次签署了多项军售协议和合同，伊朗成为俄罗斯重要的军火贸易伙伴。2008年，俄罗斯和格鲁吉亚爆发战争后，俄罗斯为确保南部国境安全，加快重返西亚的步伐，对伊朗进行了大规模军售，通过军事技术合作以及武器贸易强化与伊朗的传统盟友关系。乌克兰危机后，俄罗斯与伊朗的关系进一步加强，双方经济领域的合作进一步深化。2014年年底，俄罗斯向伊朗交付布什尔核电站之后，又与伊朗签署了新的建设核电站协议。2015年，俄罗斯国防部长访问伊朗，访问期间，俄伊两国签署了多项军事合作协议。

最后，能源合作引人注目。俄罗斯和伊朗两国均为能源大国，两国经济发展的主要支柱均为能源产品。为避免不良竞争，两国曾达成了多项能源合作协议。如2006年，俄伊两国在出席上海合作组织峰会期间，双方达成了关于共同制定油气出口市场价格的合作协议，之后双方经过多次协商，最终达成了建立"天然气欧佩克"的合作协议。除此之外，俄伊双方还在能源勘探和开发领域进行了深度合作。2007年，俄罗斯对伊朗投资了总价值40亿美元的油气开发项目。2009年，俄伊双方共同组建了能源投资公司，计划合作约 15 个油气项目，其中包括在里海附近建设炼油厂和天然气交换项目等。

总之，俄伊双方在共同的地缘政治、经济以及安全利益下相互支持、通力合作，双边关系得到了巩固和发展。欧亚经济联盟成立后，联盟与伊朗的共同利益增多，在经济领域，伊朗表示希望与欧亚经济联盟深化区域经济合作，欧亚经济联盟也表示希望以伊朗为支点在西亚建立自由贸易区网络。

第四节　以"5+1"为基本合作模式

一、"5+1"合作模式的内涵

按照世界各国构建自由贸易区的模式，可将全球自由贸易区的建设模式分为五种基本类型，分别为"1+1"模式、"1+1+n"（n≥1）模式、"(1+n)+1"（n≥1）模式、"N+1"（N≥1）模式、"N+N"（N≥1）模式，n 这里主要指某一国家，而 N 则表示某一区域经济一体化组织。前两种模式主要为单个国家构建自由贸易区的基本模式，而后三种模式则为区域经济一体化组织对外自由贸易区建设的主要模式。

欧亚经济联盟作为独联体地区新兴的区域经济一体化组织，成立至今始终坚持的基本原则之一是开放性，即一直将吸收新经济体作为主要目标。按照该目标，欧亚经济联盟采取了不同经济体不同合作模式的发展思路，从具体实践来看，可将其归纳为以下三个方面。首先，对于独联体地区国家，欧亚经济联盟采取的是第三种扩容模式。独联体国家对于欧亚经济联盟而言具有重要意义，欧亚经济联盟自启动之日起就把吸收独联体国家入盟作为主要目标，但乌克兰危机的爆发阻碍了欧亚经济联盟在独联体地区的扩容，使最有可能加入欧亚经济联盟的乌兹别克斯坦和塔吉克斯坦都表现出了迟疑。其次，对于欧盟、东盟等大型区域经济组织，欧亚经济联盟采取的是第五种模式，即区域经济组织+区域经济组织模式。欧盟和东盟是欧亚经济联盟对外自由贸易区建设的终极目标，按照欧亚经济联盟成员国主要领导人的设想，欧亚经济联盟最终将成为连接欧盟和东盟的桥梁和枢纽。但这种模式涉及国家较多，成员国利益分歧较大，通常在短时间内难以完成。最后，对于其他国家，欧亚经济联盟主要采取的是第四种模式，即区域经济组织+1 的模式。2016 年 6 月，俄罗斯总统普京在规划"大欧亚伙伴关系"倡议时曾指出，未来俄罗斯将与周边国家建立伙伴关系，具体模式是以欧亚经济联盟为整体，对外加强自由贸易区建设，具体形式为"5+1"。至此，"5+1"模式成为欧亚经济联盟对外自由贸易区建设的基本合作模式。

"5+1"合作模式，"5"这里主要是指欧亚经济联盟五个成员国，即俄罗斯、哈萨克斯坦、白俄罗斯、亚美尼亚、吉尔吉斯斯坦；"1"这里主要是指第三国，即除欧亚经济联盟成员国以外的世界大部分国家，如越南、伊朗、印度、中国等；"5+1"这里是指以欧亚经济联盟五个成员国为整体对外与第三国签署自由贸易协定，即欧亚经济联盟+越南、欧亚经济联盟+伊朗、欧亚经济联盟+印度等。"5+1"模式是现阶段欧亚经济联盟对外自由贸易区建设的最基本模式。

二、"5+1"合作模式的优点

欧亚经济联盟采取"5+1"模式为其对外自由贸易区建设的主要合作模式，其优点主要表现在以下两个方面。

首先，"5+1"合作模式符合欧亚经济联盟各成员国的利益。一是"5+1"合作模式符合欧亚经济联盟主导国俄罗斯的利益。苏联解体后，俄罗斯作为苏联主要继承国，在世界政治以及经济格局中的地位明显减弱，

<<< 第三章 欧亚经济联盟对外自由贸易区建设的推进思路

为恢复地区及国际影响力,俄罗斯积极加强独联体地区的经济一体化建设,希望通过与独联体国家联合,缩小与欧盟等大型经济体的差距,重拾在独联体地区的影响力,在俄罗斯的不懈努力下最终成立了欧亚经济联盟。欧亚经济联盟的启动意味着俄罗斯主导独联体地区的经济一体化建设取得了阶段性成果。欧亚经济联盟也因此成为俄罗斯迈向世界多极化重要一极的平台和载体。俄罗斯选择以欧亚经济联盟五国为整体对外加强自由贸易区建设,既可以为欧亚经济联盟注入新鲜血液,也可以增加欧亚经济联盟的凝聚力,进而扩大俄罗斯在独联体地区乃至世界的影响力。二是采取"5+1"模式符合欧亚经济联盟其他四个成员国的利益。欧亚经济联盟其他四个成员国哈、白、亚、吉,经济体量均较小,经济结构不合理,内部活力匮乏。面对世界区域经济一体化的浪潮,四国既希望加强对外自由贸易区建设,又担心构建自由贸易区会对本国的产业形成过度冲击,矛盾的心理使得其对外自由贸易区建设的步伐缓慢,缺乏自由贸易区谈判的经验。而四国选择欧亚经济联盟为整体进行对外自由贸易区建设,既可以借助俄罗斯的优势实现自身利益最大化,也可以增加谈判经验,实现对外开放,尽快融入世界区域经济一体化浪潮。三是选择"5+1"合作模式符合欧亚经济联盟整体利益。欧亚经济联盟五个成员国作为一个整体与第三国进行自由贸易区谈判,可以最大限度地发挥欧亚经济联盟已建成的经济共同体的优势,减少谈判成本。

其次,"5+1"合作模式对第三国也是一种占优选择。欧亚经济联盟成立后在欧亚大陆腹地形成了一个巨大的潜在市场,第三国可以通过与欧亚经济联盟建立自由贸易区,直接进入欧亚经济联盟内部这个巨大的潜在市场。[1]

---

[1] Евразийский экономический союзв цифрах: статистический ежегодник; Евразийская экономи-ческая комиссия. -Москва: 2019года. http: //www.eurasiancommission.org/ru/act/integr_i_makroec/dep_stat/-econstat/Pages/statpub.aspx.

三、"5+1"合作模式的难点

欧亚经济联盟选择"5+1"合作模式进行对外自由贸易区建设，也面临诸多挑战。

首先，"5+1"合作模式中的"5"内部联系相对脆弱和松散。欧亚经济联盟作为独联体地区最成熟和最有影响力的区域经济组织，成员国间虽然已经签订条约和协议，并且已经建立了较为完备的组织机构，但从制度转型以及制度重构的角度来看，欧亚经济联盟的建立与世界其他大型区域经济组织相比还有很大不同，欧亚经济联盟是其主导国俄罗斯积极推动的结果，欧亚经济联盟的成立被认为是政治目的高于经济目的。欧亚经济联盟这种带有强制性的、快速的制度变迁难免会不牢固，会有形式与内容的不符。乌克兰危机爆发后，在美欧对俄罗斯进行制裁的背景下，欧亚经济联盟先天不足的劣势日益凸显，欧亚经济联盟内部的凝聚力显著下降，欧亚经济联盟内部这种相对脆弱和松散的合作形式将对"5+1"合作模式形成挑战。

其次，俄罗斯作为"5+1"合作模式的领跑者对第三国有较高的要求。一方面，第三国需要具备一定的经济体量，既可以带动欧亚经济联盟经济增长，也可以为欧亚经济联盟经济结构转型注入动力；另一方面，第三国不能从根本上动摇俄罗斯在欧亚经济联盟中的主导地位。另外，第三国不能在经济上具有超越俄罗斯的完全优势，即俄罗斯至少在某一方面对第三国具有比较优势。俄罗斯作为欧亚经济联盟主导国对自由贸易伙伴的较高标准，对欧亚经济联盟对外自由贸易区建设形成了一定阻碍。

最后，"5+1"合作模式涉及的成员国较多，成员国间不同的利益诉求会使谈判成本增加、谈判时间延长，而且最终能否顺利完成谈判也存在很大不确定性。

第五节 以市场、能源、技术合作为推进手段

一、借助巨大的潜在市场

欧亚经济联盟成立后在欧亚大陆腹地形成了一个拥有1.84亿人口，GDP和贸易总量分别为1.92万亿美元和7538亿美元的巨大潜在市场，这个巨大的潜在市场主要表现在以下四个方面。

首先，欧亚经济联盟拥有庞大的经济发展潜力。欧亚经济联盟主要成员国俄罗斯和哈萨克斯坦具有得天独厚的自然资源优势和巨大的智力潜力，这为欧亚经济联盟经济发展提供了重要的物质基础和技术保障。21世纪以来，俄罗斯和哈萨克斯坦两国GDP高速增长，俄罗斯为金砖国家之一，尽管近几年受西方经济制裁影响，俄罗斯的GDP有所下降，但在2018年依然达到了1.66万亿美元，居世界第十一位，哈萨克斯坦的GDP总量为1793亿美元，居独联体国家第二位。欧亚经济联盟各国经济的快速发展主要源于联盟成员国拥有丰富的自然资源。据欧亚经济委员会统计，2018年，欧亚经济联盟的石油开采量为6.48亿吨，天然气开采量为7817亿立方米，钢产量为6613.9万吨，生铁产量为5497.1万吨，分别占世界石油、天然气、钢、生铁开采总量的15.5%、20.2%、3.7%、4.4%。欧亚经济联盟除了拥有丰富的石油、天然气和有色金属外，还拥有丰富的土地、森林和水资源，这些丰富的自然资源成为欧亚经济联盟经济发展的基础。

其次，欧亚经济联盟经济结构不均衡。由于欧亚经济联盟成员国均脱胎于苏联，历史遗留的经济发展模式使得联盟各国存在严重的经济结构趋同问题，联盟主要成员国俄罗斯和哈萨克斯坦存在过度依赖能源问题，联

盟其他三国经济结构也明显不合理,这使得联盟出口结构中,资源和能源类产品一直为大项,进口结构中主要以机电类产品为主。欧亚经济联盟市场上农产品、轻工产品、日用工业品严重短缺,且这种结构性短缺在短期内难以根本扭转,这为域外国家提供了广阔市场。

再次,欧亚经济联盟各国具有轻生产、重消费的习惯。因为历史因素,欧亚经济联盟各国民众创业动机不强,市场意识淡薄,对国家依赖严重。尤其是苏联时期的计划经济体制以及高福利制度,把联盟各国人民的创业动机和商品意识扼杀殆尽。独立后的联盟各国依靠原料出口换取进口消费品,据调查,多年来莫斯科市场上销售的大部分服装和食品均来自进口。欧亚经济联盟各国在轻生产的同时还重消费,联盟人民有钱首先考虑的是消费,很少去储蓄和投资,这使得其自身的生产能力远不能满足本国国民的消费。正因为这个特点,欧亚经济联盟给域外国家的企业和个人提供了广阔的市场空间。

最后,欧亚经济联盟成立前其成员国对外区域经济合作具有较强的地域性。20世纪90年代以来,全球区域经济一体化快速发展,与经济全球化一起成为世界经济发展的基本趋势之一。欧亚经济联盟成员国也不例外,积极推进区域一体化建设,但主要以独联体地区为主。欧亚经济联盟成员国这种主要针对独联体国家区域经济一体化建设的特点,无形中对独联体以外国家形成了贸易排斥。2015年欧亚经济联盟成立后,开始加强对外自由贸易区建设,这给域外国家提供了机遇,域外国家希望通过自由贸易区建设抢先占领欧亚经济联盟巨大的潜在市场。

二、开展能源外交

能源作为当今世界各国经济发展的基本要素之一,对一国经济发展具有十分重要的作用。目前,世界已经形成了中东、美洲、独联体地区以及非洲四大能源基地。欧亚经济联盟作为独联体地区重要的区域经济一体化组织，其成员国拥有丰富的能源储备以及强大的出口能力，能源已成为欧亚经济联盟经济发展的基础和支柱，成为其对外交往的重要工具。据世界BP能源统计资料显示，截止到2018年年底，欧亚经济联盟主要成员国俄罗斯和哈萨克斯坦的石油探明总储量为18.5亿吨，占世界石油探明总储量的7.6%，居委内瑞拉、沙特阿拉伯、加拿大、伊朗、伊拉克之后的世界第六位；两国天然气的探明总储量为39.9万亿立方米，占世界天然气探明总储量的20.3%，居世界第一位。欧亚经济联盟巨大的能源储备为其生产提供了保障。据欧亚经济委员会统计，2018年，欧亚经济联盟的石油开采量为6.5亿吨，[①] 占世界石油开采总量的14.5%，天然气开采量为7815亿立方米，占世界天然气开采总量的20.2%，两者开采均仅次于美国，居世界第二位。欧亚经济联盟不仅拥有巨大的能源储备和开采量，还具有较高的出口能力。2018年，欧亚经济联盟主要成员国俄罗斯以每日9159千桶的石油出口量向世界出口石油，占世界石油出口总量的12.8%，高于沙特阿拉伯和美国，居世界第一位；在天然气出口方面，2018年俄罗斯的管道天然气出口总量为2230亿立方米，占世界管道天然气出口总量的44%，居世界第一位。欧亚经济联盟丰富的能源储备以及强大的出口能力为世界提供丰富能源的同时，也推动了欧亚经济联盟与世界各国的关系。能源已成为欧亚经济联盟对外交往的主要工具，能源外交更是成为其对外合作的主要推进手段。

苏联解体后，欧亚经济联盟主导国俄罗斯在政治经济等各方面受到美国的打压和遏制，俄罗斯的传统地缘空间不断被压缩。在此背景下，俄罗斯以能源为手段，对外积极开展能源外交。2003年和2009年，俄罗斯政府先后颁布了《2020年前俄罗斯能源战略》以及《2030年前俄罗斯能源战略》，这些战略明确指出了俄罗斯未来能源的发展方向，即稳定欧洲地

---

① 这里的欧亚经济联盟石油开采量主要指俄罗斯和哈萨克斯坦两国的开采量，白俄罗斯、亚美尼亚、吉尔吉斯斯坦三国的油气资源较少，这里未做统计。

区、巩固独联体地区、争夺里海和开拓东方。在该思路的指引下,俄罗斯的能源外交成果显著,接连与欧洲、独联体、亚洲等有关国家建立了稳定的合作伙伴关系。但乌克兰危机打破了俄罗斯与欧洲的关系,使双方能源合作陷入发展困境。在此情况下,俄罗斯积极转向东方,2014年,俄罗斯颁布了《2035年前能源战略》草案,该草案表示到2034年,俄罗斯将会把原油产量的32%以及天然气产量的31%输往亚太,那时俄罗斯对亚太地区的能源出口将占到俄罗斯能源出口总量的23%。[①]

欧亚经济联盟成立后,俄罗斯主导欧亚经济联盟进行对外自由贸易区建设,为使建设顺利进行,俄罗斯及欧亚经济联盟积极利用"能源武器"与世界各国开展能源外交,主要表现为与东北亚的中国、日本、韩国,南亚的印度,东南亚的越南以及西亚的伊朗等国家均达成了多项能源合作协议。现阶段,俄罗斯及欧亚经济联盟大打"能源牌",利用能源外交发展与亚洲国家的关系,希望通过能源产业的深入合作带动双方经济关系的发展,进而推动双方自由贸易区建设。

三、进行军事技术合作

对外军事技术合作作为国际合作的一个特殊领域,是国家对外合作的一种特殊形式,当今世界各国采取该种形式进行对外合作并展开激烈竞争,其目的不仅是获得经济利益与技术利益,更是获得某种外交利益。现阶段军事技术合作已成为一种外交手段,是协调国家关系,改善外部环境,寻求盟友的重要途径。进入21世纪,随着国际经济的持续发展以及国家安全不确定性的增加,军事技术在各国各项事业尤其是科技产业发展中占有重要地位,但由于现代军事技术含量和研制的成本越来越高,许多国家都允许和鼓励开展国际领域的军事技术合作,因为这种国际合作不仅

[①] 张莹莹. 俄罗斯能源外交的新形势、新特点与新趋势 [J]. 商业经济, 2020 (1).

有利于提高本国军工产品的国际竞争力，也有利于其扩大在世界军工市场上的份额。

欧亚经济联盟主导国俄罗斯作为苏联主要继承国，不仅继承了苏联全部的先进武器设备，而且还继承了苏联大部分军事技术工业，这为独立后的俄罗斯开展对外军事技术合作和军工产品出口创造了有利条件。苏联时期，苏联为与美国进行军事对抗，其军事工业发展一直处于国家产业发展的优先地位。虽然苏联经济在最好的时期也仅为美国同期的70%左右，但苏联的军费开支却始终与美国不相上下，甚至在有些年份还完全超过了美国。苏联高额的军费开支使其经济发展呈现出了高度的军事化特点，苏联的军事工业产值曾一度占到苏联工业总产值的20%左右，苏联的大部分科研项目都直接或间接与军事工业发展有关，那时如果仅从军事设施的规模和数量来看，苏联的军事工业位居世界首位。苏联发达的军事工业为其军工产品出口提供了保障，自20世纪50年代起，苏联就积极涉足世界军工产品市场，并在短期内迅速成长为南亚以及西亚地区重要的军工产品出口国，到20世纪70年代，苏联对某些地区的军工产品出口已经超过美国。发达的军事技术以及先进的军工产品为苏联开展对外军事技术合作提供了条件，世界很多国家对苏联的军工产品形成了依赖，苏联获得了较为稳定的军事技术合作伙伴和军工产品市场。苏联解体后，俄罗斯继承了苏联大部分的军工生产设备和科技潜力，这为俄罗斯对外军事技术合作和军火贸易发展奠定了坚实基础。独立后的俄罗斯经历了短暂的军事工业萎缩后，于1993年开始重新重视军工产业发展，不断加强对外军事技术合作和军工产品出口。自21世纪以来，俄罗斯的对外军事技术合作规模不断扩大，地缘分布更为广泛，主要为欧洲地区、亚洲地区、非洲地区以及拉丁美洲地区，其中欧洲地区为俄罗斯对外军事技术合作的主要地区，但由于乌克兰危机爆发，俄罗斯与欧洲国家的军事技术合作总体处于停滞状态。俄罗斯大力发展"进口替代计划"，并不断强化与亚洲国家的军事技术合作。

2016年，亚洲成为俄罗斯主要的军贸产品出口市场，该年俄罗斯对亚洲的武器出口总额占俄罗斯武器出口总额的53%左右。现阶段，亚洲尤其是东南亚地区已成为俄罗斯对外军事技术合作的优先发展地区，而东亚的中国和南亚的印度则已成为俄罗斯最主要的军事技术合作伙伴。

欧亚经济联盟成立后，俄罗斯积极主导欧亚经济联盟进行对外自由贸易区建设，而对外自由贸易区建设的主要手段之一就是军事外交。欧亚经济联盟主导国俄罗斯作为当今世界军事技术较为发达的国家，依靠强大的军事技术优势，积极开展军事外交，希望通过发展对外军事技术合作，深化与战略伙伴国的关系，进而推动欧亚经济联盟对外自由贸易建设。

本章小结

欧亚经济联盟对外自由贸易区建设以俄罗斯当下奉行的新欧亚主义理念为指导思想，强调欧亚经济联盟在欧洲与亚洲之间的桥梁和纽带作用。但乌克兰危机破坏了欧亚经济联盟与欧盟之间的关系，阻碍了欧亚经济联盟向西发展，使欧亚经济联盟与欧盟在短期内进行一体化合作的可能归零。在此情况下，欧亚经济联盟把广大的亚洲地区作为自由贸易区建设的主要方向，为使建设顺利进行，欧亚经济联盟优先选取了与俄罗斯关系较为密切的中国、越南、印度、伊朗等分别为东亚、东南亚、南亚以及西亚的支点国家，以点带面，进行自由贸易区网络建设。与此同时，欧亚经济联盟还规划了对外自由贸易区建设的基本合作模式，主要为，以欧亚经济联盟五个成员国为整体，对外与第三国签署自由贸易协定，即"5+1"模式。除此之外，欧亚经济联盟还规划了对外自由贸易区建设的推进手段，一是借助欧亚经济联盟巨大的潜在市场进行对外自由贸易区建设；二是发挥欧亚经济联盟内部丰富的能源优势开展能源外交；三是利用欧亚经济联盟先进的军工技术进行军事技术合作。最终目标是建成以欧亚经济联盟为轴心、以不同支点国家为辐条的自由贸易区网络。

第四章

欧亚经济联盟对外自由贸易区建设的实际进展

自2015年5月,欧亚经济联盟和越南签署联盟首个对外自由贸易协定开始,欧亚经济联盟对外自由贸易区建设进展迅速。目前,欧亚经济联盟与越南、塞尔维亚、新加坡的自由贸易协定已分别签署,与伊朗的《临时自由贸易协定》正在向《自由贸易协定》升级,与印度、以色列、埃及的自由贸易协定正在分别谈判中。这些自由贸易协定各有特点,对欧亚经济联盟产生了不同效果,具有一定的代表性和参考价值。

第一节 与越南、塞尔维亚、新加坡的《自由贸易协定》已分别签署

2015年5月29日,《欧亚经济联盟—越南自由贸易协定》签署,2016年10月5日,《欧亚经济联盟—越南自由贸易协定》正式生效,该协定是欧亚经济联盟对外签订的首个自由贸易协定,是欧亚经济联盟对外自由贸易区建设的样板。之后,2019年10月1日和2019年10月25日,欧亚经济联盟又分别与新加坡、塞尔维亚签署了自由贸易协定,且与塞尔维亚的自由贸易协定已于2021年7月10日正式生效。三个自由贸易协定在内容和形式上有很大不同,这在一定程度上反映了欧亚经济联盟对外自由贸易区建设的灵活性。

<<< 第四章　欧亚经济联盟对外自由贸易区建设的实际进展

一、《自由贸易协定》的签订背景

（一）《欧亚经济联盟—越南自由贸易协定》的签订背景

越南是欧亚经济联盟对外自由贸易区建设的支点国家，是欧亚经济联盟优先选择的自由贸易伙伴国。欧亚经济联盟之所以把越南作为对外自由贸易区建设的首个对象，这与欧亚经济联盟和越南紧密的政治、经济以及外交关系有关。越南作为东南亚国家，虽与欧亚经济联盟各国在地理位置上有一定距离，但双方曾经相同的社会制度、相似的经济体制以及短暂互为盟国的历史经历，使得双方具有深层次合作的政治、经济以及外交基础。

欧亚经济联盟主导国俄罗斯和越南交往由来已久，自沙俄时代俄国海军进驻金兰湾以来，已有120多年的历史。苏联时期，越南作为苏联在东南亚地区最重要的政治盟友，曾在苏联的外交版图中占有举足轻重的地位。越南扼守南中国海，毗邻马六甲海峡的特殊地理位置，不但为苏联以金兰湾为基地通往南太平洋以及印度洋提供了重要通道，还为苏联从南部地区给中国施加战略压力提供了重要据点。因此，在很长一段时间里，苏联重视越南，并一度把越南作为苏联社会主义革命的投影区，向越南提供无偿的经济和军事援助。在此期间，苏越双方签署了《苏越友好合作互助条约》，该条约包含明确的军事合作内容，是典型的军事同盟条约。之后，苏联对越南的援助大幅增加，越南对苏联的依赖也更加强烈，双方在能源、经贸、军事以及核电领域的合作逐步扩大，越南成为苏联在东南亚地区的忠实盟友。苏联解体后，俄罗斯与越南的关系曾出现短暂的疏离，但随着1993年俄罗斯外交政策"向东转"的调整，俄罗斯认识到越南对于其自身在亚洲地区发展的重要性，便开始重新修复与越南的关系。1994年，俄罗斯与越南签署了《俄越友好关系基本原则条约》，确立了两国发展新型关系的基本原则。1995年,越南正式成为东盟成员国,俄罗斯认为要进一步提升其在东南亚地区的影响力,不仅要将越南视为传统友好合作伙伴,还要加强与越南的关系。2001年,俄罗斯总统普京访问越南时曾指出,"全方面发展与越南的关系是俄罗斯对亚洲政策的优先方向之一"。同年,俄罗斯与越南签署了《战略合作伙伴关系联合声明》,双方关系急剧升温,并在多个领域扩大了合作。2012年,俄越双方共同发表了《关于加强俄罗斯联邦与越南社会主义共和国全面战略伙伴关系的联合声明》,两国元首呼吁加快寻求提高双边贸易质量的新机会,其中包括贸易自由化以及多样化合作。2016年,俄罗斯在发表对外政策构想时指出,俄罗斯力求继续深化与越南的全面战略伙伴关系,越南第一次在俄罗斯对外政策构想中被单独提及。

在区域经济一体化领域,2007年越南成功加入WTO,在WTO框架下越南不断加强对外经济合作,与多个国际组织建立了广泛的经贸合作关系。此时,独联体地区的俄罗斯、哈萨克斯坦、白俄罗斯三国正在筹备组建关税同盟,越南对此表现出了极大的关注。2009年,越南工商部部长对俄罗斯进行正式访问,其间提出建立越南—俄白哈关税同盟自由贸易区的建议。2010年7月,俄白哈关税同盟生效,同年10月,俄罗斯、白俄罗斯、哈萨克斯坦与越南共同组成专家小组,对俄白哈关税同盟和越南构建自由贸易区进行可行性研究。2012年,越南时任国家主席张晋创访问俄罗斯,表示希望与俄白哈关税同盟建立自由贸易区。2013年,俄、白、哈三国国家元首一致同意与越南展开自由贸易区谈判。2015年,欧亚经济联盟取代俄白哈关税同盟成为独联体地区新的区域经济一体化组织,新成立的欧亚经济联盟继承了原俄白哈关税同盟的对外经济关系,继续推动和越南的自由贸易区谈判。经过多轮谈判,2015年5月29日,欧亚经济联盟和越南签署了自由贸易协定,2016年10月5日,该协定正式生效。《欧亚经济联盟—越南自由贸易协定》在促进独联体地区与东南亚地区经济合作方面迈出了重要一步,协定对推动欧亚经济联盟与其他国家的自由贸易区建设具有重要意义。

(二)《欧亚经济联盟—塞尔维亚自由贸易协定》的签订背景

塞尔维亚为东欧地区小国,因特殊的地理位置以及与苏联深厚的历史渊源,深得俄罗斯重视。塞尔维亚的前身为南斯拉夫社会主义联邦共和国,受苏联模式影响,南斯拉夫曾在很长一段时间实行社会主义制度。苏联时期,在经济上苏联为南斯拉夫重要的贸易伙伴,并多次向南斯拉夫提供经济援助和贷款;在军事上苏联曾多次以"保护者"的身份在南斯拉夫的土地上征战。苏联重视与南斯拉夫的关系,南斯拉夫更视苏联的存在为一种保障。苏联解体后,苏联和南斯拉夫的主体民族各自独立,分别成立了与原有国家有继承关系的俄罗斯联邦和南斯拉夫联盟共和国。在此期间,东欧许多国家纷纷倒向西方,南斯拉夫是东欧为数不多与西方相对立、亲俄罗斯的国家。加强与南斯拉夫的关系,对于俄罗斯维护传统势力空间具有重要意义。但由于独立之初的俄罗斯经济急剧衰退,综合国力大幅下降,对南斯拉夫的经济支持有限,因此两国关系逐渐冷淡。进入21世纪后,俄罗斯的国力开始恢复,俄罗斯与南斯拉夫的关系也开始稳步升温。2003年,南斯拉夫重新组建,更名为塞尔维亚和黑山。2006年6月,塞尔维亚宣布独立,并继承了塞尔维亚和黑山的国际法主体地位,俄罗斯与塞尔维亚的关系进入了新的历史阶段。2013年5月,俄罗斯与塞尔维亚两国签署了《战略伙伴关系宣言》,塞尔维亚成为俄罗斯在东欧地区的重要战略伙伴,两国经济、政治以及军事领域的合作进入加速期。

在区域经济一体化领域,2000年俄罗斯与塞尔维亚前身南斯拉夫联盟共和国签署了自由贸易协定。2009年和2010年,白俄罗斯、哈萨克斯坦两国也分别与塞尔维亚签署了自由贸易协定。俄、白、哈三国与塞尔维亚的双边自由贸易协定为后来欧亚经济联盟与塞尔维亚签署自由贸易协定奠定了基础。欧亚经济联盟成立后,鉴于上述三份协议内容不同,欧亚经济联盟成员国与塞尔维亚双方决定对三份协议进行整合,签署最终的《欧亚经济联盟—塞尔维亚自由贸易协定》。2016年5月,欧亚经济委员会理事会决定与塞尔维亚启动自由贸易区谈判。2017年12月至2019年1月,欧亚经济联盟与塞尔维亚双方共同举行了三轮谈判。2019年4月11日,欧亚经济委员会贸易委员尼基申娜在"从构想到现实:纳扎尔巴耶夫提出欧亚一体化倡议25周年"的国际会议上表示,欧亚经济联盟与塞尔维亚的自由贸易谈判已经完成,双方正在启动签署协议的准备程序。2019年10月25日,欧亚经济联盟和塞尔维亚签署了自由贸易协定,2021年7月10日,欧亚经济联盟与塞尔维亚的自由贸易协定正式生效,该协定巩固了俄罗斯以及欧亚经济联盟与塞尔维亚的关系,为双方深化各领域合作奠定了基础。

(三)《欧亚经济联盟—新加坡自由贸易协定》的签订背景

乌克兰危机后,俄罗斯对外战略逐渐转向东方,不断与亚洲国家进行经济合作,其中,东南亚地区的东盟为欧亚经济联盟对外自由贸易区建设的主要目标之一。在东盟十国中,新加坡为东盟重要成员国。新加坡虽然国土面积狭小,但长期以来凭借其突出的经济地位、发达的经济模式以及高超的外交技巧,被视为东盟发展过程中的"低调领导者"。2018年,新加坡的国内生产总值达到了3642亿美元,仅次于印度尼西亚、泰国,位居东盟十国的第三位;人均国内生产总值达到了64582美元,在东盟十国中位居第一位,且是第二位文莱的2倍;对外贸易出口总额达到了4130亿美元,占世界出口总额的2.1%,位居世界第十五位,东盟第一位,对外贸易进口总额为3710亿美元,占世界进口总额的1.9%,位居世界第十六位，东盟第一位。①新加坡作为一个从马来西亚独立出来的城市国家，在50多年的时间里，在资源稀缺，地缘政治以及文化环境相对恶劣的情况下跻身世界发达国家行列，除了本身良好的经济模式外，还源于对大国平衡战略的成功运用。多年来，新加坡以东盟为立足点，发展和平衡与美国、日本、中国、俄罗斯以及印度的关系。其中，在发展与俄罗斯关系时，新加坡努力将自身定位成俄罗斯与东盟合作的桥梁。在新加坡的努力下俄罗斯与东盟的关系日益紧密。1994年，俄罗斯成功加入"东盟地区论坛"，成为其论坛的第18个成员国。1996年，俄罗斯成为东盟"协商伙伴国"。1997年，俄罗斯从东盟"协商伙伴国"身份提升为东盟"对话伙伴国"。2003年，俄罗斯与东盟签署了《东南亚友好合作条约》，俄罗斯成为东盟正式的友好合作成员。2005年，俄罗斯与东盟在马来西亚首都吉隆坡举行了首次东盟—俄罗斯"10+1"领导人峰会，双方签订了《俄罗斯—东盟协定》和《俄罗斯—东盟2005—2015年行动计划》。在新加坡的努力推动下俄罗斯与东盟的关系不断向前发展。

俄罗斯在东南亚地区除了重视与越南的关系外，还积极发展与新加坡的关系。欧亚经济联盟成立后，俄罗斯以欧亚经济联盟为基础与新加坡展开了区域经济一体化合作。2015年11月，欧亚经济联盟与新加坡宣布启动自由贸易区谈判。2016年5月，欧亚经济委员会与新加坡签署了《合作谅解备忘录》，双方在海关管理、信息科技合作以及服务与投资等方面达成共识。之后，双方自由贸易区建设取得了较快发展。2019年10月1日，欧亚经济联盟与新加坡双方签署了《欧亚经济联盟—新加坡自由贸易协定》，该协定是欧亚经济联盟与东南亚国家签署的第二个自由贸易协定，这在一定程度上体现了欧亚经济联盟与东南亚国家区域经济一体化合作的潜力。

---

① 2019年国际统计年鉴［EB/OL］. 中国国家统计局. https：//data. stats. gov. cn/publish. htm？ sort=1.

二、《自由贸易协定》的主要内容

（一）《欧亚经济联盟—越南自由贸易协定》的主要内容

《欧亚经济联盟—越南自由贸易协定》是一份相对全面的自由贸易协定，该协定由正文及5个附件组成。[①] 正文除序言外共包含15章，分别为总则、货物贸易、贸易救济、原产地原则、海关管理与贸易便利化、技术贸易壁垒、卫生和植物卫生检疫、服务贸易和投资及自然人移动、知识产权、政府采购、竞争、可持续发展、电子商务、争端解决、最终条款。5个附件分别为关税义务清单、货物进口触发采取保护措施的数量表、原产地特定标准清单、离岸国家和地区表、商品产地证明书。协定正文共包含15个议题、214个条款和555个核心要件，篇幅较大，涵盖领域较宽。[②] 其中，15个议题既包含传统领域的货物贸易、原产地原则、海关管理与贸易便利化等基本议题，也包含政府采购、知识产权、竞争等新领域议题，议题的覆盖率指数为0.88，广度指数为0.85，深度指数为0.49。[③] 总体来看，协定具有较高的覆盖率和广度，自由化水平相对较高。

协定附件1为关税义务清单，包括欧亚经济联盟关税义务清单和越南关税义务清单两部分。欧亚经济联盟关税义务清单共包含约6200种商品，其中约有3800种商品关税为协议生效时立即减免，约占商品总量的61%；约有2000种商品关税将在5~10年内逐步减少，约占商品总量的32%；另外还有约400种商品适用最惠国待遇，不受任何关税承诺限制。协定规

---

① Торговые соглашения Евразийского экономического союза с Вьетнамом. http://www.eurasiancommi-ssion.org/ru/act/trade/dotp/Pages/Соглашение-с-Вьетнамом.aspx.

② Соглашение о свободной торговле между евразийским экономическим союзом и его государствами-членами, с одной стороны, исоциалистической республикой вьетнам, с другой стороны. http://www.eura-siancommission.org/ru/act/trade/dotp/sogl_torg/Documents/EAEU-VN%20FTA_rus.pdf.

③ 以APEC自由贸易协定分类框架为标准，根据文本内容所涉及的管辖范围，APEC将所有范围共分为17个议题、253项条款和1130个核心要件。

定，欧亚经济联盟将于2025年前实现大部分商品零关税，那时欧亚经济联盟从越南进口商品的关税税率将由9.7%降至2%。从欧亚经济联盟关税义务清单还可以看出，联盟对21类97章商品几乎都做了详细的关税减免规定，其中涉及种类最多的商品为机械器具及其零件、电子设备及其零件，这两类商品共涉及1259种，约占所列商品总数的20%，其次为鱼及甲壳动物、蔬菜和水果、车辆及其零件、医疗设备、钢铁制品等，这些商品共涉及1260种，约占所列商品总数的20%，这些商品大部分为协议生效后立即减税的商品，这将在一定程度上增加越南对欧亚经济联盟该类商品的供应。在此基础上，欧亚经济联盟保留了对敏感商品的保护，如肉、奶、糖、茶、咖啡、管道、飞机和汽车等商品关税税率并没有大幅削减，仍保留现有关税。

在越南的关税义务清单中共涉及约9500种商品，其中约有5200种商品协议生效时关税税率立即减免至零，约占商品总量的55%；约有3300种商品关税将在5~10年内逐步减少，约占商品总量的35%；另外约有1000种商品不受任何关税承诺限制，适用最惠国待遇，约占商品总量的10%。根据协议规定，越南将于2027年前实现大部分商品零关税，那时越南从欧亚经济联盟进口商品的关税税率将由10%降到1%。从越南关税义务清单中可以看出，越南对涉及进出口税号的所有商品都做了详细的关税减免规定，其中涉及种类最多的商品同样为机械器具及其零件、电子设备及其零件，这两类商品共涉及2063种，约占所列商品总数的21%，其次为鱼及甲壳动物、有机化学品、车辆及零件、钢铁、塑料及其制品等，这些商品共涉及1706种，约占所列商品总数的18%。根据减税清单以及双方贸易情况，预计协定生效后，欧亚经济联盟出口到越南的肉类产品、奶制品、石油产品等将会大幅增加。

除此之外，欧亚经济联盟主导国俄罗斯与越南还单独达成了某些服务与投资领域的合作条款，两国协商同意简化某些服务部门的市场准入，根据双方规定欧亚经济联盟其他成员国也可以视需要加入该条款。

(二)《欧亚经济联盟—塞尔维亚自由贸易协定》的主要内容

欧亚经济联盟与塞尔维亚自由贸易协定是俄罗斯—塞尔维亚、白俄罗斯—塞尔维亚、哈萨克斯坦—塞尔维亚三个自由贸易协定的整合。该协定共包含33个条款和5个附件。[①] 其中,33个条款主要包括一般规定、目标、与其他国际协定的关系、贸易模式、最惠国、付款和费用、数量限制和类似措施、国民待遇、贸易技术壁垒、卫生和植物卫生检疫、商品原产地、货物运输、一般例外、安全例外、国际收支限制、知识产权、国有贸易企业、反倾销和反补贴措施、全球特殊保护措施、咨询服务、双边保护措施、信息交流、纠纷解决、透明度和信息共享、电子商务、机密信息、应用领域、联合委员会、联络点、有效期和终止条款、修正案、欧亚经济联盟成员国加入协议、生效等;5个附件分别为从欧亚经济联盟进入塞尔维亚关税区中适用于豁免项目的商品清单、从塞尔维亚进入欧亚经济联盟关税区适用于豁免项目的商品清单、货物来源确定规则、确定反倾销调查中正常费用的规定、争议解决。《欧亚经济联盟—塞尔维亚自由贸易协定》不仅与俄罗斯—塞尔维亚、白俄罗斯—塞尔维亚、哈萨克斯坦—塞尔维亚之间现有的贸易安排相衔接,还为亚美尼亚和吉尔吉斯斯坦两国进入塞尔维亚市场提供了优惠的贸易条件。协定深化了欧亚经济联盟各国与塞尔维亚的政治经济关系,为双方在更多领域合作创造了条件。

(三)《欧亚经济联盟—新加坡自由贸易协定》的主要内容

在欧亚经济联盟对外已签署的3份自由贸易协定中,欧亚经济联盟和新加坡签署的自由贸易协定属于自由化水平最高、最全面的综合性自由贸

---

① Торговые соглашения Евразийского экономического союза с Сербией. http://www.eurasiancommi-ssion.org/ru/act/trade/dotp/Pages/Соглашение-с-Сербией.aspx.

易协定。① 该协定采用的是一揽子式文本结构，共包含7个子协定，分别为《欧亚经济联盟—新加坡全面经济合作的框架协定》《欧亚经济联盟—新加坡自由贸易协定》以及5个欧亚经济联盟成员国与新加坡关于服务和投资的双边协定。这7个子协定既包含了货物贸易议题，也包含了服务与投资议题，是一份较为完善的协定。其中《欧亚经济联盟—新加坡自由贸易协定》详细地规定了双方货物贸易降税的种类、幅度以及期限。该协定共有16章，分别为初始规定和一般定义、市场准入、贸易救济、原产地规则、海关管理和贸易便利化、技术贸易壁垒、卫生与植物卫生检疫、知识产权、政府采购、电子商务、竞争、透明度、环境、争端解决、机构与一般规定、最终条款。《欧亚经济联盟—新加坡自由贸易协定》和《欧亚经济联盟—越南自由贸易协定》相比多了透明度议题。协定的附件2为关税义务清单，该清单同样包含欧亚经济联盟关税义务清单和新加坡关税义务清单两部分，两份关税义务清单几乎对所有税种的商品都做出了详细的减税规定。在附件4产品特定规则中双方还对每一类商品的产地、材料做了详细且具体的规定。与《欧亚经济联盟—越南自由贸易协定》相比，《欧亚经济联盟—新加坡自由贸易协定》涉及的商品种类较多，涵盖领域较宽。

三、《自由贸易协定》的签订效果

（一）《欧亚经济联盟—越南自由贸易协定》的签订效果

1. 积极效果

在欧亚经济联盟与越南的共同努力下，经过六年的建设，欧亚经济联盟—越南自由贸易区取得了积极效果，促进了双方贸易的快速增长，增加

---

① Торговые соглашения Евразийского экономического союза с Сингапуром. http：//www. eurasianco-mmission. org/ru/act/trade/dotp/Pages/Соглашение-с-Сингапуром. aspx.

了双方的政治互信,扩大了欧亚经济联盟在东南亚地区的影响力。

首先,促进了双方贸易的快速增长。自 2015 年以来,欧亚经济联盟与越南的经贸关系稳步发展,特别是双方《自由贸易协定》生效后,双方贸易额大幅增加,详见表 4-1。

表 4-1　2014—2019 年欧亚经济联盟与越南的贸易情况

	2014 年	2015 年	2016 年	2017 年	2018 年	2019 年
贸易总额（亿美元）	42.11	42.71	43.41	59.34	66.91	55.46
同比增长	—	1.42%	1.64%	36.7%	12.76%	-17.11%
占比	0.48%	0.74%	0.85%	0.94%	0.89%	0.76%
排名	37 位	28 位	26 位	22 位	25 位	29 位

数据来源:Внешняя торговля ЕАЭС по странам,2014—2019года.

表 4-1 为欧亚经济联盟与越南自由贸易协定生效前后三年双方的贸易情况。从该表可以看出,协定生效前三年欧亚经济联盟与越南的进出口贸易总额一直在 43 亿美元左右徘徊,而协定生效后三年则增加到了 55 亿美元以上,尤其是在 2018 年,双方贸易额更是达到了 66.91 亿美元,与 2015 年的 42.71 亿美元相比增长了 56.7%。另外,从越南在欧亚经济联盟对外贸易总额的排位情况也可以看出,协定生效三年来排位有所上升,在 2017 年达到了第 22 位,虽然近两年又有所回落,但总体趋势是上升的。

其次,深化了双方的政治互信。2016 年 5 月 19 日,在俄罗斯索契举行的俄罗斯—东盟峰会上,俄罗斯总统普京与越南总理阮春福会谈时表示,俄越关系的特殊性无须赘言,这种关系是建立在传统友谊、信任和互助的基础上的。2017 年 6 月 29 日,俄罗斯时任总理梅德韦杰夫与越南国家主席陈大光会谈时,强调俄罗斯一向把越南视为俄罗斯在亚太地区的优先合作伙伴之一。2018 年 11 月 19 日,俄罗斯总理梅德韦杰夫同越南总理阮春富会谈后表示,为进一步推动俄罗斯与越南之间的全面战略伙伴关系，双方将保持各级别，包括最高级别代表团的定期交流。与此同时，越南也肯定了俄罗斯的积极作用，并表示希望俄罗斯继续为维护亚太地区的和平与稳定做出积极的贡献。2019年5月20日，越南总理在接受俄罗斯塔斯社专访时表示，越南和俄罗斯之间的传统友谊和全面战略伙伴关系在所有领域都取得了良好的发展，越俄两国之间的信任水平不断增强。

最后，扩大了欧亚经济联盟与东盟经济的融合，提升了欧亚经济联盟在东南亚地区的影响力。越南为东盟主要成员国，欧亚经济联盟与越南签署自由贸易协定后为欧亚经济联盟与东盟的进一步经济融合产生了良性的外溢效应。一是促进了双方多领域经济合作。欧亚经济联盟主导国俄罗斯是一个军事工业十分发达的国家，同时也是一个军火生产和军火销售的大国，俄罗斯重视东盟市场，东盟各国也希望通过引进俄罗斯的先进军事技术来提高自身的军事能力，双方增强了军事技术合作和扩大了军火贸易市场。除此之外，双方还表达了在能源和核电领域进一步合作的意愿。二是提升了欧亚经济联盟在东南亚地区的影响力。东盟的成立和发展使东南亚地区成了世界最受瞩目和最富有竞争力的地区之一。现阶段，东盟成员国经济稳定增长，社会政治环境可控，东盟在东南亚地区发挥着轴心作用。欧亚经济联盟与东盟主要成员国越南签署自由贸易协定，不仅增强了欧亚经济联盟与东盟的经济合作，也提升了欧亚经济联盟在东南亚地区的影响力。三是为东盟其他国家与欧亚经济联盟建立自由贸易区树立了样板。欧亚经济联盟与越南自由贸易协定是联盟对外签署的第一个自由贸易协定，虽然目前双方贸易规模还较小，自由贸易协定所带来的贸易效应还有限，但双方谈判的经验以及议题的内容，为欧亚经济联盟对外自由贸易区建设积累了经验，也为东盟其他国家与欧亚经济联盟建立自由贸易区树立了样板。

2. 消极效果

《欧亚经济联盟—越南自由贸易协定》为双方带来积极效果的同时也

给欧亚经济联盟带来了一定的消极影响。

首先,双方贸易不平衡现象更加明显。自 2015 年欧亚经济联盟成立以来,欧亚经济联盟与越南之间的贸易一直存在较大逆差,其中 2019 年贸易逆差额最大,为 28.96 亿美元,占双方贸易总额的 52%,详见表 4-2。

表 4-2　2014—2019 年欧亚经济联盟对越南的进出口情况及排名

单位:亿美元

	2014 年	2015 年	2016 年	2017 年	2018 年	2019 年
出口贸易额	15.63	19.66	16.16	22.57	26.99	13.25
排名	46 位	38 位	38 位	34 位	36 位	50 位
进口贸易额	26.47	23.05	27.24	36.77	39.92	42.21
排名	24 位	21 位	17 位	16 位	14 位	14 位

数据来源:Внешняя торговля ЕАЭС по странам,2014—2019года.

从表 4-2 可以看出,协定生效前后三年,欧亚经济联盟对越南的出口虽有所增长但幅度不大,约为 22%,越南在欧亚经济联盟出口贸易总额中的排名也在出现了小幅增长后又有所回落;但欧亚经济联盟对越南的进口贸易增幅明显,协定生效后三年与生效前三年相比增长了 55%,即使在 2019 年双方贸易额大幅回落的情况下,欧亚经济联盟对越南的进口额依然保持增长,进口排名也从之前的第 20 位左右持续上升到了第 14 位。自由贸易协定加大了双方贸易不平衡,协定对越南扩大欧亚经济联盟市场起到了积极的促进作用。

其次,欧亚经济联盟贸易结构问题更加突出。详见表 4-3。

表4-3 2015—2019年欧亚经济联盟对越南出口按金额排名前五位的产品

单位：亿美元；%

商品名称	2015年 金额	2015年 占比	2016年 金额	2016年 占比	2017年 金额	2017年 占比	2018年 金额	2018年 占比	2019年 金额	2019年 占比
矿物油及其产品	1.93	9.8	2.23	13.8	1.88	8.3	2.54	9.4	4.82	36.4
肥料	1.84	9.4	1.24	7.7	1.50	6.6	1.17	4.3	1.18	8.9
电气设备及其零件	1.56	7.9	-	-	-	-	-	-	-	-
车辆及其零件、附件	0.52	2.6	0.81	5.0	-	-	1.41	5.2	-	-
机械器具及其零件	0.26	1.3	-	-	1.51	6.7	-	-	-	-
钢铁	-	-	1.64	10.0	1.93	8.6	3.54	13.1	1.11	8.4
铅及其制品	-	-	0.91	5.6	-	-	-	-	-	-
谷物	-	-	-	-	2.73	12.1	4.85	18.0	1.10	8.3
矿砂、矿渣及矿灰	-	-	-	-	-	-	-	-	0.85	6.4

数据来源：Товарный состав экспорта товаров ЕАЭС по странам за январь декабрь, 2014—2019года.

从表4-3可以看出，在2015—2019年间，欧亚经济联盟出口到越南按金额排名前五位的产品中，矿物油及其产品、肥料两类产品一直保持在前五位，而电气设备及其零件，车辆及其零件、附件，机械器具及其零件三类产品则在出口商品结构的排位中明显下降，取而代之的是谷物及钢铁两类产品，其中谷物类产品的上升速度最快。以2016年、2017年、2018年为例，这三年欧亚经济联盟对越南出口谷物的金额分别为0.20亿美元、2.73亿美元和4.85亿美元，分别占当年欧亚经济联盟对越南出口总额的1.2%、12.1%和18.0%，排名也从2016年的第十位上升到了2017年以及2018年的第一位。这表明自由贸易协定对欧亚经济联盟的钢铁和谷物两大类产品进入越南市场起到了积极的作用。

另外，从欧亚经济联盟对越南的进口情况分析，与欧亚经济联盟对越南出口产品结构相比，欧亚经济联盟从越南进口产品比较稳定。详见表

4-4。

表 4-4　2015—2019 年欧亚经济联盟从越南进口按金额排名前五位的产品

单位：亿美元；%

商品名称	2015年 金额	2015年 占比	2016年 金额	2016年 占比	2017年 金额	2017年 占比	2018年 金额	2018年 占比	2019年 金额	2019年 占比
电气设备及其零件	10.7	46.5	13.2	48.5	19.5	53.0	20.2	50.6	20.3	48.1
机械器具及其零件	2.35	10.2	2.18	8.0	3.21	8.7	3.43	8.6	3.73	8.8
鞋靴及类似产品	2.23	9.5	2.77	10.2	3.20	8.7	3.27	8.2	4.07	9.6
非针织的服装及衣着附件	1.59	6.9	1.52	5.6	1.91	5.2	2.21	5.5	2.85	6.8
咖啡、茶及调味香料	1.54	6.7	1.91	7.0	2.01	5.5	2.37	5.9	2.05	4.9

数据来源：Товарный состав импорта товаров ЕАЭС по странам за январь-декабрь, 2015—2019 года.

从表 4-4 可以看出，在 2015—2019 年间进口前五位的产品一直为电气设备及其零件，机械器具及其零件，鞋靴及类似产品，非针织的服装及衣着附件，咖啡、茶及调味香料等，进口种类没有明显变化，尤其是电气设备及其零件一直居于欧亚经济联盟从越南进口产品的第一位，占比也一直为欧亚经济联盟从越南进口产品总额的 50% 左右。从协定生效前后看，即 2016 年和 2017 年比较，进口变化幅度较大的商品为电气设备及其零件类。2016 年欧亚经济联盟与越南该类产品占欧亚经济联盟同类进口产品总额的 0.05%，2017 年则上升为 0.07%，由于欧亚经济联盟与越南之间该类产品的进口总量占整个欧亚经济联盟该类产品进口总量的比重较小，虽然两年间该类产品仅有 0.02% 的增长幅度，但对贸易双方来说也意味着发生了较大变化。与此同时，其他四类进口产品的占比总体变化幅度不大。这说明自由贸易协定对越南向欧亚经济联盟出口电气设备起到了积极的促进作用，未来随着协定生效时间的延长，双方必将会有更多的产品进入对方市场。

（二）《欧亚经济联盟—塞尔维亚自由贸易协定》的签订效果

塞尔维亚在与欧亚经济联盟签署自由贸易协定之前，就曾与俄罗斯、白俄罗斯、哈萨克斯坦三国分别签署了双边自由贸易协定，而且对亚美尼亚、吉尔吉斯斯坦两国也曾实行了最惠国待遇。在欧亚经济联盟和塞尔维亚签署自由贸易协定之前，双方贸易就是在大部分商品实行关税减免的情况下产生的，加之欧亚经济联盟与塞尔维亚的总体贸易规模较小，2020年双方贸易总额为22.76亿美元，占欧亚经济联盟对外贸易总额的0.36%，因此欧亚经济联盟和塞尔维亚的自由贸易协定将不会对双方进出口贸易产生明显推动作用。另外，从欧亚经济联盟与塞尔维亚的进出口贸易结构来看，2019年欧亚经济联盟出口塞尔维亚占比最大的三类商品分别为钢铁制品16.8%、烟草及烟草代用制品4.1%、塑料及其制品3.3%；欧亚经济联盟进口塞尔维亚占比最大的三类商品分别为食用水果及坚果17.3%、针织钩编的服装和衣着附件10.4%、机械器具及其零件9.4%，欧亚经济联盟与塞尔维亚双方以产业间贸易为主。虽然欧亚经济联盟与塞尔维亚双方贸易结构显著互补，但由于塞尔维亚的经济体量较小，对欧亚经济联盟来说，双方建立自由贸易区的经济意义远远小于政治意义。

塞尔维亚地处欧盟和欧亚经济联盟接合部，在地理位置上与乌克兰、白俄罗斯同等重要。欧盟以及欧亚经济联盟成立后，都曾提出希望塞尔维亚加入自身的一体化组织。当前塞尔维亚选择与欧亚经济联盟签署自由贸易协定，表明塞尔维亚的政治合作天平已向欧亚经济联盟倾斜。因此，该协定对于欧亚经济联盟具有重要的政治意义，进一步提升了欧亚经济联盟在东欧的政治经济地位，有助于推动欧亚经济联盟与东欧其他国家的政治外交关系，扩大了欧亚经济联盟在东欧地区的影响力。

(三)《欧亚经济联盟—新加坡自由贸易协定》的签订效果

1. 贸易效果

首先,在短期内协定对双方贸易总量不会产生较大影响。与欧亚经济联盟和越南贸易情况类似,欧亚经济联盟与新加坡的贸易总量也较小。2019年,双方贸易总额为32.21亿美元,占欧亚经济联盟对外贸易总额的0.44%,占新加坡对外贸易总额的0.43%。由于双方总体贸易规模较小,因此在短期内双方自由贸易协定生效不会对双方贸易产生较大影响。

其次,协定将会在一定程度上优化双方贸易结构。一直以来欧亚经济联盟向新加坡出口的主要产品为矿物燃料、矿物油及其蒸馏产品,2019年该类产品占欧亚经济联盟向新加坡出口总额的92%,其中,油类产品为18.58亿美元,占72.3%,原油为5.06亿美元,占19.7%。而欧亚经济联盟自新加坡进口的主要产品为电气设备及零件、船舶及运输设备、机械器具及零件,2019年这三类产品分别占新加坡向欧亚经济联盟出口总额的29.2%、17.2%、16.2%。总体来看,欧亚经济联盟与新加坡进出口商品比较集中,双方自由贸易协定生效将消除双方贸易壁垒,这在一定程度上将会优化双方贸易结构。

最后,双方贸易会逐渐趋于平衡。在欧亚经济联盟与新加坡的贸易中,一直以欧亚经济联盟顺差为主,2019年欧亚经济联盟对新加坡的贸易顺差额为19.2亿美元,占双方贸易总额的59%左右。双方自由贸易协定生效后,双方贸易顺差会随着欧亚经济联盟从新加坡进口商品的增多而逐渐缩小。

2. 其他效果

首先,有利于提升欧亚经济联盟对外贸易开放水平。欧亚经济联盟五个成员国均脱胎于苏联,受苏联时期计划经济体制影响,欧亚经济联盟五国自独立之后才开始逐步实行对外开放。为与世界经济接轨,欧亚经济联盟五国积极加入 WTO，其中俄罗斯、哈萨克斯坦、亚美尼亚、吉尔吉斯斯坦四国分别于 2012 年、2015 年、2003 年、1998 年加入了 WTO，而白俄罗斯尚未完成入世谈判。俄、哈、白作为欧亚经济联盟三大主要成员国入世时间较短。而新加坡是一个关税壁垒极低、负面清单较短、限制少、开放度高的经济体，在贸易自由化方面有丰富的国际经验，在金融服务、贸易投资等方面的国际优势也很明显。欧亚经济联盟与新加坡建立自由贸易区可以从新加坡方面吸取经验，提高与世界贸易规则接轨的程度，减少与国际贸易法则之间的差异和冲突。

其次，有利于推动欧亚经济联盟与东盟的经济一体化进程。欧亚经济联盟对外自由贸易区建设的主要目标之一是与东盟建立自由贸易区，新加坡为东盟主要成员国，在东盟十国中具有重要地位，欧亚经济联盟与新加坡建立自由贸易区，意味着欧亚经济联盟与东盟自由贸易区建设又前进了一步，有利于推动双方自由贸易区的建设进程。

第二节　与伊朗的《临时自由贸易协定》正在向《自由贸易协定》升级

2018 年 5 月 17 日，《欧亚经济联盟—伊朗临时自由贸易协定》签署，2019 年 10 月 27 日，《欧亚经济联盟—伊朗临时自由贸易协定》正式生效。2020 年 12 月 11 日，欧亚经济联盟与伊朗双方决定在临时自由贸易协定基础上启动全面自由贸易协定谈判。

一、《临时自由贸易协定》的签订背景

伊朗是欧亚经济联盟对外自由贸易区建设的重要伙伴国，与越南不同，在苏联时期，伊朗与苏联更多的是敌对关系。1991 年，苏联解体，俄美关系从显性竞争转为隐性较量。1993年，美国总统克林顿上台，美伊关系恶化。美国的霸权主义使得俄罗斯与伊朗的共同利益日益增大，俄伊双方进入全新的发展时期。1995年，在美国强烈反对的情况下，俄罗斯依然与伊朗签订了向伊朗出售两个轻水核反应堆以及向伊朗核电站提供燃料的协议。1998年，俄法两国与伊朗共同签署了开发伊朗油田的协议，协议总金额高达20亿美元。2000年，普京担任俄罗斯总统后，俄罗斯单方面撤出了俄美的"戈尔—切尔诺梅尔金"协议，俄伊关系开始强化。2001年，俄伊签署了《两国相互关系基础与合作原则条约》，条约表示双方将促进能源和核电等领域的合作。2002年年底，伊朗核问题愈演愈烈，伊朗与美欧等西方国家展开了漫长的外交斗争，俄罗斯放慢了与伊朗核合作的步伐，但双方在其他领域的合作一直不断深化。2010年，俄伊双方共同规划了能源领域合作路线图，并探讨了双方关于建立面向油气领域项目投资的银行以及相互在对方石油交易所出售原油等多个问题。2013年，俄伊双方共同签署了关于油气勘探合作的多项协议，俄罗斯还鼓励国内大中型能源企业和伊朗进行能源经贸合作。2014年，在伊朗因核计划遭遇西方严厉经济制裁期间，俄罗斯与伊朗又达成了200亿美元的"以原油换商品"的协议，俄罗斯协助伊朗在西方制裁下保持石油出口。俄伊双方在共同的地缘政治与安全利益下相互支持、通力合作，双边关系得到了巩固和发展，经济合作领域不断扩大。

在区域经济一体化领域，2010年，俄白哈关税同盟启动，伊朗在继续保持与俄罗斯紧密关系的同时，注重与俄白哈关税同盟整体合作。2015年，欧亚经济联盟启动后，伊朗表示希望和欧亚经济联盟构建自由贸易区，欧亚经济联盟主导国俄罗斯给予了正面回应。与此同时，亚美尼亚也对双方建立自由贸易区表现出了极大兴趣。亚美尼亚方称，如果协定达成将为亚美尼亚产品进入伊朗市场提供机遇，同时亚美尼亚也将成为伊朗与欧亚经济联盟其他成员国的贸易通道。经过近三年的讨论与磋商，2018年

5月17日,在阿斯塔纳经济论坛期间,欧亚经济联盟与伊朗签署了《临时自由贸易协定》,该协定为期三年,旨在不断削减关税,深化自由贸易伙伴国之间的经贸关系。2019年10月27日,《欧亚经济联盟—伊朗临时自由贸易协定》生效,这为双方签订正式的自由贸易协定打下了坚实基础。

二、《临时自由贸易协定》的主要内容

《欧亚经济联盟—伊朗临时自由贸易协定》是一份过渡期为三年的临时自由贸易协定。相对于《欧亚经济联盟—越南自由贸易协定》《欧亚经济联盟—塞尔维亚自由贸易协定》《欧亚经济联盟—新加坡自由贸易协定》而言,《欧亚经济联盟—伊朗临时自由贸易协定》结构较为简单,议题内容较为单一。《欧亚经济联盟—伊朗临时自由贸易协定》共包含9章和4个附件。9章的内容分别为机构和一般规定、货物贸易、贸易救济、技术性贸易壁垒、卫生和植物卫生检疫、原产地原则、海关合作和贸易便利化、争端解决、最终规定。4个附件分别为关税义务清单、原产地特定标准清单、商品产地证明书、确定关税费用的规则。[①] 从9章的议题可以看出,《欧亚经济联盟—伊朗临时自由贸易协定》主要致力于较小范围的货物贸易自由化,贸易便利化方面的规定较弱,不涉及服务和投资议题,至于政府采购、知识产权、竞争、电子商务等新议题更是完全没有涉及。在关税减让方面,从附件1的关税义务清单可知,协定所涉及的商品种类较少。根据协定,欧亚经济联盟与伊朗双方将对862种商品(639种工业产品和223种农产品)发起优惠贸易安排。其中,欧亚经济联盟向伊朗提供优惠关税的商品为502种,主要为塑料及其制品、钢铁制品、矿物油及其蒸馏产品、地毯及纺织品、机械器具及其零件、蔬菜及水果制品、陶瓷产品等;伊朗向欧亚经济联盟提供优惠关税的商品为360种,主要包括机器

---

① Торговые соглашения Евразийского экономического союза с Ираном. http://www.eurasiancommission.org/ru/act/trade/dotp/Pages/Соглашение-с-Ираном.aspx.

及其零件、纸及印刷品、化妆及洗涤用品、肉等。根据协定，协定生效时欧亚经济联盟从伊朗进口的商品平均税率将定为 3.1%，其中欧亚经济联盟从伊朗进口的工业品将降税 3.5%、农产品将降税 5%；而伊朗从欧亚经济联盟进口的商品平均税率则定为 12.9%，其中伊朗从欧亚经济联盟进口的工业产品将降税 7%、农产品将降税 19%。

三、《临时自由贸易协定》的实施效果

在欧亚经济联盟各国与伊朗的共同推动下，《欧亚经济联盟—伊朗临时自由贸易协定》签署并生效，由于该协定只涉及货物贸易的较少种类，加之生效时间较短，因此协定给双方带来的贸易效应有限，但政治意义重大，协定进一步深化了双方的政治关系，增强了双方在国际事务中的地位和谈判能力。

首先，贸易拉动作用有限。自 2015 年欧亚经济联盟成立以来，欧亚经济联盟与伊朗的贸易情况如表 4-5 所示。

表 4-5　2015—2020 年欧亚经济联盟与伊朗的贸易情况

单位：亿美元

	2015 年	2016 年	2017 年	2018 年	2019 年	2020 年
贸易总额	22.77	30.89	26.93	27.16	24.51	29.04
同比增长	-26.2%	35.7%	-12.8%	0.85%	-9.8%	18.5%
占比①	0.39%	0.61%	0.42%	0.36%	0.33%	0.46%
排名②	39 位	34 位	41 位	44 位	47 位	39 位

数据来源：Внешняя торговля ЕАЭС по странам，2015—2020года.

从表 4-5 可以看出，在 2015—2019 年间，除 2016 年外，欧亚经联

---

① 伊朗在欧亚经济联盟对外贸易总额中所占的百分比。
② 伊朗在欧亚经济联盟对外贸易总额中的排名（按国别）。

盟与伊朗的贸易总额一直在22亿美元至28亿美元之间徘徊。2016年,受西方经济制裁影响,欧亚经济联盟加大了与伊朗的合作力度,双方贸易总额达到了30.89亿美元,同比增长35.7%,占欧亚经济联盟对外贸易总额的0.61%,在欧亚经济联盟对外贸易总额中排名第34位。总体来看,欧亚经济联盟与伊朗双方贸易总量还较小。2019年,双方临时自由贸易协定生效,协定生效一年后,双方贸易总额出现了显著增长。2020年,欧亚经济联盟与伊朗贸易总额为29.04亿美元,与2019年的24.51亿美元相比增长了18.5%。2020年,双方贸易总额占欧亚经济联盟对外贸易总额的0.46%,在欧亚经济联盟对外贸易总额排名中居第39位。从占比和排位情况来看,虽然2020年与2017年、2018年、2019年相比有所上升,但与2016年相比还有一定差距,临时自由贸易协定对双方总体贸易拉动作用有限。具体从出口总额和进口总额来看,2020年,欧亚经济联盟对伊朗出口总额为16.5亿美元,占联盟对外出口贸易总额的0.45%,在联盟对外出口总额中排第40位,与2019年的占0.35%及排名第44位相比,有所上升,但幅度较小;2020年,欧亚经济联盟从伊朗的进口贸易总额为12.5亿美元,占联盟对外进口贸易总额的0.48%,在联盟对外进口贸易总额中排第35位,与2019年的占0.30%及排名第45位相比,出现了大幅上升。这表明,临时自由贸易协定对欧亚经济联盟从伊朗进口起到了更为积极的促进作用。但由于双方贸易总体规模较小,且双方临时自由贸易协定涉及减税的商品种类有限,因此临时自由贸易协定的贸易效应有限。

另外,从欧亚经济联盟各成员国与伊朗的贸易情况看,双方临时自由贸易协定对俄罗斯与伊朗的贸易促进作用更大。详见表4-6。

表 4-6　2015—2020 年欧亚经济联盟各成员国与伊朗的贸易情况

单位：%

	2015 年	2016 年	2017 年	2018 年	2019 年	2020 年
俄伊贸易占联盟与伊朗贸易总额的比重	56.3	70.7	63.4	64.2	64.8	76.4
哈伊贸易占联盟与伊朗贸易总额的比重	27.9	19.3	20.5	19.1	15.5	8.2
白伊贸易占联盟与伊朗贸易总额的比重	3.1	1.8	5.7	2.3	1.7	0.9
亚伊贸易占联盟与伊朗贸易总额的比重	12.3	7.7	9.6	13.4	16.7	13.8
吉伊贸易占联盟与伊朗贸易总额的比重	0.4	0.5	0.8	1.0	1.3	0.7

数据来源：Внешняя торговля ЕАЭС по странам, 2015—2020года.

从表 4-6 可以看出，在 2015—2019 年间，俄伊贸易总额占欧亚经济联盟与伊朗贸易总额最高时为 70.7%，而在 2020 年，俄伊贸易总额占欧亚经济联盟与伊朗贸易总额则达到了 76.4%，临时自由贸易协定对俄伊贸易促进较大。除此之外，临时自由贸易协定对亚美尼亚和伊朗的贸易也起到了一定促进作用，这与亚美尼亚和伊朗的地理位置毗邻紧密相关。

其次，政治效果明显。自苏联解体以来，美欧等西方发达国家不断对俄罗斯施压，欧亚经济联盟西部大部分地区被北约包围。近年来，俄罗斯又与独联体除欧亚经济联盟以外的其他国家关系紧张，特别是与乌克兰发生直接冲突后，俄罗斯以及欧亚经济联盟的地缘政治环境恶化。与此同时，伊朗也面临同样问题，2015 年针对"伊朗核问题"，美国和伊朗达成了《联合全面行动计划》，美国与伊朗关系趋于缓和。但 2017 年美国特朗普上台后，美国否定且退出了"伊核协议"，美国重新恢复对伊朗的强硬和敌视态度。2018 年美国制定了制裁伊朗的具体措施，如向伊朗施加财政压力，使用军事手段遏制伊朗，支持伊朗内部人民权利等，美伊关系再度回到了剑拔弩张时期。美国一边对俄罗斯实施经济制裁和政治孤立，另一边对伊朗实施极限压力。面对美国的制裁和遏制，俄罗斯与伊朗的关系越走越近。2018年5月，双方签署了临时自由贸易协定，该协定从侧面反映出了双方已经形成了相对稳定的政治和外交关系。欧亚经济联盟与伊朗签署临时自由贸易协定后，俄罗斯与伊朗的政治合作进一步增强，两国合作开展了两次军事联合演习，一次是两国海军在里海举行联合演习，该演习被认为是两国海军关系深化的直接表现，另一次是两国海军在伊朗面向波斯湾的伊斯法罕省举行联合演习，该演习被认为是有意反击美国封锁波斯湾的举动。欧亚经济联盟与伊朗建立临时自由贸易区向外界传递了双方政治合作的信号，为双方深化政治互信以及共同面对美国的遏制带来了积极效果。

未来随着欧亚经济联盟与伊朗临时自由贸易协定的进一步发展，双方贸易规模将会进一步扩大，经贸往来会更加频繁，政治以及安全领域的合作也会逐步加强，在地区以及国际事务中的合作也会越走越近。

第三节　与印度、以色列、埃及的《自由贸易协定》正在分别谈判中

现阶段，欧亚经济联盟对外正在谈判的自由贸易协定有3个，分别为《欧亚经济联盟—印度自由贸易协定》《欧亚经济联盟—以色列自由贸易协定》以及《欧亚经济联盟—埃及自由贸易协定》。

一、《自由贸易协定》的谈判背景

(一)《欧亚经济联盟—印度自由贸易协定》的谈判背景

印度作为南亚地区的政治经济大国,自独立以来,就把实现地区乃至世界大国的目标作为制定对外战略的基础。独立初期,印度以称霸南亚为起点,在政治和经济上追求其主导地位和影响力,为实现这一目标,印度对外与苏联形成了紧密关系。苏联解体后,由于俄罗斯对外战略调整,印度也将原来对外主要依靠苏联的战略调整为实行全方位大国外交战略,此时印度开始探索并调适与美国的关系。但在与美国的逐步接触过程中,印度发现,印美存在明显的经济和人权等矛盾,这些矛盾使得印美关系难以发展到理想程度。此时,俄罗斯的对外战略也从独立初期的倒向西方调整为全方位的对外战略。俄罗斯与印度均重新认识到发展彼此关系的重要性,从俄罗斯角度看,印度是南亚地区大国,是俄罗斯重要的战略伙伴,与印度建立紧密的政治经济关系,不仅有利于提高俄罗斯在亚洲的政治经济地位,也有利于俄罗斯防范美国从南部的战略挤压;从印度角度看,印度欲成为地区乃至世界大国需要俄罗斯的帮助与支持,尤其是需要俄罗斯的先进武器设备。俄罗斯在尖端武器、空间项目以及发展核工业等方面对印度的支持,是美国无法做到的,而这些领域被印度视为是其发展成为世界大国必不可少的要素。在此背景下,俄罗斯与印度不断强化战略伙伴关系。欧亚经济联盟成立后,联盟将印度视为南亚支点国家,希望与其开展深层次的经济合作。2016年金砖国家峰会后,俄罗斯及欧亚经济联盟开始着手与印度磋商有关欧亚经济联盟与印度战略对接的可能性和前景问题。

(二)《欧亚经济联盟—以色列自由贸易协定》的谈判背景

以色列位于西亚地区,国土面积狭小,人口也仅有700多万,却是西亚地区的经济和军事强国。2018年,以色列的国内生产总值为3697亿美元,人均国内生产总值达到了41614美元,在西亚地区仅次于卡塔尔,位居第二位。① 以色列不仅经济发达，还具有较强的军事和科技实力，被称为西亚地区的"微型超级大国"。俄罗斯与以色列之间存在特殊关系。苏联时期，苏联曾全力支持以色列建国，但以色列在新中国成立后不久便倒向了西方阵营，苏以关系恶化并长期僵冷。俄罗斯独立后，一方面，大批俄罗斯的犹太人前往以色列定居，在以色列国内产生了一批以俄罗斯犹太人为选民基础的政党，这促使了俄以关系的改善；另一方面，俄罗斯有意发展与以色列的关系，以维护其在西亚地区的地缘利益，而以色列也看重俄罗斯的大国实力及国际影响力，俄以双方关系开始发展。2014年3月，由于克里米亚事件，美欧等西方国家发起对俄罗斯制裁的决议草案，作为美国传统盟友的以色列并没有参加投票，同时在后续的美国对俄罗斯的制裁中，以色列也采取了相对中立的立场，俄以关系逐步升温。

（三）《欧亚经济联盟—埃及自由贸易协定》的谈判背景

埃及位于非洲东北部，地处欧、亚、非三大洲的交界处。埃及是非洲人口最多的国家，同时也是该地区的政治和军事大国。自20世纪80年代开始，埃及就是非洲地区有影响力的大国，多次在一些重大事务中发挥关键作用。尽管近年来埃及在非洲地区的影响力有所下降，但俄罗斯仍然重视与埃及的关系，并将其视为非洲战略中最为重要的一环。埃及也极力发展与俄罗斯的关系，希望借助俄罗斯的政治和军事实力重振其大国地位。2009年6月，俄罗斯与埃及签订了《战略合作伙伴关系协议》，这成为两国战略互信的重要基础。2013年11月，俄罗斯与埃及双方在政治、经济、军事等多个领域进行会谈，并签署了多项合作协议，俄罗斯与埃及这一举措被视为两国关系的历史性突破。之后，俄埃两国关系急速升温，各领域合作不断向纵深发展。

---

① 2019年国际统计年鉴［EB/OL］. 中国国家统计局. https：//data.stats.gov.cn/publish.htm？sort=1.

二、《自由贸易协定》的谈判进展

（一）《欧亚经济联盟—印度自由贸易协定》的谈判进展

2014年6月18日，俄罗斯副总理戈津与印度外长斯瓦拉吉在印度首都新德里会晤，其间两国表示将就双方自由贸易区建设进行可行性研究。欧亚经济联盟启动后，印度有意与欧亚经济联盟深化合作，希望就双方建立自由贸易区的可行性进行研究。2017年6月3日，在第21届圣彼得堡国际经济论坛期间，欧亚经济联盟与印度签署了《关于启动自由贸易协定谈判的联合声明》，声明表示双方自由贸易协定谈判将涉及减少货物贸易的关税和非关税壁垒、海关管理、知识产权等多个领域。2020年5月15日，欧亚经济联盟经济委员会贸易部部长安德烈·斯列普涅夫在"促进欧亚经济一体化：商业合作的一个因素"的国际论坛上表示："尽管新冠病毒正在蔓延，但欧亚经济联盟与埃及、以色列的自由贸易协定正在谈判，与印度的自由贸易协定谈判也将进入活跃阶段。"

（二）《欧亚经济联盟—以色列自由贸易协定》的谈判进展

2015年1月26日，以色列外交部长在俄罗斯首都莫斯科举行新闻发布会时表示，以色列已经同欧盟和美国建立了自由贸易区，希望能尽快展开与欧亚经济联盟的自由贸易谈判。2015年10月16日，欧亚经济联盟最高理事会决定与以色列启动自由贸易谈判。2016年11月8日，欧亚经济联盟与以色列首轮自由贸易谈判在以色列举行。2017年4月28日，以色列环保部部长艾尔金称，以色列与欧亚经济联盟的自由贸易谈判进程主要取决于一个问题，即谈判除货物贸易议题外是否涉及服务贸易议题，以色列的优势在于高科技产业，而这属于服务贸易条款，以色列坚持要将该条款纳入自由贸易协定，但欧亚经济联盟并不是所有成员国都同意，双方谈判陷入僵局。2018年4月，欧亚经济联盟与以色列重新启动自由贸易谈判，谈判内容包括海关合作、消除贸易壁垒、发展电子商务、检验检疫问题等多个领域。2020年6月11日，欧亚经济联盟委员会就与以色列开展农业创新技术问题达成一致，表示以色列的农业创新技术将作为欧亚经济联盟农业工业园区产业合作的一部分加以引进。

(三)《欧亚经济联盟—埃及自由贸易协定》的谈判进展

2014年8月12日，俄罗斯总统普京与到访的埃及总统塞西会谈后表示，双方将就俄白哈关税同盟和埃及建立自由贸易区进行可行性研究。2015年5月26日，在埃及和俄罗斯贸易工业论坛期间，埃及表示希望建立埃及—欧亚经济联盟自由贸易区，在此期间埃俄两国签署了涉及出口、制造业、汽车业等领域的5项合作协议。2016年12月26日，欧亚经济委员会执委会主席萨尔基相表示欧亚经济联盟4个成员国，即俄罗斯、哈萨克斯坦、吉尔吉斯斯坦和亚美尼亚都已批准同意欧亚经济联盟与埃及启动自由贸易谈判。2019年1月15日，欧亚经济联盟与埃及在开罗举行了双方自由贸易区建设的首轮谈判，双方讨论了自由贸易协定的主要条款，并表示希望达成一个全面的自由贸易协定，以便在质量上确保贸易条件的可预测性和贸易条例的透明性。2020年6月2日，欧亚经济委员会贸易部部长与埃及贸易和工业部部长进行会谈，双方肯定了自由贸易谈判取得的实质性成就。

三、《自由贸易协定》的预期效果

(一)《欧亚经济联盟—印度自由贸易协定》的预期效果

现阶段，欧亚经济联盟与印度的贸易总量整体较小，据欧亚经济委员会统计，2019年，双方贸易总额为138.40亿美元，占欧亚经济联盟对外贸易总额的1.89%，其中联盟对印度出口总额为92.83亿美元，占联盟出口总额的2.02%，出口前三位的主要产品分别为矿物燃料、矿物油及其蒸馏产品占38.1%，机械器具及其零件占8.3%，肥料占7.5%；联盟从印度进口产品总额为45.57亿美元，占联盟进口总额的1.66%，进口前三位的主要产品分别为药品占17.1%，电气设备及其零件占16.5%，机器、机械器具及其零件占9.6%。从以上数据可以看出，欧亚经济联盟与印度贸易总量与双方自身的对外贸易总额相比还较小，且双方贸易以欧亚经济联盟向印度出口矿物燃料为主，欧亚经济联盟对印度贸易顺差较大，双方贸易结构显著互补，贸易潜力巨大。如果欧亚经济联盟与印度建立自由贸易区，双方降低或取消关税和非关税壁垒，双方贸易将会进一步增长，尤其会促进欧亚经济联盟的农产品、工业产品向印度出口。除贸易效果外，欧亚经济联盟与印度签署自由贸易协定还将会深化双方的政治互信，提高欧亚经济联盟在南亚地区的影响力。

(二)《欧亚经济联盟—以色列自由贸易协定》的预期效果

欧亚经济联盟与以色列存在着小而精的贸易合作。2019年，双方贸易总额为29.33亿美元，占欧亚经济联盟对外贸易总额的0.4%。在双方贸易中，以欧亚经济联盟向以色列出口贸易为主。2019年，欧亚经济联盟对以色列贸易的顺差额为10.33亿美元，占双方贸易总额的35.2%。在双方贸易结构中，欧亚经济联盟向以色列出口的主要产品分别为矿物燃料、矿物油及其蒸馏产品占49.4%，钢铁占10.3%，谷物占4.7%；而欧亚经济联盟从以色列进口的主要产品分别为食用蔬菜、根及块茎占16.8%、电机、电气设备及其零件占15.4%，光学设备及精密仪器占9.9%。如果双方签署自由贸易协定将会增加以色列对欧亚经济联盟高新技术产品的出口，双方贸易结构进一步优化，与此同时，在自由贸易区的推动下，欧亚经济联盟与以色列的政治经济关系也会更加紧密。

(三)《欧亚经济联盟—埃及自由贸易协定》的预期效果

近年来，欧亚经济联盟与埃及的经贸活动日趋活跃，欧亚经济联盟向埃及出口的产品名录逐步扩大,进口产品持续增长。据欧亚经济委员会统计,2019年,双方贸易总额为64.96亿美元,占欧亚经济联盟对外贸易总额的0.89%,其中,联盟向埃及出口贸易总额为58.96亿美元,进口贸易总额为6.01亿美元,双方以欧亚经济联盟贸易顺差为主。在双方贸易结构中,2019年,联盟向埃及出口最多的三类产品分别为谷物占21.6%,钢铁占9.6%,木及木制品、木炭占5.2%;联盟从埃及进口占比最大的三类商品分别为食用水果及坚果占43.5%,食用蔬菜、根及块茎占21.0%,芳香料制品及化妆盥洗品占5.8%。未来,随着双方自由贸易区的建立,双方贸易规模必将扩大,双方经贸关系将会更加紧密。在此基础上,双方政治关系将会得到巩固和强化,军事安全领域的合作也会不断加深。

本章小结

现阶段,欧亚经济联盟对外已签署3个自由贸易协定和1个临时自由贸易协定,分别为《欧亚经济联盟—越南自由贸易协定》《欧亚经济联盟—塞尔维亚自由贸易协定》《欧亚经济联盟—新加坡自由贸易协定》及《欧亚经济联盟—伊朗临时自由贸易协定》。其中,欧亚经济联盟与越南的自由贸易协定生效已有五年时间,从实施的效果来看,自由贸易协定促进了双方贸易的增长、深化了双方的政治互信、推动了欧亚经济联盟与东盟经济的进一步融合,但同时自由贸易协定也扩大了欧亚经济联盟对越南的贸易逆差,贸易不平衡现象更加明显,贸易结构问题更加突出。与欧亚经济联盟和越南自由贸易协定的签订背景不同,塞尔维亚和欧亚经济联盟签订自由贸易协定之前就与俄罗斯、白俄罗斯、哈萨克斯坦三国分别签署了双边自由贸易协定,与亚美尼亚、吉尔吉斯斯坦实行了最惠国待遇,加之欧亚经济联盟与塞尔维亚的贸易规模总量较小,因此,协定生效不会对双方贸易产生明显的推动作用，但双方自由贸易协定对欧亚经济联盟具有重要的政治意义。欧亚经济联盟与新加坡的自由贸易协定是3个自由贸易协定中最全面、综合性最高的自由贸易协定，目前该协定还尚未生效，但基于双方贸易总量较小的现实可以判定，协定生效不会对双方经济贸易产生较大影响，协定将有利于提升欧亚经济联盟的对外贸易开放水平，加快欧亚经济联盟与东盟的经济一体化进程。欧亚经济联盟与伊朗的临时自由贸易协定生效仅有两年时间，由于时间较短，且临时自由贸易协定只对少数种类商品实行了关税减免，因此，临时自由贸易协定给双方带来的贸易拉动作用有限，但协定加深了双方的政治关系，增强了双方在国际事务中的地位和谈判能力。除此之外，欧亚经济联盟与印度、以色列、埃及的自由贸易协定也分别经过了多轮谈判，由于三国对俄罗斯而言意义重大，是俄罗斯对外大国战略的支撑，因此，尽管目前欧亚经济联盟与上述三国的自由贸易协定还存在争端，但双方自由贸易区建设必将进一步发展。

第五章

欧亚经济联盟对外自由贸易区建设的特征与影响

欧亚经济联盟对外自由贸易区建设，经过六年多的实践，从已签署和正在谈判的自由贸易协定看，欧亚经济联盟对外自由贸易区建设以亚洲国家为主，优先选择盟友及战略伙伴国，在协定内容上采取灵活的自由化标准，在建设目标上兼顾传统与非传统收益。欧亚经济联盟对外自由贸易区建设的这些特点，既是其具体实践的结果，也是其规划思路的体现。欧亚经济联盟对外努力构建自由贸易区对独联体地区、欧洲地区、亚洲地区乃至世界政治经济格局都产生了一定影响。

第一节 欧亚经济联盟对外自由贸易区建设的主要特征

一、在地域范围上以亚洲国家为主

目前，在欧亚经济联盟对外自由贸易区已生效、签署和正在谈判的7个国家中，5个为亚洲国家，1个为东欧国家，1个为北非国家，亚洲国家占欧亚经济联盟对外自由贸易区建设的71%。欧亚经济联盟对外自由贸易区建设在地域范围上选择以亚洲国家为主，更多是与欧亚经济联盟所处的地理位置以及当前所面临的政治经济环境有关。欧亚经济联盟五个成员国均为独联体国家，位于欧洲与亚洲交界的欧亚大陆腹地，特殊的地缘环境使得欧亚经济联盟与欧洲和亚洲形成了紧密的经济关系，欧亚经济联盟成员国重视与欧洲及亚洲有关国家和组织的区域经济合作。然而，2013年年底爆发的乌克兰危机，进而引发的美欧与俄罗斯的制裁与反制裁，使欧亚经济联盟与欧洲关系陷入僵局。而此时的亚洲地区经济快速发展，东南亚的东盟、东亚的中国、南亚的印度都已成为世界重要新兴经济体，且该地区经济一体化不断向纵深发展。中国以"一带一路"倡议为依托，与周边国家建立自由贸易区；日本积极推动CPTPP生效，力求继续主导亚太地区；韩国不断扩大自由贸易区朋友圈，与世界主要经济体欧盟、美国、中国、东盟、印度均已签署自由贸易协定。俄罗斯主导的欧亚经济联盟，在向西发展受阻的情况下，不想再被亚洲边缘化，因此，积极与该地区国家进行自由贸易区建设。

对于欧亚经济联盟的转向，亚洲各国表现出了积极的态度，许多国家或区域经济组织都表示希望与欧亚经济联盟展开自由贸易谈判。亚洲有关国家之所以如此积极，其原因主要在于：首先，欧亚经济联盟丰富的能源资源有利于稳定资源短缺国的市场供给；其次，欧亚经济联盟的市场规模以及潜在增长力有利于扩大伙伴国的出口；再次，欧亚经济联盟封闭的市场体系有利于提高签署国的经济效应；最后，欧亚经济联盟连接欧洲与亚洲的地理位置有利于打通贸易伙伴的运输通道。欧亚经济联盟与亚洲国家共同的合作意愿使得现阶段欧亚经济联盟对外自由贸易区建设以亚洲国家为主。

二、在谈判对象上优先选择盟友及战略伙伴国

欧亚经济联盟与世界其他区域经济组织有很大不同，其成员国均为早期的苏联加盟共和国，受苏联时期美苏争霸及新时期俄美关系影响，欧亚经济联盟成立之初便被认为带有一定的地缘政治色彩，加入欧亚经济联盟或与欧亚经济联盟加强自由贸易区建设，不仅意味着经济上与欧亚经济联盟合作，更意味着政治上有可能成为美国的对立面，会受到美欧的遏制与打压，乌克兰就是最好的例证。乌克兰危机爆发，俄美关系进一步恶化，一些国家不得不在美俄之间选边站：一边是美国的盟国追随美国对俄罗斯实施经济制裁和政治围堵，另一边是俄罗斯的盟友及重要战略伙伴对俄罗斯给予政治支持和进行经济合作。俄罗斯为冲破美欧合围，巩固与盟友及战略伙伴国的政治关系，扩大地区及国际影响力，选择以欧亚经济联盟为平台，以能源为手段，加强对外自由贸易区建设。

目前，在欧亚经济联盟已签署和正在谈判的7个自由贸易伙伴国中，4个为俄罗斯的重要战略伙伴关系国，分别为越南——俄罗斯的全面战略伙伴关系国、塞尔维亚——俄罗斯的战略伙伴关系国、印度——俄罗斯的优先战略协作伙伴关系国、埃及——俄罗斯的可信赖战略伙伴关系国。另外的3个自由贸易伙伴国中，伊朗和以色列两国虽未与俄罗斯建立战略伙伴关系，但与俄罗斯存在"非常特殊"的关系。2017年，伊朗总统鲁哈尼访问俄罗斯期间，俄罗斯总统普京曾表示，俄罗斯与伊朗之间的合作十分高效，两国正全力向高质量、新层次的战略伙伴关系迈进。以色列作为美国的传统盟友，在美欧对俄罗斯实施经济制裁时，保持了中立立场，而且，近几年俄以在经济、政治以及军事领域的合作稳步上升，俄罗斯重视与以色列在高新技术领域的合作。

现阶段，欧亚经济联盟以政治关系较为密切的盟友及战略伙伴关系国作为对外自由贸易区建设的支点国家，以点带面，逐步扩大欧亚经济联盟的国际地位和国际影响力，以此来制衡美国。

三、在协议内容上采取灵活的自由化标准

目前，欧亚经济联盟对外已签署3个自由贸易协定和1个临时自由贸易协定，分别为《欧亚经济联盟—越南自由贸易协定》《欧亚经济联盟—

塞尔维亚自由贸易协定》《欧亚经济联盟—新加坡自由贸易协定》以及《欧亚经济联盟—伊朗临时自由贸易协定》，这3个自由贸易协定和1个临时自由贸易协定各有特点，一定程度上反映了欧亚经济联盟对外自由贸易区建设的灵活性。

首先，协定的文本模式不同。欧亚经济联盟与新加坡自由贸易协定、欧亚经济联盟与越南自由贸易协定、欧亚经济联盟与塞尔维亚自由贸易协定均采用的是一揽子式文本结构。其中，欧亚经济联盟与新加坡自由贸易协定共包含7个协定，即1个主协定、1个框架协定和5个欧亚经济联盟各成员国与新加坡的双边服务与投资协定，该协定是一份全面综合的自由贸易协定。而欧亚经济联盟与伊朗临时自由贸易协定则采用的是分立式的文本结构，协定共包含两个阶段，第一阶段为临时自由贸易协定阶段，该阶段只涉及较窄范围的货物贸易自由化，第二阶段为全面自由贸易协定阶段，目前双方正处于第一阶段向第二阶段过渡阶段。

其次，协定覆盖的议题范围存在明显差异。欧亚经济联盟与新加坡自由贸易协定共包含16章和4个附件，16章的议题既包含市场准入、原产地规则等传统议题，也包括知识产权、政府采购、电子商务等新议题；欧亚经济联盟与越南自由贸易协定共包含15章和5个附件，同欧亚经济联盟与新加坡自由贸易协定相比，该协定缺少透明度的议题；欧亚经济联盟与塞尔维亚自由贸易协定共包含33个条款和5个附件，与前两个自由贸易协定相比更多的是纳入了有关双方贸易活动稳定、透明度和可预见性的法律条款；而欧亚经济联盟与伊朗临时自由贸易协定仅包含9章和4个附件，9章的议题主要都是围绕传统的货物贸易议题展开的，不涉及新议题。

因此，3个自由贸易协定和1个临时自由贸易协定中自由化水平最高的为欧亚经济联盟与新加坡自由贸易协定，而自由化水平相对较低的为欧亚经济联盟与伊朗临时自由贸易协定。

总体来看，3个自由贸易协定和1个临时自由贸易协定都较为详细地规定了双方的基本规则，但在协定的结构与内容方面存在较大差异。这表明欧亚经济联盟在对外自由贸易区建设方面通常根据不同经济体的政治制度、经济发展水平、比较优势产业以及经贸关系等情况，采用不同的自由化标准。

四、在建设目标上兼顾传统与非传统收益

自由贸易区作为当今世界区域经济一体化的重要形式之一，其成立的根本目标是获得区域合作收益。具体而言，区域合作收益包括传统收益与非传统收益。传统收益主要指经济方面的收益，主要包括贸易转移效应、贸易创造效应、规模经济效应以及贸易条件的改善等。非传统收益主要包括加强同伙伴国的政治互信，增强地区影响力，提高国际话语权等。通常不同时期不同类型经济体追求的目标各有侧重，对于世界影响力较小的国家而言，推动自由贸易区建设的主要目标是获得传统收益，如韩国，多年来韩国一直重视与大型经济体和新兴经济体建立自由贸易区，希望通过自由贸易区建设，减少贸易壁垒，扩大出口。而对于有影响力的大国或区域经济组织而言，非传统收益在自由贸易区建设中起着越来越重要的作用，如美国、日本、欧盟，在重视自由贸易区的经济收益同时，更注重自由贸易区带来的政治影响。

欧亚经济联盟作为独联体地区最有影响力的区域经济组织，对外构建自由贸易区，在关注经济目标同时，地缘政治影响也是其重点考虑的因素。首先，经济目标。自欧亚经济联盟成立以来，受内外部环境共同影响，欧亚经济联盟成员国经济下滑明显。2014—2016年间，欧亚经济联盟GDP平均下降16.4%，2017—2019年间虽有所恢复，平均上涨10.2%，但仍然没有恢复到2013年的水平，2013年欧亚经济联盟GDP为26282亿美元，而2019年为19656亿美元，2019年与2013年相比下降了25.2%。①在对外贸易上，2014—2016年间，欧亚经济联盟对外贸易总额平均下降了17.5%，2017年开始缓慢回升，2019年达到了7331亿美元，但与2013年的9376亿美元相比，仍然差距较大，为摆脱内部经济困境，欧亚经济联盟积极寻求外部伙伴。② 其次，非经济目标。俄罗斯作为苏联主要继承国，自独立以来就不断加强独联体地区经济一体化建设，努力成为世界多极化中的一极。但受苏联时期计划经济体制影响，新独立的欧亚经济联盟各国经济结构失衡，对外贸易规模较小，与独联体各国签订的若干经济合作协议，大多有名无实，不了了之，直到欧亚经济联盟成立，独联体地区的区域经济一体化才取得了实质性进展。然而，欧亚经济联盟生不逢时，成立之初便遇乌克兰危机，美欧的政治与经济孤立使其国际地位显著下降，为扩大地区及国际影响力，欧亚经济联盟积极开展对外自由贸易区建设，希望通过对外经济合作，增加与伙伴国的政治互信，重塑欧亚经济联盟地缘政治新格局。

第二节　欧亚经济联盟对外自由贸易区建设的主要影响

一、推动了独联体地区经济与世界经济的融合

自20世纪90年代以来，区域经济一体化迅速发展，与经济全球化共

---

① Евразийский экономический союз в цифрах, Евразийская экономическая комиссия, 2020года. http://www.eurasiancommission.org/ru/act/integr_i_makroec/dep_stat/econstat/Pages/statpub.aspx.

② Евразийский экономический союз в цифрах, Евразийская экономическая комиссия, 2020года. http://www.eurasiancommission.org/ru/act/integr_i_makroec/dep_stat/econstat/Pages/statpub.aspx.

同成为世界经济发展的基本趋势之一。在此背景下，参与区域经济合作，加入某种形式的区域经济一体化组织，以期在更大程度上与世界经济接轨，成为众多国家的战略选择。独联体国家作为从计划经济体制向市场经济体制转轨的国家，为尽快融入全球区域经济一体化进程，在经历了独立之初的短暂调整之后，很快开始进行区域经济一体化建设。从1993年的9国《经济联盟条约》，到1994年11国签署的《关于建立自由贸易区》，再到2000年的《实施建立自由贸易区措施的计划进度表》，独联体国家努力进行区域经济一体化建设，并就内部建立自由贸易区达成了一致，具体内容包括，取消成员国间的关税与非关税壁垒，在成员国间建立相互结算和支付的有效体制，在实施自由贸易区条例时进行有效协调，必要时统一各国立法。尽管独联体国家对自由贸易区建设充满热情，但由于当时独联体各国动荡的政治经济形势，自由贸易协定并没有得到很好的贯彻执行。2008年全球金融危机爆发，独联体各国对外贸易受此冲击较大，为稳定经济，独联体各国加速了区域经济一体化的步伐。2011年，俄罗斯、哈萨克斯坦、白俄罗斯、乌克兰、亚美尼亚、吉尔吉斯斯坦、塔吉克斯坦、摩尔多瓦8国共同签署了《独联体自由贸易协定》，该协定成功取代了1994年签署的旧的自由贸易协定以及各国的双边自由贸易协定。2013年，乌兹别克斯坦与上述8国签署了《独联体自由贸易区备忘录》。新建立的独联体自由贸易区旨在与世界贸易组织（WTO）接轨，自由贸易协定规定了产品的原产地标准、贸易技术壁垒、卫生和植物卫生检疫、复出口、自由中转、反倾销和反补贴调节、特别保障措施、海关监管等方面的细则，同时还在旧的自由贸易协定基础上增加了争端解决机制等。在此期间，独联体地区内部还形成了以某几个国家为主的小多边区域经济一体化组织，如1995年俄、白、哈三国成立了海关联盟，1999年俄、白、哈、吉、塔成立了五国海关联盟，2000年成立了欧亚经济共同体，2010年成立了俄白哈关税同盟，2012年成立了统一经济空间，2015年最终成立了欧亚经济联盟。独联体国家积极推进区域经济一体化建设，在经济方面的主要目标为发展本国经济，提高产品竞争力，与世界经济接轨。

然而，经过20多年的建设，独联体国家的贸易自由化水平以及对外开放度与发达国家甚至与某些发展中国家相比还处于较低水平，其原因主要源于以下几个方面。首先，虽然独联体国家自独立以来就一直加强区域经济一体化建设，但建设的区域范围主要为独联体地区。而独联体地区的国家均脱胎于苏联，受苏联计划经济体制影响，这些新独立的国家经济结构畸形，经济体量较小，发展缓慢，甚至某些国家还没有摆脱贫困。对于这样一些国家而言，发展经济以及稳定政治是其国家发展的首要任务，对外参与区域经济合作最根本的目的是在保证不付出或最少付出的同时获得更多的经济利益，这是独联体国家的共性。正是这种不做或少做让步的心理，使得该地区的大部分自由贸易协定都停留在了纸面上，没有得到很好的贯彻和执行。在独联体地区有实质性进展的区域经济一体化组织主要为欧亚经济联盟，但欧亚经济联盟的成立时间较短。其次，独联体地区国家加入WTO的时间都相对较短。目前，独联体国家中吉尔吉斯斯坦、格鲁吉亚、摩尔多瓦、亚美尼亚、乌克兰、俄罗斯、塔吉克斯坦、哈萨克斯坦8个国家为WTO成员方，而白俄罗斯、阿塞拜疆、乌兹别克斯坦以及土库曼斯坦4国仅为WTO观察员国。独联体地区最大经济体俄罗斯在2012年才加入WTO，而独联体地区第二大经济体哈萨克斯坦加入WTO的时间更晚，为2015年。独联体地区主要国家加入WTO的时间较短，以及部分国家仍没有加入，使得WTO有关贸易便利化的措施对独联体国家的影响有限，这在一定程度上阻碍了独联体国家的贸易自由化进程。最后，独联体地区建立的自由贸易区和关税同盟等区域经济一体化组织更多是自上而下强制安排的，缺乏内在的市场驱动力，这样的制度型一体化组织更多地表现为文本一体化和形式一体化，缺乏内在的推动力。正是由于独联体地区国家在区域经济一体化进程中的较强排他性，使得独联体地区与世界其他地区的经济合作还处于较低水平。

自由贸易区建设的本质是减少或取消贸易壁垒，降低贸易成本，使贸易更加自由，进而提高成员国的对外贸易开放水平，使成员国经济与世界经济有效融合。欧亚经济联盟对外自由贸易区建设，为独联体国家加强与世界其他国家的经济联系提供了机遇，扩大了欧亚经济联盟各国的市场范围，提高了对外开放水平和企业竞争力。同时，欧亚经济联盟成员国的这种变化也会传导给其他独联体国家，这将在一定程度上促进独联体地区经济与世界经济的进一步融合。

二、加剧了俄罗斯与美欧的地缘政治竞争

纵观国际格局的发展历程，美国始终将自己置于国际格局的顶端，对与其主导的价值观不同的思想和理论均持否定态度，多年来俄罗斯一直是美国采取这一政策的对象。苏联时期，美国与西方资本主义国家一道对以苏联为首的社会主义国家进行遏制，美国曾提出杜鲁门主义、出台马歇尔计划、成立北约，在政治、经济、军事领域与苏联对抗。尽管苏联也建立了华沙条约组织与美国进行对抗，但是由于苏联当时的经济力量不足以支撑与美国展开全面竞争，最终冷战以苏联解体结束。苏联解体以后，美国等西方国家为防止出现一个新的竞争对手，出现一种与苏联相似的威胁，长期对俄罗斯实施遏制战略，这主要体现在欧盟与北约的不断东扩。1994年，美国推动北约制定了"和平伙伴关系计划"，计划旨在邀请原华沙条约组织国家和中东欧中立国家加入这一计划。2009年，欧盟推出了"东部伙伴关系计划"，该计划的实质是让独联体地区的乌克兰、摩尔多瓦、白俄罗斯、阿塞拜疆、格鲁吉亚、亚美尼亚六国在俄罗斯与美欧之间做出选择，以此削弱俄罗斯在独联体地区的政治经济影响力。2015年，俄罗斯在独联体地区推动成立欧亚经济联盟，引起美国不满。之后，欧亚经济联盟积极开展对外经济合作，利用建立自由贸易区的形式同独联体以外国家加

强政治经济联系，这刺激了美国本就紧绷的神经。美国进一步扩大对俄罗斯的遏制，俄罗斯与美欧的地缘政治竞争进一步加剧。

首先，在独联体地区。2014年6月，摩尔多瓦、格鲁吉亚、乌克兰三国与欧盟签署了联系国协定，这意味着三国将远离俄罗斯及欧亚经济联盟，向欧盟靠拢，俄罗斯对此表示不满，对三国采取了一系列制裁措施。具体包括减少对乌克兰商品的进口，禁止没有许可证的乌克兰"灰色劳工"在俄罗斯工作，禁止摩尔多瓦的农产品进入欧亚经济联盟市场等，俄罗斯与美欧的地缘竞争让三国付出了沉重代价。在中亚地区，2018年5月，美国与乌兹别克斯坦共同发表了《关于开启战略伙伴关系新时代》的联合声明，该声明标志着美乌进入了新型战略伙伴关系的新时代，与此同时，美国对乌兹别克斯坦的经济援助也从2016年的1010万美元增加到了2018年的2810万美元。① 为避免乌兹别克斯坦与美国关系越走越近，俄罗斯积极扩大了同乌兹别克斯坦的经济合作，在俄罗斯的不断努力下，乌兹别克斯坦议会上院表示，乌兹别克斯坦将考虑以观察员国身份加入欧亚经济联盟。② 2020年12月，乌兹别克斯坦获得了欧亚经济联盟观察员国的地位，这标志着乌兹别克斯坦与欧亚经济联盟的合作提升到了全新的水平。③ 乌兹别克斯坦此举引发美国不满，美国表示乌兹别克斯坦选择加入欧亚经济联盟的举动使得乌兹别克斯坦加入WTO的进程更加复杂。除此之外，为进一步发展与中亚国家的关系，2020年2月，美国公布了《美国中亚战略（2019—2025）》，该战略旨在维护美国在中亚地区的地缘政治利益。④

---

① 张全. 蓬佩奥访俄罗斯"后院"推销美国中亚新战略. 上观新闻，2020年2月4日.
② 乌兹别克斯坦议会上院表决通过乌作为观察员国加入欧亚经济联盟决议 [EB/OL]. 驻乌兹别克斯坦共和国大使馆经济商务处，2020-5-12. http：//uz. mofcom. gov. cn/article/jmxw/202005/20200502963920. shtml.
③ 乌兹别克斯坦获得欧亚经济联盟观察员国地位. 驻乌兹别克斯坦共和国大使馆经济商务处，2020-12-13. http：//uz. mofcom. gov. cn/article/jmxw/202005/20200502963920. shtml.
④ 美国的中亚战略（2019—2025）译文. 兰州大学中亚研究所公众号，2020年2月6日.

第五章 欧亚经济联盟对外自由贸易区建设的特征与影响

其次，在欧洲地区。近年来，俄罗斯与美国在中东欧地区的争夺日趋激烈。自2016年起，俄罗斯就积极推动欧亚经济联盟与东欧的塞尔维亚建立自由贸易区，该自由贸易区于2019年建成。与此同时，美国也积极发展与中东欧国家的关系，2017年针对中东欧国家提出的"三海协议"倡议，即以经贸合作为纽带将波罗的海、亚得里亚海、黑海周边的12个中东欧国家联系起来的倡议，美国表示支持并希望加入该协议，美国希望通过该协议扩大与中东欧国家在贸易、能源、交通、基础设施以及数字等领域的合作。除此之外，美国还不断加大对中东欧国家的投资，美国与波兰、匈牙利、斯洛伐克以及捷克的贸易总额呈逐步增长态势。为对冲俄罗斯在中东欧地区的影响力，美国再次将外交重点转向了中东欧国家，希望在继承和发展与原有伙伴关系的基础上，扩大新的合作伙伴。

再次，在亚洲地区。俄罗斯与美欧的地缘政治竞争主要表现为对南亚印度以及东南亚东盟的争夺。俄罗斯积极发展与印度的关系，2014年俄罗斯总统普京访问印度，强调俄印两国特殊的战略伙伴关系，双方签署了石油、防务、核电项目等15项文件。2017年美国提出了"印太战略"，表明成立美国、日本、印度、澳大利亚四国机制，美印的接近一定程度上对俄印关系产生了冲击。除印度外，东盟也是俄罗斯与美国在亚洲争夺的目标，俄罗斯将东盟视为对外自由贸易区建设的重要区域经济组织，深化与东盟的经济合作是俄罗斯以及欧亚经济联盟对外政策的重点。而东盟也是美国"印太战略"积极拉拢的对象，为防止亚洲出现挑战美国地位的新经济体，美国强化与东盟国家的经济交往以及军事合作。俄罗斯与美欧的地缘政治竞争已从亚洲东部扩展至印度洋。

最后，在世界其他地区。在拉美地区，俄罗斯及欧亚经济联盟与美国的竞争也异常激烈，如对委内瑞拉的争夺。

总体而言，欧亚经济联盟对外自由贸易区建设使本就紧张的俄美关系进一步恶化，加剧了双方在各地区的竞争。

三、提升了亚洲国家在联盟空间的经济地位

欧亚经济联盟地处欧亚大陆腹地，其成员国横跨欧、亚两大洲，特殊的地理位置使其与欧洲和亚洲国家的贸易往来密切，对外贸易主要集中于这两个地区。详见表5-1和表5-2。表5-1为2015—2019年欧亚经济联盟与世界主要地区的贸易情况，由于欧亚经济联盟对外贸易伙伴涉及230多个国家和地区，统计相对困难，因此，本书仅对欧亚经济联盟主要的贸易伙伴加以统计，对在欧亚经济联盟对外贸易总额中占比小于0.09%的国家并未统计。

表 5-1　2015—2019 年欧亚经济联盟与世界主要地区的贸易情况

单位:%

	2015年	2016年	2017年	2018年	2019年
欧洲地区	50.92	48.96	48.35	48.74	46.88
亚洲地区	32.46	33.56	34.60	35.22	36.87
美洲地区	6.42	6.78	6.27	5.77	6.06
独联体地区	5.86	5.41	5.26	5.12	5.08
非洲地区	1.50	2.04	2.23	2.09	1.72

数据来源：Внешняя торговля ЕАЭС по странам，2015—2019года.

从表5-1可以看出，欧亚经济联盟对外贸易地理方向主要涉及五个地区，分别为欧洲地区、亚洲地区、美洲地区、独联体地区以及非洲地区。首先是欧洲地区，欧洲地区一直是欧亚经济联盟对外贸易最集中的地区，2015—2019年间，欧亚经济联盟与欧洲国家的贸易总额一直占到欧亚经济联盟对外贸易总额的45%以上。其次是亚洲地区，亚洲地区是仅次于欧洲地区的欧亚经济联盟对外贸易合作的另一重要地区，2015—2019年间，欧亚经济联盟对亚洲国家的贸易总额一直占到欧亚经济联盟对外贸易总额的32%以上。除此之外，欧亚经济联盟与美洲地区、独联体地区以及非洲地

区的国家也有一定贸易往来,但贸易总量相对较小,三个地区共占欧亚经济联盟对外贸易总额的13%左右。从地区角度来看,欧亚经济联盟对外贸易主要集中在欧洲地区,其次为亚洲地区。

另外,从经济体角度看,欧亚经济联盟对外贸易的主要贸易伙伴也主要集中在欧洲地区和亚洲地区。详见表5-2。

表5-2 2015—2019年欧亚经济联盟与主要贸易伙伴的贸易情况

单位:%

		2015年	2016年	2017年	2018年	2019年
欧洲地区	欧盟	48.86	46.65	46.23	46.66	44.64
	瑞士	1.43	1.66	1.63	1.45	1.38
亚洲地区	中国	13.61	15.43	16.20	16.74	18.07
	土耳其	4.55	3.63	4.02	3.85	4.18
	日本	3.96	3.40	3.11	3.12	3.02
	韩国	3.39	3.13	3.34	3.83	4.24
	印度	1.52	1.73	1.71	1.69	1.89
美洲地区	美国	4.08	4.47	4.07	3.75	4.05
独联体地区	乌克兰	3.57	3.05	3.03	2.93	2.57
	乌兹别克斯坦	0.82	0.88	0.96	1.02	1.15

数据来源:Внешняя торговля ЕАЭС по странам, 2015—2019года.

表5-2为2015—2019年欧亚经济联盟与前十位贸易伙伴的贸易情况。从表5-2可以看出,欧洲地区的欧盟一直是欧亚经济联盟最大的贸易伙伴。2019年,欧亚经济联盟与欧盟的贸易总额达到了3272亿美元,占欧亚经济联盟对外贸易总额的44.64%。而居于第二位的是亚洲地区的中国。2019年,欧亚经济联盟与中国的贸易总额达到了1324亿美元,占欧亚经济联盟对外贸易总额的18.07%。之后,依次为韩国、土耳其、美国、日本、乌克兰、印度、瑞士、乌兹别克斯坦。2019年,欧亚经济联盟与这些

国家的贸易总额分别占欧亚经济联盟对外贸易总额的 4.24%、4.18%、4.05%、3.02%、2.57%、1.89%、1.38%、1.15%。从欧亚经济联盟这些主要对外贸易伙伴可以看出,欧亚经济联盟对外贸易主要地理方向为欧洲国家、亚洲国家以及独联体国家。

欧亚经济联盟对外自由贸易区建设选择以广大的亚洲地区为主要发展方向,在增强了欧亚经济联盟与亚洲国家经济融合的同时,也提高了亚洲国家在欧亚经济联盟空间中的经济地位。

首先,在贸易领域。目前在欧亚经济联盟对外已签署的3个自由贸易协定和1个临时自由贸易协定中,有3个为亚洲国家,分别为越南、新加坡、伊朗,这三个自由贸易协定的签署必将扩大欧亚经济联盟与亚洲国家的贸易规模,提高亚洲国家在欧亚经济联盟对外贸易总额中的比例。以越南、伊朗为例。2015年欧亚经济联盟与越南的贸易总额为42.71亿美元,占欧亚经济联盟对外贸易总额的0.74%;2019年欧亚经济联盟与越南的贸易总额为55.46亿美元,占欧亚经济联盟对外贸易总额的0.76%,越南在欧亚经济联盟对外贸易总额中的占比不断上升。同样,2019年欧亚经济联盟与伊朗的贸易总额为24.29亿美元,占欧亚经济联盟对外贸易总额的0.33%,而临时协议生效后一年,即2020年欧亚经济联盟与伊朗的贸易总额为29.04亿美元,占欧亚经济联盟对外贸易总额的0.46%,占比提高了0.13个百分点。[1] 因此,从上述分析可知,未来随着欧亚经济联盟与越南商品降税过渡期的完成、欧亚经济联盟与新加坡自由贸易协定的生效以及欧亚经济联盟与伊朗的全面自由贸易协定升级完成,欧亚经济联盟与亚洲国家的贸易总额会进一步扩大,亚洲在欧亚经济联盟对外贸易总额中的地位也会显著提高。

其次,在投资领域。欧亚经济联盟对外自由贸易区建设除了在贸易自

---

[1] Внешняя торговля ЕАЭС по странам. 2014—2020года. http://www.eurasiancommission.org/ru/act/trade/Pages/default.aspx.

由化方面与贸易伙伴国达成了协定，在投资便利化方面也通过协商给予了优惠。如欧亚经济联盟和越南、欧亚经济联盟和伊朗。欧亚经济联盟和越南自由贸易协定，双方除了达成货物贸易的关税减免外，俄罗斯和越南两国还单独达成了服务与投资领域的合作条款。欧亚经济联盟和新加坡，双方除了自由贸易协定外，还签署了5个欧亚经济联盟各成员国和新加坡的服务与投资的双边协定。这些条款和协定的达成必将扩大双方投资规模，促进双方相关产业进一步融合。

最后，在经济合作领域。欧亚经济联盟对外自由贸易区建设深化了欧亚经济联盟与贸易伙伴国的政治互信，为双方在更多领域的经济合作打下了坚实基础。如欧亚经济联盟与越南、欧亚经济联盟与新加坡以及欧亚经济联盟与伊朗，建立自由贸易区或临时自由贸易区后，双方贸易往来增加，在能源、军事以及其他领域的合作进一步加强。

综上所述，欧亚经济联盟对外自由贸易区建设，选择以广大的亚洲地区作为优先发展方向，在给亚洲地区国家带来机遇的同时，也对其他地区国家形成了贸易排斥。随着欧亚经济联盟与亚洲更多国家签署自由贸易协定，在欧亚经济联盟内部会形成贸易转移效应和贸易创造效应，亚洲国家在欧亚经济联盟对外经济合作中的地位将会不断攀升，而其他没有签订自由贸易协定的国家将会失去部分经济利益。因此，可以预见随着欧亚经济联盟对外自由贸易区建设的加强，亚洲在欧亚经济联盟空间的经济地位必将提高。

四、促进了世界多极化向深度和广度拓展

世界格局是指在一定时期内，世界主要国家和经济体之间在相互联系和作用的过程中，形成的比较稳定的战略态势以及国际核心结构，基础是利益及力量的对比。冷战时期，世界格局是以美苏两个超级大国对立斗争为主要特征的两极格局。冷战结束后，世界格局逐渐开始向多极格局转变，形成了以美国、欧盟、日本、俄罗斯、中国为五大力量中心的多极结构。与此同时，世界经济形态也出现了巨大变化，表现为从经济国际化向经济全球化转变。随着经济全球化的不断发展，经济因素逐渐成为影响世界格局变化的主要因素之一。世界主要力量开始紧随经济全球化的步伐调整对外关系，制定对外战略，努力塑造对自身有利的世界格局。在此背景下，区域经济一体化以其内外有别的经济政策在全球范围内迅速发展。1993年，欧盟在欧共体的基础上正式成立，建立起了一个北起赫尔辛基、南至里斯本的包含3.8亿人口以及占世界贸易43%的世界最大自由贸易区。在欧盟势力日益强大的同时，世界主要力量纷纷发展区域性大市场，以区域经济组织对抗区域经济组织。1994年，美国推动北美自由贸易协定生效，建立起了从加拿大到墨西哥及加勒比海地区的一个大型自由贸易区。2002年，在东南亚地区，东盟自由贸易区成立，东盟包括东南亚10国，总面积约为444万平方千米，人口约为5.91亿。全球区域经济一体化进程的加快，使世界多极化趋势在全球范围内出现了新发展，世界主要力量进行了重新分化和组合，形成了以欧盟、北美自由贸易区、东盟为中心的三大区域板块。这些新的大型区域经济组织在强化内部政治经济关系的同时，也推动了世界多极化向深度和广度拓展。

  俄罗斯作为苏联主要继承国，致力于构建多极世界，并努力成为多极世界格局中的重要一极。但由于自身综合国力有限，独立之初的俄罗斯，对多极世界的建立更多停留在政策和口号上。进入21世纪，随着国民经济的恢复和发展，俄罗斯希望重新实现民族崛起，为此俄罗斯采取了更加积极和主动的对外政策。俄罗斯将独联体地区视为对外优先发展地区，并在该地区推动成立了欧亚经济联盟，俄罗斯希望欧亚经济联盟能够在欧洲和亚洲之间发挥桥梁作用，成为世界上一个独立的力量中心，与欧盟、北美自由贸易区和东盟三大区域经济组织平起平坐，成为世界多极化中新的一极。欧亚经济联盟成立，欧亚地区出现了一个新的国际性区域经济组织。[①] 如果将该区域经济组织视为单一经济体，其地理面积为2023.75万平方千米，居世界第一位；人口数量为1.84亿，居世界第八位；国民生产总值为1.92万亿美元，居世界第九位；对外贸易总额为7538亿美元，占世界对外贸易总额的1.9%；石油探明储量185亿吨，占世界石油总储量的7.6%，居第六位；天然气储量约为39.9万亿立方米，占世界天然气总储量的20.3%，居第一位。[②] 虽然欧亚经济联盟在经济总量和对外贸易总额上与欧盟、北美自由贸易区、东盟等区域经济组织相比还有一定差距，但就能源储量而言，欧亚经济联盟可以称为世界重要的区域经济组织，在世界经济格局中占有重要地位。现阶段，欧亚经济联盟不仅掌握了本区域范围内经济活动的主导权和规则制定权，对区域范围外的国家也显示出了一定的辐射作用。欧亚经济联盟作为独联体地区重要的区域经济组织，对外自由贸易区建设不仅改变了欧亚经济联盟在世界经济格局中的地位，也扩大了欧亚经济联盟在全球经济格局中的话语权和影响力。欧亚经济联盟对外自由贸易区建设进一步促进了世界多极化向深度和广度拓展。

总体而言，随着全球区域经济一体化的发展，世界格局正从单一经济体的强势竞争向多个区域经济组织全面垄断的新格局发展。此时，欧亚经济联盟对外自由贸易区建设促进了世界多极化向深度和广度拓展。

[①] 孙壮志. 2019年欧亚地区总体形势及对华关系［J］. 欧亚经济，2020（4）. 这里的欧亚地区主要指曾先后参加独联体的12个国家所处的地理区域，包括四个部分：俄罗斯，东欧的乌克兰、白俄罗斯和摩尔多瓦三国，中亚五国以及外高加索三国。

[②] Статистический ежегодник евразийского экономического союза. 2019года. http：//www.eurasiancommission.org/ru/act/integr_ i_ makroec/dep_ stat/econstat/Pages/statpub.aspx.

本章小结

欧亚经济联盟按照规划的思路不断进行对外自由贸易区实践,经过多年努力,欧亚经济联盟已签署了多个自由贸易协定,这些自由贸易协定成为欧亚经济联盟对外自由贸易区建设的样板,一定程度上体现了欧亚经济联盟对外自由贸易区建设的特点。与此同时,欧亚经济联盟作为俄罗斯主导的独联体地区重要的区域经济组织,它努力对外建立自由贸易区,对独联体地区、欧洲地区、亚洲地区乃至世界政治经济格局都产生了重要影响。具体表现在以下四个方面:首先,推动了独联体地区经济与世界经济的融合。独联体国家均为苏联加盟共和国,在1991年苏联解体前,这些国家均实行计划经济体制,生产与消费的产品均由国家统一调拨,对外封闭。在苏联解体后,这些国家均出现了转轨危机,经济大幅下滑,对外经济合作能力有限,尽管近几年独联体有些国家经济开始出现大幅增长,对外一体化建设不断增强,但更多也仅限于在独联体地区,相对于发达国家甚至是有些发展中国家,独联体国家的贸易自由化水平较低。欧亚经济联盟对外自由贸易区建设,提高了欧亚经济联盟各国的贸易自由化水平,促进了独联体地区经济与世界经济的融合。其次,加剧了俄罗斯与美欧的地缘政治竞争。俄罗斯与美欧的地缘政治竞争由来已久,欧亚经济联盟成立后,欧盟与欧亚经济联盟更是以吸收加入自己组织的形式对独联体国家展开了激烈争夺,最终引发乌克兰危机。欧亚经济联盟对外自由贸易区建设,使俄罗斯与美欧的地缘竞争进一步加剧,地域范围也从最初的独联体地区扩大到了东南亚、南亚以及西亚等地区。再次,提升了亚洲国家在联盟空间的经济地位。欧洲和亚洲一直是欧亚经济联盟对外经济合作最主要的地区,乌克兰危机爆发后,欧亚经济联盟与欧盟的关系降至零点,欧亚经济联盟对外自由贸易区建设以广大的亚洲地区为主要方向，这在某种程度上提升了亚洲国家在欧亚经济联盟空间的经济地位。最后，促进了世界多极化向深度和广度拓展。苏联解体，世界两极格局结束，世界朝着美、欧、日、俄、中、印等多极化的方向发展。然而，随着欧盟、北美自由贸易区、东盟等区域经济组织的逐步建立，世界格局发生了新的变化，形成了多个区域经济组织相互竞争的新局面。欧亚经济联盟作为独联体地区重要的一体化组织对外积极进行自由贸易区建设，不仅提高了欧亚经济联盟各成员国的国际地位和影响力，也促进了世界多极化向深度和广度拓展。

第六章

欧亚经济联盟对外自由贸易区建设的困境与走势

欧亚经济联盟对外自由贸易区建设，取得了一定成效，但也暴露出了一系列问题。这些问题左右了欧亚经济联盟对外自由贸易区建设的进程，对自由贸易区的进一步发展形成了挑战。短期内欧亚经济联盟还会继续推进与小型贸易伙伴的自由贸易区建设，长期欧亚经济联盟将致力于与东盟、中国以及欧盟等大型经济体建立自由贸易区。

第一节 欧亚经济联盟对外自由贸易区建设面临的困境

一、联盟成员国自由贸易区建设目标不一致延缓了谈判进程

欧亚经济联盟五个成员国间在领土、人口、对外贸易总额以及经济总量方面差距巨大，国际地位相差悬殊，对外自由贸易区建设目标不一致，延缓了谈判进程，详见表6-1。

第六章 欧亚经济联盟对外自由贸易区建设的困境与走势

表6-1 2020年欧亚经济联盟成员国基本情况

	领土 （万平方千米）	人口 （占比）	GDP （占比）	人均GDP （美元）	对外贸易 总额（占比）	出口总额 （占比）	进口总额 （占比）
俄罗斯	1707.54	80%	85.5%	10150	83.1%	83.5%	82.7%
哈萨克斯坦	272.49	10%	9.8%	9122	10.6%	11.5%	9.3%
白俄罗斯	20.76	5%	3.4%	6370	5.0%	4.2%	6.2%
亚美尼亚	2.97	2%	0.7%	4269	0.8%	0.5%	1.1%
吉尔吉斯斯坦	19.99	3%	0.4%	1224	0.5%	0.4%	0.7%

数据来源：Евразийский экономический союз в цифрах, вразийская экономическая коми-ссия, 2021года.

从表6-1可以看出，欧亚经济联盟五个成员国中，尤以俄罗斯领土面积最大，是第二位哈萨克斯坦的6.3倍，是最小的亚美尼亚的574.9倍；在人口、GDP总量以及对外贸易总额方面，俄罗斯也均占欧亚经济联盟总量的80%以上；在人均GDP方面，2020年俄罗斯为10150美元，是第二位哈萨克斯坦的1.1倍，是最少的吉尔吉斯斯坦的8.3倍；欧亚经济联盟其他四个成员国哈、白、亚、吉与俄罗斯的基本社会经济指标差距较大。与此同时，欧亚经济联盟五个成员国间国际地位相差悬殊，俄罗斯继承了苏联大部分的经济和军事实力，是世界大国；哈萨克斯坦受益于能源价格红利，为中亚第一大经济体；白俄罗斯、亚美尼亚、吉尔吉斯斯坦均为独联体地区小国。

欧亚经济联盟五个成员国间巨大的经济和国际地位差距，使得不同成员国对欧亚经济联盟对外自由贸易区建设的诉求不同。俄罗斯作为世界军事强国，一直受西方国家的防范与打压，为塑造对自身有利的地缘政治格局，俄罗斯在对外贸易伙伴国选取时更倾向于政治关系较为紧密的小型经济体。哈萨克斯坦与俄罗斯不同，没有俄罗斯在地区乃至国际上的地位，同样也就不存在西方国家的遏制与打压。但哈萨克斯坦又极具战略地位，是欧洲与亚洲的交通走廊，且拥有丰富的油气储备，是世界大国博弈的焦点，这为哈萨克斯坦经济发展带来了机遇。多年来，哈萨克斯坦一直以能源外交为手段，遵循"先经济后政治"的发展道路，希望与欧盟和中国等大型经济体及主要贸易伙伴建立共同市场，发展本国经济。而欧亚经济联盟其他三个成员国白俄罗斯、亚美尼亚、吉尔吉斯斯坦均为地方小国，主要贸易和投资伙伴均为俄罗斯，与欧亚经济联盟以外经济体的贸易有限，出于地缘经济与地缘政治利益考虑，三国更多希望得到俄罗斯的支持与援助，对欧亚经济联盟对外自由贸易区建设的积极性不高。

欧亚经济联盟五个成员国对外自由贸易区建设利益趋向的侧重点不同，伙伴国选取目标不一致，制约了自由贸易的谈判进程。

二、产业结构畸形与贸易结构单一影响伙伴国选择范围

受苏联计划经济体制以及各成员国自然资源禀赋影响，欧亚经济联盟各国产业结构不均衡。欧亚经济联盟主要成员国俄罗斯和哈萨克斯坦的经济发展模式为原料化、能源化，这对于短期国家经济发展而言具有一定的合理性，但长久的单一的经济发展模式将会给产业结构转型埋下重大隐患。尽管俄罗斯、哈萨克斯坦两国已经认识到产业结构失衡的负面影响，正逐步发展非能源领域产业，但由于能源产业是两国经济发展的支柱，这使得两国产业结构调整面临一定困难。产业结构不合理导致货物贸易结构单一，表现为初级产品在欧亚经济联盟对外贸易出口总额中占有重要比例，其中石油、天然气等能源类产品，煤炭、木材等燃料类产品一直占欧亚经济联盟对外出口贸易总额的一半以上；在进口中，机械、电机等附加值较高的生产设备，食品加工、轻工业产品等消费品占有较大份额，详见表6-2。

表6-2 2020年欧亚经济联盟进出口排名前五位的产品

商品类别	主要出口商品总额（亿美元）	占比	商品类别	主要进口商品总额（亿美元）	占比
矿物燃料、矿物油及其蒸馏产品	1895	51.9%	机器、机械器具及其零件	534	20.5%
钢铁	169	4.6%	电机、电气设备及其零件	342	13.1%
谷物	112	3.1%	车辆及其零件、附件	198	7.6%
肥料	97	2.7%	药品	131	5.0%
木及木制品、木炭	91	2.5%	塑料及其制品	102	3.9%

数据来源：Экспорт товаров ЕАЭС по группам ТН ВЭД ЕАЭС в торговле с третьими странами за январь – декабрь, Импорт товаров ЕАЭС по группам ТН ВЭД ЕАЭС в торговле с третьими странами за январь – декабрь, 2020года.

从表6-2可以看出，出口排在第一位的为矿物燃料、矿物油及其蒸馏产品，总额为1895亿美元，占对外出口总额的51.9%；进口排在前三位的为机器、机械器具及其零件，电机、电气设备及其零件，车辆及其零件、附件等制造业产品，占进口总额的41.2%。欧亚经济联盟对外贸易结构低级化、单一化问题明显，且在短期内难以改变，这在一定程度上影响了对外自由贸易伙伴国的选取范围。

在开放经济中，一国的对外贸易结构对其产业结构具有极大的反作用，合理的对外贸易结构对产业优化具有积极的作用，不合理的对外贸易结构将会导致产业结构畸形化更为严重。欧亚经济联盟对外贸易以能源和原材料为主的单一出口结构，将会随着对外开放程度的提高而越发明显，同时贸易便利化也将会给欧亚经济联盟内部弱势产业带来一定冲击，这与欧亚经济联盟成员国急于调整产业结构的迫切需要相矛盾。因此，为实现既定目标，又避免内部弱势产业受到过度冲击，欧亚经济联盟在对外自由贸易伙伴国选取时比较谨慎。

三、对外自由贸易伙伴国整体贸易规模偏小制约了经济收益

自 20 世纪 90 年代以来，随着区域经济一体化的蓬勃发展，区域经济一体化理论也在逐步完善，其中具有代表性的理论之一为新区域主义理论。该理论指出在大国与小国建立自由贸易区时，在经济利益方面存在非对称性，即小国建立自由贸易区的动力主要是以进入大国市场为代表的经济利益，通过双方在贸易壁垒方面的消除，小国可以拥有更大的市场，从而实现规模经济，提高经济效益；而对于大国来说，由于自身市场规模较大，对小国的依存度相对较低，因而同小国建立自由贸易区对于大国来说经济效益有限。

目前，欧亚经济联盟对外签署和谈判的自由贸易伙伴国均为欧亚经济联盟对外贸易小国。据欧亚经济委员会统计，2020 年，7 个自由贸易伙伴国共占欧亚经济联盟对外贸易总额的比重为 5.28%，其中，印度占 1.99%、越南占 1%、埃及占 0.75%、伊朗占 0.46%、以色列占 0.43%、塞尔维亚占 0.36%、新加坡占 0.29%，占比最多的印度也仅占欧亚经济联盟对外贸易总额的 2% 左右，欧亚经济联盟自由贸易伙伴国整体贸易规模偏小，在某种程度上限制了自由贸易区建成后的贸易转移以及贸易创造效应，左右了成员国的经济收益。如欧亚经济联盟和越南的自由贸易协定，双方自由贸易协定已生效四年有余，双方贸易总额增幅较大，但由于总体贸易基数较小，对欧亚经济联盟的经济拉动作用有限。具体表现为：2016 年 10 月，欧亚经济联盟和越南自由贸易协定正式生效；2017 年，欧亚经济联盟与越南双方贸易总额达到 59.34 亿美元，同比增长 36.7%，其中，欧亚经济联盟对越南出口 22.57 亿美元，同比增长 39.6%，欧亚经济联盟自越南进口 36.77 亿美元，同比增长 34.9%；2018 年，双方贸易总额继续扩大，达到了 66.91 亿美元，同比增长 12.8%，是 2015 年的 1.56 倍，其中，欧亚经济联盟向越南出口 26.99 亿美元，同比增长 19.5%，欧亚经济联盟自越南

进口39.92亿美元，同比增长8.5%；虽然2019年和2020年，欧亚经济联盟与越南双方贸易总额有所下降，分别为55.93亿美元和62.49亿美元，但与2015年相比，仍然增幅较大。四年间欧亚经济联盟与越南双边贸易总额增长迅速。但从越南占欧亚经济联盟对外贸易总额的比重来看，上升的幅度有限，2015—2020年间，越南占欧亚经济联盟对外贸易总额的比重分别为0.74%、0.85%、0.94%、0.89%、0.76%、1.00%，其中，2017年仅比2016年上升了0.09%，2018年该比重又开始回落，2019年已与2015年持平，2020年有所上升，但幅度不大。① 总体来看，欧亚经济联盟与越南自由贸易协定生效确实带来了双方贸易总额的增长，但由于贸易基数较小，双方自由贸易协定生效对欧亚经济联盟对外贸易总额及GDP拉动有限。

四、美国的地缘政治与地缘经济压力挤压了发展空间

冷战时期，美国对苏联实施长期的遏制战略。冷战结束后，美国对苏联的主要继承者俄罗斯保持高度警惕，并推动北约不断向欧洲东部扩员，原本属于俄罗斯缓冲地带的东欧有些国家成为北约的势力范围。在此期间，独联体国家由于经济滑坡，出现了较为严重的亲西方倾向。为维护地缘政治利益，防止失去独联体地区，俄罗斯将独联体国家与自己的利益捆绑，最终成立了欧亚经济联盟。美国对欧亚经济联盟持强烈的抵触情绪，为抑制欧亚经济联盟进一步发展，美国借乌克兰危机联合欧盟对俄罗斯实施经济制裁，乌克兰危机最终演变为美、欧、俄三方之间的政治与经济较量。俄罗斯与欧盟关系严重倒退，独联体地区也因担心国家主权，对俄罗斯出现了离心倾向。美国对俄罗斯的地缘政治遏制，短期内阻碍了欧亚经济联盟在独联体地区的进一步深化，同时也制约了欧亚经济联盟与欧盟在

---

① Внешняя торговля ЕАЭС по странам. 2015-2019года. http://www.eurasiancommission.org/ru/-act/trade/Pages/default.aspx.

短期内建立共同经济空间的可能。

欧亚经济联盟对外自由贸易区建设在西部环境恶化的情况下，转而把目光转移到了亚洲地区、非洲地区，并积极推进与该地区国家的自由贸易区建设，但在建设过程中欧亚经济联盟同样面临来自美国的地缘政治与地缘经济压力。在东南亚地区，欧亚经济联盟积极寻求与东盟成员国加强区域经济一体化建设，但与美国在东盟成员国中的影响力相比，欧亚经济联盟处于劣势。在南亚地区，欧亚经济联盟重视与印度的友谊，选择以印度为战略支点国家，但印度因其特殊的地理位置、南亚地区大国的属性以及近年来快速发展的经济，而成为全球争霸拉拢的对象。2017年下半年以来，美国为成功实施"印太战略"，不断推进与印度的关系，而印度为成为世界大国，在各大经济体之间寻求利益平衡。在西亚和北非地区，欧亚经济联盟积极推进与以色列和埃及的经济合作，但两国同样与美欧保持紧密的政治经济关系。现阶段，在国际政治和国际经济错综复杂的形势下，面对美欧等西方国家的遏制与打压，欧亚经济联盟对外自由贸易区建设面临巨大的挑战。

第二节　欧亚经济联盟对外自由贸易区建设的走势

一、继续推进与小型贸易伙伴的自由贸易区建设

欧亚经济联盟对外自由贸易区建设的诉求之一是为联盟注入新的经济增长引擎，欧亚经济联盟希望通过新经济体的加入扩大对外贸易规模，为经济增长提供持续的外在动力。欧亚经济联盟虽有五个成员国，但这五个成员国均脱胎于苏联加盟共和国，经济模式趋同，除俄罗斯外，其他四个成员国均为经济小国，市场体量有限，这使得欧亚经济联盟内部需求动力

<<< 第六章 欧亚经济联盟对外自由贸易区建设的困境与走势

匮乏，加之近年来欧亚经济联盟主导国俄罗斯受西方经济制裁影响，经济严重衰退，因此欧亚经济联盟希望通过对外自由贸易区建设，扩大出口，提振经济。但与此同时欧亚经济联盟又对深化区域经济一体化存有疑虑，欧亚经济联盟成员国的经济结构单一，工业化水平较低，出口偏重能源等资源产品，在全球产业竞争中处于弱势，欧亚经济联盟各国经济发展的目标是实现再工业化，如果过度参与区域经济一体化将会使其失去产业优化升级的经济基础。因此，欧亚经济联盟欲在工业化时期实施一定的贸易保护措施。欧亚经济联盟自身对区域经济一体化建设的矛盾心理给欧亚经济联盟对外自由贸易区建设带来了阻力，欧亚经济联盟一方面积极参与世界市场，另一方面又希望通过一定的贸易保护推动内部再工业化，欧亚经济联盟对外自由贸易区建设的复杂心理使得欧亚经济联盟对自由贸易伙伴国的选择较为谨慎。现阶段，欧亚经济联盟在对外自由贸易伙伴国的选取上遵循两个标准，一是自由贸易伙伴国应为欧亚经济联盟对外贸易小国，欧亚经济联盟与之建立自由贸易区后，关税以及非关税壁垒的降低或取消带来的进出口商品的增加，不会对欧亚经济联盟内部产业造成明显冲击；二是自由贸易伙伴国还需具备一定的经济体量或外向型的经济结构，欧亚经济联盟与之建立自由贸易区后能够为欧亚经济联盟经济发展提供一定的经济动能。

鉴于以上因素，未来一段时间欧亚经济联盟依然会把小型贸易伙伴作为自由贸易区建设的首选对象，如东北亚的蒙古，东南亚的柬埔寨，南美洲的智利、秘鲁等国家。目前，欧亚经济联盟已与上述国家签署了谅解备忘录。其中，欧亚经济联盟与柬埔寨的谅解备忘录中双方具体规定了在经济一体化、贸易政策、技术调节、卫生措施、消费者权益保护、金融市场、运输、能源、农工综合体、创新、工业、海关调节、知识产权、服务、投资、企业发展和信息技术等领域的合作，为此，欧亚经济联盟与柬埔寨双方还成立了联合工作组，规定一年至少召开一次会议。而欧亚经济联盟与智利双方已准备在谅解备忘录框架下深化经济合作，包括评估建立

139

自由贸易区的前景问题等。

除此之外，东北亚的韩国也在欧亚经济联盟对外自由贸易区建设的考虑范围之内。目前双方处于联合可行性研究的讨论阶段。韩国为典型的外向型经济体，2020年欧亚经济联盟与韩国的贸易总额为258亿美元，占欧亚经济联盟对外贸易总额的4.13%，[①] 目前韩国已与世界多个大国和经济体签署了自由贸易协定。2016年9月3日，时任韩国总统朴槿惠在出席东亚经济论坛期间表示，希望与欧亚经济联盟开展自由贸易区建设的可行性研究。2016年11月10日，韩国与哈萨克斯坦两国总统举行会谈，双方就争取早日启动韩国与欧亚经济联盟的自由贸易协定谈判达成共识，同时双方还签署了包括贸易投资合作在内的10项谅解备忘录。之后，由于韩国政局发生变化，这一计划搁置。但2017年7月，文在寅总统在"新政府经济政策方向"中明确指出，未来会把与欧亚经济联盟缔结自由贸易协定作为重要发展方向。韩国一直积极努力与欧亚经济联盟构建自由贸易区。但欧亚经济联盟对此比较谨慎，一方面，韩国为美国的盟友，虽在乌克兰危机后没有与欧美国家一道对俄罗斯实施制裁，但依然属于美国阵营；另一方面，欧亚经济联盟主导国俄罗斯认为，双方建立自由贸易区将会对欧亚经济联盟的汽车和电子行业造成重大冲击。由于上述原因，双方自由贸易区建设进展缓慢。2019年2月，俄罗斯副总理与韩国经济副总理举行会谈，双方讨论商签欧亚经济联盟与韩国自由贸易协定问题。俄罗斯副总理强调："如果双方想要签署协议，而不只是长时间停留在讨论阶段，那么就要允许例外，将某些领域从协议中剔除，特别是目前欧亚经济联盟认为需要对其提供保护的领域，如汽车制造业。"韩国表示同意其建议。未来双方自由贸易协定能否签署还取决于韩国能够做出多大让步。

---

① Внешняя торговля ЕАЭС по странам. 2020года. http：//www. eurasiancommission. org/ru/act/tra-de/Pages/default. aspx.

<<< 第六章　欧亚经济联盟对外自由贸易区建设的困境与走势

二、努力推进与东盟的自由贸易区建设

东盟全称东南亚国家联盟，由东南亚十国组成，是亚洲最有成就的区域经济一体化组织之一。2012—2019 年间，在世界经济增速普遍放缓的情况下，东盟经济增速明显，经济增长率分别为 6.2%、5.2%、4.7%、4.8%、4.8%、5.3%、5.1%、4.4%。2019 年，东盟人口达到了 6.56 亿，仅次于中国和印度，位居世界第三位；GDP 总量为 3.2 万亿美元，仅次于美国、中国、日本、德国，为世界第五大经济体；对外贸易总额为 2.8 万亿美元，仅次于中国、美国和德国，位居世界第四位。[①] 当前东盟已成为亚洲乃至世界重要的经济增长极，世界主要大国竞相与东盟开展双边及多边自由贸易区建设。如中国—东盟自由贸易区、日本—东盟自由贸易区、韩国—东盟自由贸易区均已生效，东盟与中国、日本、韩国、澳大利亚、新西兰的区域全面经济伙伴关系协定（RCEP）也已签署。东盟在亚洲地区的自由贸易区轮轴地位不断凸显，欧亚经济联盟不想被边缘化，希望与东盟达成自由贸易协定，以提升其在亚洲地区的地位及影响力，实现对亚洲地区经济格局的重塑，现阶段欧亚经济联盟与东盟已具备建立自由贸易区的广泛基础。

首先，欧亚经济联盟与东盟具备建立自由贸易区的经济基础。在经济发展上，东南亚地区和欧亚地区都是当前备受瞩目的新兴市场，双方具有追求利益最大化的共同目标。在经济规模上，东盟与世界单个经济大国明显不同，东盟是多个国家的联盟组织，其中任何一个成员国的经济规模以及与欧亚经济联盟成员国哈、白、亚、吉的贸易额，都与俄罗斯差距较大，都不具备影响俄罗斯在欧亚经济联盟内主导地位的能力。在经济结构上，欧亚经济联盟是典型的能源依赖型国家，而东盟是轻工业产品制造基地，双方贸易及产业结构具有较强的互补性。在经济合作上，双方能源与

---

① 2020 年国际统计年鉴. 中国国家统计局. https：//data. stats. gov. cn/publish. htm? sort =1.

军工领域合作密切，且在该领域双方都有进一步合作的需求。

其次，欧亚经济联盟与东盟都有建立自由贸易区的意愿。从欧亚经济联盟角度出发，乌克兰危机后，欧亚经济联盟外交重点转向亚洲地区，面对其他域外国家在东南亚地区活跃的表现，俄罗斯着力加强与东盟的经济关系，希望减少对中国的经济依赖，谋求在亚洲地区外交多元化。从东盟角度出发，东盟积极发展与欧亚经济联盟的关系，是由其奉行的"大国平衡"战略决定的，东盟较为乐于将俄罗斯主导的欧亚经济联盟引入东南亚地区，以此来平衡美国、日本、中国、印度以及欧盟在该地区的影响力。

总之，现阶段欧亚经济联盟与东盟不存在明显的地缘政治利益冲突，东盟成员国也不具备威胁俄罗斯在欧亚经济联盟主导地位的能力。因此，欧亚经济联盟不断努力推进与东盟的自由贸易区建设。

但是，欧亚经济联盟与东盟建立自由贸易区也面临一定困难。一方面，双方经济合作基础薄弱。欧亚经济联盟与东盟在地理上相距遥远。苏联解体前，除越南等少数东盟国家外，多数东盟成员国都属西方阵营，双方经济贸易规模较小，文化往来有限；苏联解体后，欧亚经济联盟成员国在经济上自顾不暇，对外贸易主要以独联体国家以及欧盟为主。2020年，欧亚经济联盟与东盟贸易总额为177.4亿美元，占欧亚经济联盟对外贸易总额的2.84%，在东盟十国中，欧亚经济联盟对越南的贸易总额最多，但也仅占1%，双方贸易规模总体偏小。另一方面，大国因素干扰。东盟经济发展迅速，地缘广阔，战略位置重要，且近年来在亚太地区的经济与政治事务方面都发挥着重要作用。因此，东盟成了世界主要大国角逐的焦点，这势必会对欧亚经济联盟与东盟的自由贸易区建设带来不可小觑的影响。

三、长期致力于与欧盟的自由贸易区建设

事实上，无论是从历史渊源看，还是从现阶段欧亚经济联盟和欧盟的经贸关系看，发展与欧盟的关系一直处于俄罗斯优先考虑的地位。乌克兰

危机前,欧亚经济联盟各国和欧盟的关系较为稳定,欧盟为欧亚经济联盟某些成员国提供经济援助和贷款,欧亚经济联盟主要成员国也与欧盟建立了全面战略伙伴关系,俄欧双方还签署了一系列经济合作协议。乌克兰危机后,虽然欧盟与俄罗斯陷入制裁与反制裁的危机中,但双方一直努力寻求对话,俄罗斯曾多次表示希望欧亚经济联盟与欧盟能够深入合作。2015年5月,在欧盟与东部伙伴关系国签署《里加宣言》后,俄罗斯表示其自身是欧洲不可分割的一部分,希望欧亚经济联盟与欧盟能够开展建设性合作,在营造共同以及不可分割的安全环境下构建统一经济空间。[①] 俄罗斯认为,虽然在双方制裁与反制裁的情况下谈欧亚经济联盟与欧盟合作不合时宜,但新的机遇往往建立在危机时,俄罗斯一直没有放弃与欧盟的深层次合作,欧亚经济联盟对外自由贸易区建设的最终目标也是与欧盟等大型经济体建立自由贸易区。

欧亚经济联盟之所以重视与欧盟的自由贸易区建设,其原因主要表现在以下三个方面。

首先,从地缘经济角度看,欧盟一直是欧亚经济联盟最大的贸易伙伴。2015—2018年间,欧盟占欧亚经济联盟对外贸易总额的比重一直在46%以上,受乌克兰危机影响,2019年和2020年欧盟在欧亚经济联盟对外贸易总额中的比重有所下降,但依然在36%以上。欧盟始终是欧亚经济联盟及其成员国最大的贸易伙伴、最重要的能源及原材料出口市场。2018年,在欧亚经济联盟对外贸易商品结构中,矿物燃料、矿物油及其蒸馏产品、沥青物质、矿物蜡的出口总额为3231亿美元,占欧亚经济联盟出口总额的65.87%,其中,对欧盟出口达1563.9亿美元,占该产品出口总额的48.4%,欧盟一直是欧亚经济联盟最大的能源产品销售市场,详见表6-3。

---

① 欧盟东部伙伴关系峰会通过《里加宣言》[EB/OL]. [2015-05-23]. https://world.huanqiu.com/article/9CaKrnJLjiM.

表 6-3　2015—2020 年欧盟占欧亚经济联盟及其成员国对外贸易总额的比重

	2015 年	2016 年	2017 年	2018 年	2019 年①	2020 年
欧亚经济联盟	48.86%	46.65%	46.23%	46.73%	41.60%	36.75%
俄罗斯	48.75%	46.68%	46.05%	46.40%	42.45%	37.04%
哈萨克斯坦	52.04%	50.44%	49.76%	50.71%	39.84%	35.80%
白俄罗斯	50.04%	45.82%	48.13%	48.83%	36.86%	38.16%
亚美尼亚	34.24%	33.36%	33.91%	34.23%	28.43%	26.71%
吉尔吉斯斯坦	11.82%	9.12%	14.12%	24.70%	7.99%	9.53%

数据来源：Внешняя торговля с третьими странами. Евразийская экономическая комиссия，2015—2020года.

除此之外，欧盟也是欧亚经济联盟最大的投资来源地。2015—2020 年间，欧盟对欧亚经济联盟主要成员国俄罗斯、哈萨克斯坦、白俄罗斯的直接投资存量分别占到该国吸引除联盟以外国家投资总额的一半以上，即使在乌克兰危机美欧对俄罗斯实施经济制裁后的四年间，欧盟对欧亚经济联盟主要成员国的投资仍有小幅增加，详见表 6-4。

表 6-4　2015—2020 年欧盟对欧亚经济联盟各国直接投资存量变化情况

	2015 年（亿美元，比重）		2016 年（亿美元，比重）		2017 年（亿美元，比重）		2018 年（亿美元，比重）		2019 年（亿美元，比重）		2020 年（亿美元，比重）	
俄罗斯	2536	73.3%	3258	68.9%	3653	69.7%	3224	65.5%	3751	64.5%	3275	61.2%
哈萨克斯坦	771	56.7%	864	56.4%	891	57.0%	855	54.8%	801	50.7%	807	50.1%
白俄罗斯	53	69.5%	54	67.6%	59	—	52	58.0%	57	57.9%	57	57.8%
亚美尼亚	8	33.2%	10	39.6%	11	36.6%	12	34.9%	12	39.1%	13	36.0%
吉尔吉斯斯坦②	—											

数据来源：Потоки и запасы прямых инвестиций по странам мира，2020года.

---

① 表 6-3 中 2015—2018 年统计的数据为欧盟 28 个成员国，2019 年和 2020 年统计的数据为欧盟 27 个成员国。
② 由于对吉尔吉斯斯坦直接投资存量数据并未公布，因此本处用"—"表示。

其次，从地缘政治角度看，欧盟是世界多极化中重要的一极，与俄罗斯存在较强的地缘政治矛盾，俄罗斯希望借助欧亚经济联盟与欧盟深化经济合作，"以经促政"，为欧亚经济联盟及其各成员国营造更趋稳定的周边环境。

最后，从意识形态角度看，欧洲文明被认为是当今世界较为强大的文明，欧亚经济联盟各国人民多具有浓重的欧洲情结，一直认为自己是欧洲文明的一支，希望通过与欧盟的深层次经济合作，融入欧洲文明。

尽管如此，但由于俄罗斯与欧盟在地缘政治上的巨大分歧，欧盟一直认为俄罗斯是欧洲安全极不稳定的因素，不愿与其建立深层次的经济合作关系。特别是乌克兰危机爆发以来，俄欧之间的经济、政治以及文化关系全面恶化，短期内难以恢复，现阶段双方启动自由贸易谈判的可能性还很小。

四、逐步推进与中国的自由贸易区建设

自欧亚经济联盟成立以来，中国一直是联盟最大的贸易伙伴国（按国别划分）。2020年，欧亚经济联盟与中国的贸易总额达到了1259亿美元，占欧亚经济联盟对外贸易总额的20.17%，其中向中国出口596亿美元，占欧亚经济联盟出口总额的16.35%，自中国进口663亿美元，占欧亚经济联盟进口总额的25.53%，中国为欧亚经济联盟成员国俄罗斯、哈萨克斯坦、亚美尼亚、吉尔吉斯斯坦的第一大贸易伙伴国，为白俄罗斯的第二大贸易伙伴国，详见表6-5。

表6-5 2020年欧亚经济联盟各国与中国的贸易情况

	进出口总额（比重，排位）		向中国出口（比重，排位）		自中国进口（比重，排位）	
俄罗斯	20.04%	第1位	16.1%	第1位	25.6%	第1位
哈萨克斯坦	23.84%	第1位	22.5%	第1位	26.2%	第1位
白俄罗斯	14.24%	第2位	4.9%	第6位	23.0%	第1位
亚美尼亚	19.60%	第1位	15.9%	第2位	22.0%	第1位
吉尔吉斯斯坦	24.02%	第1位	3.04%	第4位	40.2%	第1位

数据来源：Внешняя торговля с третьими странами, Евразийская экономическая комиссия, 2020года.

从表6-5可以看出，中国与欧亚经济联盟各国存在紧密的经贸关系。同时双方的贸易结构也显著互补，2020年，欧亚经济联盟向中国出口的主要产品为矿产品，占欧亚经济联盟向中国出口总额的57.8%，从中国进口的主要产品为机器、机械器具、电气设备及其零件，占欧亚经济联盟从中国进口总额的50%左右，双方以产业间贸易为主。[①]

与此同时，中国也是欧亚经济联盟重要的投资伙伴，详见表6-6。

表6-6 2015—2020年中国对欧亚经济联盟各国直接投资存量变化情况

	2015年（亿美元，比重）		2016年（亿美元，比重）		2017年（亿美元，比重）		2018年（亿美元，比重）		2019年（亿美元，比重）		2020年（亿美元，比重）	
俄罗斯	13.5	0.4%	29.1	0.62%	35.9	0.69%	26.7	0.54%	37.4	0.64%	21.7	0.4%
哈萨克斯坦	28.47	2.09%	35.07	2.29%	95.92	6.13%	86.20	5.52%	78.48	4.97%	61.41	3.81%

---

① Тоарный состав экспорт атоваров ЕАЭС по странам заянварь－декабрь. Евразийская экономическая комиссия, 2019года. http：//www. eurasiancommission. org/ru/act/integr _ i _ makroec/dep _ stat/tradestat/tables/extra/－Pages/2020/12 _ 180. aspx.

续表

	2015年（亿美元，比重）		2016年（亿美元，比重）		2017年（亿美元，比重）		2018年（亿美元，比重）		2019年（亿美元，比重）		2020年（亿美元，比重）	
白俄罗斯	1.95	2.54%	2.32	2.89%	2.68	14.65%	3.68	4.10%	4.50	4.57%	4.27	4.27%
亚美尼亚	0.031	0.13%	0.031	0.12%	0.031	0.10%	0.031	0.09%	0.035	0.11%	0.031	0.09%
吉尔吉斯斯坦①	3.61	57.4%	1.75	52.0%	0.63	—	0.18	—	-0.32	—	-4.56	—

数据来源：Потоки и запасы прямых инвестиций по странам мира，2020года.

从表6-6可以看出，截止到2020年年底，中国对欧亚经济联盟成员国俄罗斯、哈萨克斯坦、白俄罗斯、亚美尼亚的直接投资存量分别为21.7亿美元、61.41亿美元、4.27亿美元、0.031亿美元，分别占各国吸引除联盟以外国家投资总额的0.4%、3.81%、4.27%、0.09%，其中对哈萨克斯坦的投资占该国吸引除联盟以外国家的第五位。此外，中国也曾多年为吉尔吉斯斯坦第一大投资国。因此，中国为欧亚经济联盟重要的贸易和投资伙伴。

与此同时，中国与欧亚经济联盟各国还存在良好的双边及多边政治关系。中国与俄罗斯、哈萨克斯坦、吉尔吉斯斯坦地理位置毗邻，高层互访频繁，与白俄罗斯和亚美尼亚双边政治关系发展顺利。中国、哈萨克斯坦、俄罗斯、吉尔吉斯斯坦同为上海合作组织成员国，白俄罗斯为上海合作组织观察员国，且现阶段中、俄两国还均与美国有经济贸易摩擦，两国具有进一步深化经济合作的共同需要。因此，欧亚经济联盟与中国具备建立自由贸易区的良好基础，双方都有构建自由贸易区的意愿。

---

① 由于对吉尔吉斯斯坦直接投资存量数据并未公布，因此本处用直接投资流量数据表示。

本章小结

　　欧亚经济联盟对外自由贸易区建设至今已有六年多的时间，虽然取得了一定成效，但也面临诸多困境。首先，欧亚经济联盟成员国对外自由贸易区建设目标不一致，欧亚经济联盟主导国俄罗斯作为世界大国进行对外自由贸易区建设，除希望获得经济利益外，政治利益也是其追寻的主要目标，而欧亚经济联盟其他四个成员国都为世界小国，获取经济利益是其最直接的诉求，欧亚经济联盟成员国对外自由贸易区建设目标不一致延缓了谈判进程。其次，欧亚经济联盟各国受苏联遗留的经济发展模式影响，联盟主导国俄罗斯和哈萨克斯坦两国的产业结构主要以能源、原材料为主，而联盟其他三国白俄罗斯、亚美尼亚和吉尔吉斯斯坦则以基础制造业和农业为主，欧亚经济联盟主要出口能源类产品，进口机械、轻工业产品，欧亚经济联盟这种畸形的产业结构和单一的对外贸易结构使得其在选取自由贸易伙伴时比较谨慎。再次，欧亚经济联盟当前的自由贸易伙伴均为欧亚经济联盟对外贸易小国，由于贸易总量较小，自由贸易区建立给欧亚经济联盟带来的经济收益有限，如欧亚经济联盟与越南自由贸易协定生效后，虽然双方贸易增长显著，但由于双方贸易规模较小，双方自由贸易区建立对双方经济拉动作用有限。最后，美国对俄罗斯以及欧亚经济联盟的遏制在一定程度上挤压了欧亚经济联盟对外自由贸易区建设的空间，在独联体地区，独联体部分国家因担心国家主权旁落而对俄罗斯保持高度警惕，在欧洲地区，欧亚经济联盟与欧盟关系因乌克兰危机降至零点，双方短期内难以建立自由贸易区，在亚洲、非洲等地区，欧亚经济联盟同样面临美国的多维遏制和挤压。欧亚经济联盟对外贸易自由贸易区建设面临的困境在短期内将难以改变。因此，短期内欧亚经济联盟将会继续推进与小型贸易伙伴的自由贸易区建设,但随着欧亚经济联盟对外自由贸易区建设实践的不断深入,长期来看欧亚经济联盟将致力于与东盟、欧盟、中国等大型经济体建立自由贸易区。

第七章

中国—欧亚经济联盟自由贸易区建设的可行性

欧亚经济联盟积极致力于与第三方建立自由贸易区,目前欧亚经济联盟与越南、塞尔维亚的自由贸易协定已分别生效,与新加坡的自由贸易协定已签署,与伊朗的临时自由贸易协定正在向全面自由贸易协定升级。中国作为欧亚经济联盟对外自由贸易区建设的支点国家,与欧亚经济联盟的经济合作备受关注,签署自由贸易协定符合双方的政治经济利益,具有可行性。

第一节 中国—欧亚经济联盟自由贸易区建设的现实意义

一、深化双方区域经济合作的客观需要

20世纪90年代以来,随着世界贸易组织(WTO)谈判的停止不前,多边贸易安排进程发展缓慢,加之全球经济下行,国际大宗商品价格波动,各经济体均面临愈加复杂而艰难的发展环境。为了更好地适应错综复杂的国际环境,有效应对频发的各类挑战,世界各国纷纷以"抱团取暖"、积极主动的方式参与区域经济一体化建设。区域经济一体化正同经济全球化、金融国际化并行发展,成为世界经济发展的又一大特征。尽管近年来

第七章 中国—欧亚经济联盟自由贸易区建设的可行性

逆全球化浪潮开始涌动，贸易保护主义倾向又重新兴起，但亦不能改变这一趋势。区域经济一体化之所以如此盛行，其根本原因还在于能给各参与国带来更多红利效应、提升区域竞争力。这既有经济方面的，如贸易创造效应及贸易转移效应、规模经济效应、竞争合作效应等，也有非经济方面的，如政治效应、安全效应、国内改革效应等。纵观全球区域经济一体化发展进程，西欧、北美、亚太以及非洲等地区已成立了一定数量的、不同程度的区域经济一体化组织。相比较而言，欧亚地区由于地区合作障碍限制较多、地区发展差异较大、地区不稳定因素制约，区域一体化水平明显偏低，且远远落后于当前蓬勃发展的一体化时代。目前，该地区较有影响力的区域经济一体化组织主要为欧亚经济联盟，但欧亚经济联盟成立之初便遇乌克兰危机，欧亚经济联盟主导国俄罗斯与美欧等西方国家的制裁与反制裁使欧亚经济联盟陷入发展困境，为摆脱困境，重塑地区及国际影响力，欧亚经济联盟提出加快对外自由贸易区建设。自2015年欧亚经济联盟与越南建立首个自由贸易区以来，欧亚经济联盟对外自由贸易区建设不断推进，除与塞尔维亚、新加坡分别签署自由贸易协定，与伊朗签署临时自由贸易协定外，与印度、以色列、埃及的自由贸易谈判也正在有序推进，欧亚经济联盟对外自由贸易区战略已然明显。

中国作为世界有影响力的大国，在全球区域经济一体化趋势不断加强的背景下，为进一步推动经济转型和产业结构升级，亦不断加强自由贸易区建设。2007年10月，中共十七大报告提出要"实施自由贸易区战略"，这是中国政府首次将自由贸易区建设上升到国家战略层面。2012年11月，中共十八大报告再次提出"加快实施自由贸易区战略"，与十七大报告相比，十八大报告突显了自由贸易区建设的紧迫性。2013年11月，党的十八届三中全会提出了要逐步构建起立足周边、辐射"一带一路"、面向全球的高标准自由贸易区网络。2015年12月，中国国务院印发了《关于加快实施自贸区战略的若干意见》，进一步细化了中国自由贸易区战略的建设布局，再次明确提出中国应不断深化与周边国家或地区之间的自由贸易区建设，积极同"一带一路"沿线国家商建自由贸易区，逐步形成全球自由贸易区网络。据此，以周边及"一带一路"沿线国家为中心的自由贸易区建设成为中国对外经济贸易合作战略的重心。继2019年10月中国与毛里求斯正式签署自由贸易协定后，中国已对外签署了17个自由贸易协定，涉及25个国家和地区。这些自由贸易协定涉及的国家既有周边国家如东盟成员国，也有"一带一路"沿线国家如巴基斯坦，还有其他国家如拉美的智利和秘鲁。尽管中国在对外自由贸易区建设方面开展得如火如荼，但与欧亚地区国家的自由贸易区建设却相对缓慢。目前，在独联体地区也只与格鲁吉亚签署了自由贸易协定，与摩尔多瓦的自由贸易协定正在谈判中，与欧亚经济联盟还尚未开启自由贸易谈判，这与中国、欧亚地区互为自由贸易建设的重要地区是不相称的。现阶段，中国与欧亚经济联盟都在努力推进对外自由贸易区建设，这为双方构建自由贸易区提供了无限可能，特别是在中俄两国都有意深化双方区域经济合作的大背景下，推进中国与欧亚经济联盟自由贸易区建设显得格外重要和紧迫。

二、实现双方持续经济增长的有效途径

当前，全球经济复苏乏力，受国际大宗商品价格波动、"逆全球化"思潮及贸易保护主义倾向抬头等多重因素影响，世界各国尤其是欧亚地区国家均面临不同程度经济增长压力，亟须转变发展思路，将国内自身经济发展与对外经济合作相结合，在推进区域共同繁荣基础上发展自身经济。自2014年起，欧亚经济联盟成员国经济呈现不同程度萎缩，这可以从欧亚经济联盟各国的GDP以及人均GDP的下滑态势看出，2014—2016年，欧亚经济联盟五国GDP平均下降率为16.5%，其中俄罗斯平均下降16.5%，白、哈、亚、吉四国平均下降分别为12.9%、16.2%、1.6%、2.2%；五国的人均GDP平均下降17.1%，其中俄罗斯平均下降17.5%，白、哈、

亚、吉四国平均下降分别为13%、17.4%、1.3%、4%。三年间，欧亚经济联盟五国GDP和人均GDP双双下降且幅度较大，欧亚经济联盟陷入经济发展危机。2017年和2018年欧亚经济联盟经济虽有所回升，GDP总量分别为18197亿美元和19204亿美元，但与2013年的26282亿美元相比仍然差距较大。导致欧亚经济联盟此次经济危机的根源既有外部因素也有内部因素，其中内部的结构性危机为主导，外部的西方制裁为直接导火索。为应对危机，俄罗斯政府连续多年出台了反危机计划，试图用进口替代战略解决内部结构性矛盾，用转向亚太地区化解外部矛盾。中国作为欧亚经济联盟在亚太地区的重要贸易合作伙伴，无疑是欧亚经济联盟化解外部矛盾的首选。

中国方面亦有加强同欧亚经济联盟合作以解决内部经济发展困境的现实需求。改革开放以来，中国经济实现了高速增长，以当年价格计算的国内生产总值从1978年的3678.7亿元增长到2018年的900309.5亿元，名义GDP增长了244.7倍，剔除物价因素的影响，2018年实际GDP也比1978年增长了36.8倍，实现了年均实际GDP约为9.5%的增长速度。GDP世界排名从1978年的第10位上升到了第2位，GDP占世界的比重也由1.8%跃升到了15.9%，经济增长取得了巨大成就。但长时间的经济高速增长也在逐步消耗中国经济增长的潜力。从2011年到2018年中国GDP的增长率分别为9.6%、7.9%、7.8%、7.3%、6.9%、6.7%、6.8%、6.6%，经济增长速度下滑日趋明显。2014年5月，中国国家主席习近平提出中国经济增长步入新常态（新常态最早是用来描述"东亚奇迹"的结束），其中经济下行是新常态下中国面临的第一大挑战。为有效化解经济下行压力，中共中央制定了国民经济和社会发展第十三个五年规划建议，对中国的对外开放做出了具体规划，总体可以概括为三大目标和三大战略，其中三大战略为"走出去"战略、自由贸易区战略、"一带一路"倡议。欧亚经济联盟各国作为中国实施自由贸易区战略和"一带一路"倡议的重点国家，与中国在市场、产能、通道、资金、技术等方面具有明显的互补性，中国有进一步与欧亚经济联盟深化区域经济合作的诉求。

现阶段，在世界经济普遍放缓的情况下，欧亚经济联盟各国与中国均面临经济下行的压力，如果双方深化经济合作，不断扩大对外开放水平，持续改善贸易投资环境，必将创造新的经济增长点。

三、改善双方外部政治环境的必然选择

伴随着经济全球化，国家或经济体通过签署自由贸易协定，推动区域经济一体化成为世界范围内的发展趋势。由于地缘政治与地缘经济互促交织，推动区域经济一体化成为国家地缘战略的重大举措，其战略抉择也出于多方面的地缘战略竞争需要。因此，经济利益不是区域经济一体化组织建立的唯一原因，而政治利益已逐步成为推动区域经济一体化组织建立的重要因素。

冷战结束后，欧亚经济联盟主导国俄罗斯的地缘政治空间面临严峻挑战，以美国为首的西方国家不断对俄罗斯实施战略空间挤压。苏联解体后，苏联西部和南部的加盟共和国成为独立主权国家，这些新独立的国家部分加入北约阵营，致使俄罗斯的西部边界收缩了几百公里。"9·11"事件后，美国借发动阿富汗战争之机将其军事存在渗透到中亚地区，这无疑对俄罗斯的地缘政治环境造成了沉重打击。2013年底乌克兰危机爆发，2014年克里米亚"脱乌入俄"引发以美国为首的西方国家对俄罗斯实行了多轮多领域经济制裁，美俄关系陷入冷战结束以来最为严峻的状态，美国认为俄罗斯的一系列行为挑战了欧洲的稳定，俄罗斯则认为北约东扩已使自己的传统势力范围所剩无几，乌克兰意欲加入北约触碰了自己的底线，认为美国是在不断撼动其在周边地区的战略地位，美俄关系进一步恶化。目前，乌克兰危机仍在持续发酵，美俄在乌克兰问题上的矛盾短期内难以化解。面对因乌克兰危机而恶化的地缘政治环境，俄罗斯再次将远东

<<< 第七章　中国—欧亚经济联盟自由贸易区建设的可行性

地区提上高位，将外交重点转向东方。2015年7月，俄罗斯利用在乌法举行的上海合作组织和金砖国家双峰会展开外交攻势，努力推动与非西方伙伴的合作关系。中国成为俄罗斯抗衡美国制裁的首选合作伙伴。2015年9月，俄罗斯总统普京在接受俄通社—塔斯社采访时指出："某些西方国家对俄罗斯采取的非法限制措施，激发我们国内企业与中国建立可持续的商业关系。"2015年12月，俄罗斯发布的新版《国家安全战略》中，将美国列为国家安全的主要威胁。随着俄罗斯与西方国家之间的对抗升级，欧亚经济联盟其他四国越发担心自身安全。由于美欧等西方国家的制裁，俄罗斯的政治外交陷入孤立，经济陷入停滞，欧亚经济联盟其他四国不得不加紧拓展多元化外交以摆脱政治经济困境，而与欧亚经济联盟四国有着良好政治基础的中国将成为其面向亚洲地区的主要合作伙伴。

中国作为世界有影响力的大国，尽管自身的经济和社会发展处于上升期，但周边地区仍然存在着一定的安全隐患。如在中国的周边邻国中，有四国拥有核武器，分别为俄罗斯、印度、巴基斯坦以及朝鲜，虽然各国对核武器的使用是威慑作用多于实战作用，但核武器的存在始终对一国的安全具有潜在的威胁。除此之外，中国经济的快速崛起已经令美国等西方国家感到不安，在可预见的未来，西方势力将会继续对中国经济发展进行遏制，中国对外经济交往面临巨大挑战。

中国与欧亚经济联盟各国存在相似的地缘政治压力，双方有条件合作，更有必要合作。在此情况下，构建中国与欧亚经济联盟自由贸易区不仅是中俄战略协作伙伴关系的重要内容，更是新形势下中国与欧亚经济联盟应对来自相仿国家安全与挑战的共同需要。中国与欧亚经济联盟通过自由贸易区建设，不仅可以促进双方经济合作向更高水平迈进，也可以使双方政治合作更加紧密，提升双方在欧亚地区乃至全球事务中的地位。

四、"一带一盟"对接的现实要求

2013年9月，中国国家主席习近平在哈萨克斯坦出访期间，提出了要与古丝绸之路沿线国家共建丝绸之路经济带的倡议。该倡议以中国为起点，以中亚和俄罗斯为桥梁纽带，以西亚和欧洲为落脚点，沿线长达7000多公里，涉及40多个国家和地区的30多亿人口，是世界上最长且最具有发展潜力的经济走廊。初衷是希望通过丝绸之路经济带、海上丝绸之路建设把中国、中亚、南亚、西亚、欧亚等亚欧地区连接在一起，密切各国的经济关系，实现亚欧大陆的发展与繁荣。目标是通过政策沟通、设施联通、贸易畅通、货币流通、民心相通等"五通"建设，加强沿线各国在商品、资本和劳动力等方面的自由流动，最终推动区域内经济一体化目标的实现。2013年11月，中共十八届三中全会通过《中共中央关于全面深化改革若干重大问题的决定》，提出"推进丝绸之路经济带、海上丝绸之路建设，形成全方位开放新格局"。2016年3月，"十三五"规划纲要明确提出，"以'一带一路'建设为统领，丰富对外开放内涵"。毋庸置疑，中国已经把"丝绸之路经济带"建设提到前所未有的高度。

2015年1月，欧亚经济联盟成立，其以经济一体化为导向，主要目标在于为欧亚经济联盟各国创造经济发展条件，推进联盟内部商品、资本、劳动力、服务等的自由流动，实现各成员国的再工业化与全面现代化。但欧亚经济联盟在后续发展过程中遇到了一系列阻碍，如欧亚经济联盟主导国俄罗斯自身经济实力下滑问题、联盟内部经济活力匮乏以及联盟外部的地缘政治与地缘经济的压力问题等，这些问题阻碍了欧亚经济联盟向更高层次发展。在此情况下，为增强内部经济活力，提高实力和竞争力，欧亚经济联盟选择拓展外部空间，加强与其他经济体、区域组织和制度合作，这也构成了欧亚经济联盟与丝绸之路经济带对接的现实背景。

丝绸之路经济带与欧亚经济联盟在地理空间上存在交叉重叠。首先，

第七章 中国—欧亚经济联盟自由贸易区建设的可行性

丝绸之路经济带作为一条横贯东西、连接亚欧的商路，建设的重点区域不是在中国国内，而是在中亚地区，中亚的哈萨克斯坦和吉尔吉斯斯坦两国是中国向西开放的第一站，对于经济带的建设具有基础性和示范效应，而哈萨克斯坦和吉尔吉斯斯坦两国同时也是欧亚经济联盟成员国。其次，欧亚经济联盟其他三个成员国俄罗斯、白俄罗斯、亚美尼亚也分别处在丝绸之路经济带的"北线"和"中线"上，是丝绸之路经济带向西、向北延伸发展的必经之地和关键节点。最后，在丝绸之路经济带已规划的6条线路中有3条（中蒙俄、中国—中亚—西亚、新亚欧大陆桥）都经过欧亚经济联盟有关国家，二者具有较高的重叠性。因此，处理好丝绸之路经济带与欧亚经济联盟之间的关系，是双方合作的基础。2015年5月，中国国家主席习近平与俄罗斯总统普京在莫斯科共同签署了《关于丝绸之路经济带建设与欧亚经济联盟建设对接合作的联合声明》，"一带一盟"对接合作正式开启。

根据中俄两国政府发表的联合声明，"一带一盟"双方将在贸易、投资、物流、基础设施建设、产能、金融等多个领域加强合作。其中贸易合作是双方对接的重要标志，而建立贸易便利化机制，推动双方自由贸易区建设则是贸易制度化对接的集中表现。对"一带"来说，自由贸易区是目标，更是其成熟化发展的重要方向。对"一盟"来说，对外自由贸易区建设是基础，亦是其经济一体化发展的首要标志。因此，建立自由贸易区理当成为"一带一盟"对接合作的重中之重，也必将成为未来双方完善经贸发展模式的最佳路径。

第二节　中国—欧亚经济联盟自由贸易区建设的贸易基础

一、中国与俄、哈、白、亚、吉五国的贸易发展历程

苏联解体前，中国与俄罗斯、哈萨克斯坦、白俄罗斯、亚美尼亚、吉尔吉斯斯坦的经贸关系主要体现在中国与苏联之间。在此期间，双方贸易往来波动频繁，其主要是由于受双方政治关系不稳定影响，双方政治关系友好，贸易往来频繁，双方政治关系冷淡，贸易额显著下降。但即使在贸易最好的年份，双方贸易总量也相对较小，这主要是因为双方的贸易合作大多是建立在计划经济体制下的政府间贸易，自发的地方企业和边境贸易比重较小。这种局面一直持续到20世纪80年代，80年代后，中苏关系趋于稳定，中苏贸易额快速增长，1990年双方贸易总额达到了42亿美元。

苏联解体后，中国与新独立的俄罗斯、哈萨克斯坦、白俄罗斯、亚美尼亚、吉尔吉斯斯坦五国陆续建立了经贸关系，中俄、中哈、中白、中亚、中吉的双边经贸合作就此展开。从苏联解体到欧亚经济联盟成立，中国与欧亚经济联盟五国的经贸关系主要经历了以下四个发展阶段。

第一阶段（1992—1993年），贸易额大幅增长阶段。在此期间，由于俄、哈、白、亚、吉五国经济均处于独立后的调整重组阶段，国内商品异常短缺，而中国对易货贸易实行了一系列优惠政策，这对双方贸易发展起到了积极的推动作用，双方贸易快速发展。1992年，仅中俄双边贸易总额就达到了58.6亿美元，超过了1990年的中苏贸易总额。1993年，中俄双边贸易总额持续增长，达到了76.8亿美元，同比增长31%，中国成为该年度俄罗斯的第二大贸易伙伴国。

第二阶段（1994—1999年），贸易额波动下滑阶段。在经历了短暂的

<<< 第七章 中国—欧亚经济联盟自由贸易区建设的可行性

繁荣之后,由于俄、哈、白、亚、吉五国国内转轨危机爆发,受此影响外贸总体规模大幅下降,加之中国与俄、哈、白、亚、吉五国的贸易方式由易货贸易向现汇贸易转变,双方国内企业均缺乏资金,双方贸易额迅速下降。1994年中俄双边贸易总额为50.8亿美元,同比下降33.9%,中哈双边贸易总额为3.36亿美元,同比下降22.8%;1995年和1996年,中国与五国的贸易额虽有所回升,但受亚洲金融危机影响,1997年和1998年,双方贸易额再次呈现大幅下滑态势。1999年,中国与五国的贸易额回升,达到了70.3亿美元,同比增长11.1%,但仍然没有恢复到1993年的水平。其中中俄双边贸易总额为57.2亿美元、中哈为11.4亿美元,而中吉、中白和中亚的双边贸易总额较小,分别为1.35亿美元、0.26亿美元、0.12亿美元。

第三阶段(2000—2009年),贸易额恢复增长阶段。这一阶段俄、哈、白、亚、吉五国的经济步入正轨,中国与五国的贸易方式发生了根本性改变,企业间可以直接进行贸易往来,双方的支付方式较以前也变得灵活多样。2000至2008年,双方贸易总额一直保持高速增长,平均增长率为32.2%。其中,2001年,中国与五国的贸易总额首次突破100亿美元,达到了121.2亿美元;2008年,中国与五国的贸易总额达到了847.2亿美元,包括中俄贸易额569亿美元、中哈贸易额175.5亿美元、中吉贸易额93.3亿美元、中白贸易额8.59亿美元、中亚贸易额0.81亿美元。但受美国次贷危机引发的全球经济危机影响,2009年中国与五国的贸易额再次受到影响,跌至591.3亿美元,同比下降30%。①

第四阶段(2010—2014年),贸易额高速增长阶段。2010年,俄、哈、白三国共同成立了关税同盟。2011年,三国关税同盟正式实施,形成了一个拥有1.7亿人口、商品周转额达9000亿美元的统一经济体,这无疑

---

① 数据来源:根据UNComtrade数据库计算得出。

对中国与俄、哈、白三国的贸易产生了重大影响。中国与三国一对一的双边贸易变成了中国与俄、白、哈关税同盟的一对三的贸易。随着中国出口到三国市场的产品入关次数减少，产品的关税成本降低，中国与俄、哈、白三国的贸易额不断上升。2010至2014年，双方贸易额快速增长，平均增长率为18.7%。2011年，中国与五国的贸易总额突破了1000亿美元，达到了1106亿美元；2014年，双方的贸易总额达到了1204.7亿美元，其中中俄贸易额为953亿美元、中哈贸易额为225亿美元、中白贸易额为18.5亿美元、中亚贸易额为2.9亿美元、中吉贸易额为5.3亿美元。五年间，中国一直为俄、白、哈关税同盟及亚美尼亚（除独联体国家外）和吉尔吉斯斯坦（除独联体国家外）的第一大贸易伙伴国。

从1991年到2014年的二十多年间，中国与俄、哈、白、亚、吉五国的贸易额在波动中上升，由原来的几十亿美元增至几千亿美元，双方经贸关系总体良好。

二、中国与欧亚经济联盟的贸易发展现状

2015年，欧亚经济联盟取代俄、白、哈关税同盟成为独联体地区新的区域经济一体化组织，随后亚美尼亚和吉尔吉斯斯坦两国加入。自此，中国与俄、哈、白、亚、吉五国一对一的双边经贸关系被中国与欧亚经济联盟一对五的经贸关系所取代。六年来，中国与欧亚经济联盟的贸易不断发展，但贸易结构并未得到明显改善。

首先，中国与欧亚经济联盟的贸易规模因外界环境影响经历了先降后升到再降的过程。受乌克兰危机及国际石油价格下跌的双重影响，2015年欧亚经济联盟主导国俄罗斯陷入经济危机，对外贸易规模大幅下滑，受此影响，该年中国与欧亚经济联盟的贸易总额大幅下降，为887亿美元，较2014年同比下降了26.4%，回到了2010年的贸易水平。2016年，俄罗斯经济危机持续，中国与欧亚经济联盟的贸易总额依然维持在较低的水平，为903亿美元。之后的2017年和2018年，随着国际原材料价格上涨以及俄罗斯经济增长前景改善，中国与欧亚经济联盟的贸易回升，双方贸易总额分别为1095亿美元、1348亿美元，同比增长分别为21.2%、23.1%，双方贸易总额恢复并超过了欧亚经济联盟成立前的2014年的水平。但2019年和2020年，中国与欧亚经济联盟的贸易总额再次下滑，分别为1334亿美元、1260亿美元。截至2020年，中国一直为欧亚经济联盟最大贸易伙伴国（按国别划分），占欧亚经济联盟对外贸易总额的比重分别为13.61%、15.43%、16.20%、16.76%、18.13%、20.17%，[1] 中国在欧亚经济联盟对外贸易总额的占比持续上升。与中国在欧亚经济联盟对外贸易总额的占比情况相比，欧亚经济联盟在中国对外贸易总额中的占比相对较小。2015至2020年间，欧亚经济联盟占中国对外贸易总额的比重分别为2.2%、2.5%、2.7%、2.9%、3.1%、2.9%。在中国与欧亚经济联盟的贸易中，中俄贸易一直是双方贸易的主要贡献者。2020年，中俄贸易总额为1081亿美元，占中国与欧亚经济联盟贸易总额的79.2%，其次是哈萨克斯坦，占双方贸易总额的15.7%，之后依次是白俄罗斯、吉尔吉斯斯坦、亚美尼亚，分别占双方贸易总额2.2%、2.1%、0.7%。[2]

其次，中国与欧亚经济联盟的贸易结构并未得到明显改善。2015至2019年，欧亚经济联盟向中国出口前五位的商品（按金额排名）如表7-1所示，该表主要按照商品HS编码分类法，把有形商品分为二十一类。

---

[1] 数据来源：Внешняя торговля ЕАЭС по странам, 2015-2020года. http://www.eurasian-commission.or-g/ru/act/trade/Pages/default.aspx.
[2] 数据来源：2016-2021年中国统计年鉴整理所得。

表 7-1 2015—2019 年欧亚经济联盟对中国出口前五位的商品

单位：亿美元

	2015 年		2016 年		2017 年		2018 年		2019 年	
	金额	比重	金额	比重	金额	比重	金额	比重	金额	比重
矿产品	223.2	63.6%	201.9	61.4%	284.7	62.9%	444.6	70.6%	436.0	66.5%
木及木制品	22.2	6.3%	26.0	7.9%	32.7	7.2%	35.4	5.6%	34.3	5.2%
贱金属及其制品	19.8	5.7%	19.0	5.8%	30.3	6.7%	37.2	5.9%	44.9	6.8%
化学工业及产品	18.4	5.2%	13.1	4.0%	13.4	3.0%	—	—	—	—
机器、机械器具	14.3	4.1%	13.3	4.1%	20.5	4.5%	14.9	2.4%	22.0	3.4%
活动物及产品	—	—	—	—	—	—	15.9	2.5%	19.9	3.1%

数据来源：Экспорт товаров ЕАЭС по группам ТН ВЭД ЕАЭС в торговле с третьими странами за январь – декабрь, 2019 года, 整理所得。

从表 7-1 可以看出，2015 至 2019 年间，欧亚经济联盟对中国出口的主要产品为第五类矿产品，该类产品一直占欧亚经济联盟向中国出口总额的 60% 以上；其次为木及木制品、贱金属及其制品，这两类产品一直占欧亚经济联盟向中国出口总额的 5%~7%；再次为化学工业及产品，机器及机械器具、活动物及产品，这三类产品在第四、第五位之间相互交替，占欧亚经济联盟向中国出口总额的 2%~5%。总体来看，欧亚经济联盟向中国出口商品结构相对稳定，主要为矿产品。

2015 至 2019 年间，欧亚经济联盟从中国进口前五位的商品如表 7-2 所示。

表 7-2　2015—2019 年欧亚经济联盟从中国进口前五位的商品

单位：亿美元

	2015		2016		2017		2018		2019	
	金额	占比	金额	占比	金额	占比	金额	占比	金额	占比
机器、电器设备、声像设备及其零件	209.4	47.8%	232.1	50.8%	290.3	50.5%	308.9	48.8%	316.8	47.3%
纺织原料及纺织制品	37.0	8.4%	38.4	8.4%	46.1	8.0%	51.1	8.1%	52.1	7.8%
贱金属及其制品	36.6	8.3%	34.7	7.6%	45.1	7.9%	54.0	8.5%	57.2	8.5%
杂项制品	23.8	5.4%	22.7	5.0%	31.4	5.5%	33.8	5.3%	38.0	5.7%
化学工业及其相关工业产品	22.1	5.1%	23.3	5.1%	28.5	5.0%	34.2	5.4%	36.1	5.4%

数据来源：Импорт товаров ЕАЭС по группам ТН ВЭД ЕАЭС в торговле с третьими странами за январь - декабрь, 2019года, 整理所得。

从表 7-2 可以看出，排名第一位的为第十六类机器、电器设备、声像设备及其零件，占欧亚经济联盟从中国进口总额的 50% 左右；其次为第十一类纺织原料及纺织制品，占欧亚经济联盟从中国进口总额的 8% 左右，第十五类贱金属及其制品，占 7%~8%；再次为第二十类杂项制品和第六类化学工业及其相关工业产品，在 5% 左右徘徊。2015 至 2019 年间，欧亚经济联盟从中国进口商品也相对稳定，以机械产品为主。

总体来看，近年来，欧亚经济联盟向中国出口的主要产品为矿产品及木制品，两类产品共占欧亚经济联盟向中国出口总额的 70% 左右；从中国进口的主要为机械产品和纺织产品，两类产品共占欧亚经济联盟从中国进口总额的 55% 左右。

再次，中国与欧亚经济联盟的贸易不平衡现象有所改善。2015 至 2020 年间，在欧亚经济联盟与中国的贸易合作中，欧亚经济联盟对中国一直存在贸易逆差，逆差额依次为 88 亿美元、128 亿美元、121 亿美元、4 亿美元、9 亿美元、67 亿美元。其中 2015 至 2017 年间，欧亚经济联盟与中国的贸易逆差主要源于俄罗斯与中国的贸易逆差,三年间,俄中两国的贸易逆差分别为63亿美元、101亿美元、92亿美元。而2018年和2019年,由于俄罗斯对中国出口大幅增加,两国贸易由逆差转为顺差,顺差额分别为37亿美元和25亿美元,俄中贸易由逆差转为顺差使得欧亚经济联盟与中国的贸易不平衡现象有所改善。2020年,受外界环境以及俄罗斯本身经济影响,俄罗斯对中国的贸易再次转为逆差,逆差额为58亿美元,这使得欧亚经济联盟与中国的贸易逆差再次回升到67亿美元。与2015至2017年相比,2018至2020年欧亚经济联盟对中国的贸易逆差明显缩小,贸易趋于平衡,这主要源于欧亚经济联盟主要成员国俄罗斯对中国的贸易逆差减少。除此之外,欧亚经济联盟主要成员国白、亚、吉三国与中国也存在明显逆差,如2020年,白俄罗斯与中国的贸易逆差为30亿美元、亚美尼亚与中国的贸易逆差为3亿美元、吉尔吉斯斯坦与中国的贸易逆差为7亿美元。但欧亚经济联盟另外一个主要成员国哈萨克斯坦与中国的贸易却一直保持顺差,2020年,哈萨克斯坦与中国的贸易顺差为31亿美元。总体看来,欧亚经济联盟与中国贸易正趋于平衡。

三、中国与欧亚经济联盟贸易关系的测度

(一)中国与欧亚经济联盟的贸易依存度分析

1. 运用对外贸易依存度指数分析

对外贸易依存度又称对外贸易系数,是反映一国或经济体对国际市场的依赖程度和开放程度的重要指标。其数值越大,表明国内或经济体内经济发展对国际市场依赖程度越高,国内或经济体内经济易受外国经济影响和冲击。其数值越小,则表明国内或经济体内经济发展对国际市场依赖程度越低,说明国内或经济体内经济发展并没有很好利用国际分工的长处。本书以对外贸易依存度作为衡量中国、欧亚经济联盟及其各国对国际市场

依赖程度的主要指标。

对外贸易依存度为一国或经济体对外贸易总额（出口总额和进口总额之和）与该国或经济体国民生产总值或国内生产总值的比率。其计算公式为

$$Z=(X+M)/GDP\times100\%$$

其中，Z 为对外贸易依存度，X 为出口总额，M 为进口总额。

出口依存度是指一国或经济体在一定时期内对外出口贸易总额在国民生产总值或国内生产总值中的比重。其计算公式为

$$Z_X=X/GDP\times100\%$$

进口依存度是指一国或经济体在一定时期内进口总额与国民生产总值或国内生产总值的比重。其计算公式为

$$Z_M=M/GDP\times100\%$$

其中，出口依存度反映一国或经济体国内经济与世界经济的依赖程度，而进口依存度主要反映一国或经济体的市场开放程度。

根据上述公式，运用2015至2020年中国及欧亚经济联盟的相关贸易数据，对双方的贸易依存度进行计算，结果如表7-3所示。

表7-3 2015—2020年中国与欧亚经济联盟贸易依存度对比

		2015年	2016年	2017年	2018年	2019年	2020年
中国	对外贸易依存度	35.7%	32.9%	34.1%	33.9%	31.9%	31.7%
	出口依存度	20.5%	18.7%	18.8%	18.2%	17.4%	17.6%
	进口依存度	15.2%	14.2%	15.3%	15.7%	14.5%	14.1%
欧亚经济联盟	对外贸易依存度	35.6%	34.2%	34.8%	39.3%	37.6%	35.9%
	出口依存度	23.0%	20.7%	21.3%	25.6%	23.6%	21.0%
	进口依存度	12.6%	13.5%	13.5%	13.7%	14.0%	14.9%

数据来源：Статистический ежегодник евразийского экономического союза, Евразийская экономическая комиссия, 2016-2021года. 2021年中国统计年鉴，整理所得。

从表7-3可以看出，六年间，中国与欧亚经济联盟的对外贸易依存度

整体相差不大，均在30%~40%，且双方的出口依存度均高于进口依存度，表明双方均与世界市场联系紧密。但比较中国与欧亚经济联盟的出口依存度和进口依存度可以发现：欧亚经济联盟的出口依存度高于中国的出口依存度，而进口依存度双方逐渐持平，表现为2020年双方进口依存度均在14%左右。这表明欧亚经济联盟对世界市场的依赖程度高于中国，而双方的市场开放度趋同。具体到欧亚经济联盟各成员国，如表7-4所示。

表7-4　2015—2020年欧亚经济联盟各成员国对外贸易依存度

		2015年	2016年	2017年	2018年	2019年	2020年
俄罗斯	对外贸易依存度	35.3%	33.6%	34.0%	37.9%	36.4%	34.9%
	出口依存度	23.0%	20.4%	20.7%	24.7%	23.0%	20.5%
	进口依存度	12.3%	13.2%	13.3%	13.2%	13.4%	14.4%
哈萨克斯坦	对外贸易依存度	32.6%	35.2%	36.2%	41.6%	41.9%	38.6%
	出口依存度	22.1%	23.9%	25.9%	30.7%	28.5%	24.5%
	进口依存度	10.5%	11.3%	10.3%	10.9%	13.4%	14.1%
白俄罗斯	对外贸易依存度	52.1%	51.4%	55.0%	59.5%	55.3%	52.4%
	出口依存度	28.4%	25.7%	28.5%	33.3%	28.5%	25.5%
	进口依存度	23.7%	25.7%	26.5%	26.2%	26.8%	26.9%
亚美尼亚	对外贸易依存度	32.1%	34.3%	39.1%	41.9%	41.9%	37.3%
	出口依存度	11.3%	13.3%	14.8%	13.7%	14.0%	14.3%
	进口依存度	20.8%	21.0%	24.3%	28.2%	27.9%	23.0%
吉尔吉斯斯坦	对外贸易依存度	46.3%	51.5%	49.4%	51.8%	47.2%	41.6%
	出口依存度	16.4%	16.2%	15.6%	14.5%	14.6%	18.2%
	进口依存度	29.9%	35.3%	33.8%	37.3%	32.6%	23.4%

数据来源：Статистический ежегодник евразийского экономического союза, евразийская экономическая комиссия, 2016-2021года，整理所得。

从表7-4可以看出，欧亚经济联盟五个成员国中，对外贸易依存度最高的为白俄罗斯。六年来，白俄罗斯的对外贸易依存度一直在50%以上，

<<< 第七章 中国—欧亚经济联盟自由贸易区建设的可行性

主要源于白俄罗斯自身工业体系不健全，资源相对匮乏，经济上对其他国家，尤其是对俄罗斯有较强的依赖。其次为吉尔吉斯斯坦，六年来该国的对外贸易依存度一直在40%以上，其中主要为进口依存度，在2016至2019年间，该国的进口依存度为出口依存度的2倍有余。再次为哈萨克斯坦和亚美尼亚，除个别年份两国的对外贸易依存度一直在35%以上，其中哈萨克斯坦的对外贸易依存度更多是由出口依存度贡献的，六年来该国的出口依存度比进口依存度平均高10%左右，且有些年份还达到了近20%，另外从对外贸易地理方向看，该国出口主要为欧亚经济联盟以外的第三国，进口则主要来自欧亚经济联盟的俄罗斯，而与哈萨克斯坦不同，亚美尼亚的对外贸易依存度主要是依靠进口依存度贡献的，六年来亚美尼亚的出口依存度一直不到15%，而进口依存度一直在20%以上，且主要来自对俄罗斯的进口。五国中，对外贸易依存度最小的国家为俄罗斯，俄罗斯与哈萨克斯坦类似，对外贸易依存度也主要由出口依存度贡献，六年来俄罗斯的出口依存度比进口依存度平均高6%以上，但与哈萨克斯坦不同的是俄罗斯的出口和进口均主要来自欧亚经济联盟以外的第三方经济体。

从以上对中国和欧亚经济联盟及其成员国的贸易依存度分析，可以得出如下结论：在中国、俄罗斯、哈萨克斯坦、白俄罗斯、亚美尼亚、吉尔吉斯斯坦中，白俄罗斯对世界市场的依赖程度最高，其次为哈萨克斯坦、俄罗斯、吉尔吉斯斯坦，再次是中国和亚美尼亚；而从市场开放程度看，依然是白俄罗斯最高，其次是吉尔吉斯斯坦、亚美尼亚，最后是俄罗斯、哈萨克斯坦、中国。

2. 运用贸易结合度指数分析

对外贸易依存度用来反映一国或经济体国民经济活动与世界经济活动的紧密程度，而贸易结合度则主要用来衡量两个经济体之间贸易往来的密切程度。贸易结合度指数通常表示为一国或经济体对某一贸易伙伴国的出口占该国出口总额的比重与该贸易伙伴国进口总额占世界进口总额的比重

之比。其计算公式为

$$TCD_{ab} = (X_{ab}/X_a) / (M_b/M_w)$$

其中，TCD_{ab} 代表 a 国与 b 国的贸易结合度，X_{ab} 代表 a 国对 b 国的出口额，X_a 代表 a 国出口总额，M_b 代表 b 国进口总额，M_w 代表世界进口总额。X_{ab}/X_a 表示 a 国对 b 国的出口占 a 国的出口总额的比重，M_b/M_w 表示 b 国进口总额占世界进口总额的比重。TCD_{ab} 以数值 1 为临界值，如果 $TCD_{ab}>1$，说明 a 国和 b 国在贸易方面联系紧密；如果 $TCD_{ab}<1$，则说明 a 国和 b 国在贸易方面联系松散。

根据该公式，结合 2015 至 2020 年中国与欧亚经济联盟的相关贸易数据，对双方的贸易结合度进行计算，得表 7-5。

表 7-5　2015—2020 年中国与欧亚经济联盟贸易结合度指数

	2015 年	2016 年	2017 年	2018 年	2019 年	2020 年
中国对联盟的贸易结合度指数	1.738	2.033	1.964	2.015	1.983	1.781
联盟对中国的贸易结合度指数	0.938	1.094	1.146	1.194	1.335	1.409

数据来源：Статистический ежегодник евразийского экономического союза, евразийская экономическая комиссия, 2016-2021года. 2021 年中国统计年鉴，整理所得。

从表 7-5 可以看出，中国与欧亚经济联盟的贸易关系存在以下特点：首先，中国对欧亚经济联盟的贸易结合度指数与欧亚经济联盟对中国的贸易结合度指数（除 2015 年外）均大于 1，这说明双方在贸易方面联系较为紧密。其次，中国对欧亚经济联盟的贸易结合度指数总体高于欧亚经济联盟对中国的贸易结合度指数，这表明与欧亚经济联盟依赖中国的程度相比，中国对欧亚经济联盟的依赖程度更大，深入分析欧亚经济联盟对中国的贸易结合度指数可知，虽然欧亚经济联盟对中国出口总额占欧亚经济联盟出口总额的比重一直在 10% 以上，但中国进口总额在世界进口总额中的比重也较大，一直在 10% 左右，这使得欧亚经济联盟对中国的贸易结合度指数相对较小，而中国对欧亚经济联盟出口总额占中国出口总额的比重虽然只有2%~3%，但欧亚经济联盟进口总额占世界进口总额的比重更小，仅有1.3%左右，因此中国对欧亚经济联盟的贸易结合度指数高于欧亚经济联盟对中国的贸易结合度指数。最后，六年来欧亚经济联盟对中国的贸易结合度指数逐步上升，这表明欧亚经济联盟对中国的依赖程度逐步增强。

（二）中国与欧亚经济联盟的贸易竞争性分析

对于贸易竞争性，本书运用贸易竞争力指数衡量。贸易竞争力指数（TC）通常是指一个国家在国际上的竞争力情况，其计算方法为一个国家进出口贸易差额与进出口贸易总额之比。其计算公式为

$$TC = (X-M)/(X+M)$$

其中，TC表示一国的贸易竞争力，X表示该国的出口总额，M表示该国的进口总额。TC是一个相对值，其数值介于-1~1。TC越接近于-1表示国际竞争力越弱；TC越接近于1，表示国际竞争力越强；$TC=-1$，表示该国只进口不出口，表示国际竞争力最弱；TC越趋于0，意味着该国竞争力越接近于平均水平；$TC=1$，表示该国只出口不进口，表示国际竞争力最强。

根据该公式，结合2015至2020年中国和欧亚经济联盟各国的相关贸易数据，计算国际贸易竞争力，得表7-6。

表7-6 2015—2020年中国和欧亚经济联盟各国的贸易竞争力指数对比

	2015年	2016年	2017年	2018年	2019年	2020年
中国	0.150	0.138	0.102	0.076	0.092	0.113
俄罗斯	0.306	0.221	0.223	0.305	0.262	0.173
哈萨克斯坦	0.380	0.358	0.409	0.475	0.359	0.268
白俄罗斯	0.090	0	0.037	0.120	0.031	-0.029
亚美尼亚	-0.294	-0.222	-0.244	-0.346	-0.333	-0.234
吉尔吉斯斯坦	-0.290	-0.371	-0.368	-0.442	-0.381	-0.125

数据来源：Статистический ежегодник евразийского экономического союза, евразийская экономическая комиссия, 2016-2021года. 2021年中国统计年鉴，整理所得。

从表7-6可以看出，中国、俄罗斯、哈萨克斯坦三国的贸易竞争力指数均为0~1，表明三国的出口均大于进口，贸易整体竞争力较强，其中最强的为哈萨克斯坦，在2018年哈萨克斯坦的贸易竞争力指数达到了0.475。其次为俄罗斯，尽管近年来俄罗斯的贸易竞争力指数持续下降，但依然高于中国。再次为中国，六年来中国的贸易竞争力指数变化不大，一直稳定在0.1左右。而白俄罗斯、亚美尼亚、吉尔吉斯斯坦三国的贸易竞争力指数均在-1~0，其中吉尔吉斯斯坦的贸易竞争力指数（除2020年外）最低，整体竞争力最弱，主要因为该国的出口能力较弱，吉尔吉斯斯坦是欧亚经济联盟五国中出口最少的国家。亚美尼亚的贸易竞争力指数仅次于吉尔吉斯斯坦，也是欧亚经济联盟五个成员国中整体竞争力较弱的国家，这主要源于该国近年来经济增长缓慢，对外贸易逐渐萎缩。白俄罗斯贸易竞争力指数接近于0，在欧亚经济联盟五国中，整体竞争力小于俄罗斯和哈萨克斯坦，大于吉尔吉斯斯坦和亚美尼亚，居于中间位置，白俄罗斯的出口与进口主要来自俄罗斯，与俄罗斯贸易占对外贸易总额的一半左右，因此该国极易受俄罗斯影响。总体来看，哈萨克斯坦、俄罗斯在欧亚经济联盟五国中贸易竞争力较强。

（三）中国与欧亚经济联盟的贸易互补性分析

对于贸易互补性，本书运用产业内贸易指数进行分析。产业内贸易指数是用来衡量不同经济体贸易互补性的重要指标。迄今为止最具权威的产业内贸易测量公式是由格鲁贝尔和劳埃德在1975年提出的，又称G-L指数，其计算公式为：

$$GL_{ij}^k = 1 - [|X_{ij}^k - M_{ij}^k| / (X_{ij}^k + M_{ij}^k)]$$

其中，GL_{ij}^k为i国和j国间k类商品的产业内贸易指数；X_{ij}^k为i国对j国k类商品的出口额；M_{ij}^k为i国对j国k类商品的进口额。$0 < GL_{ij}^k < 1$，GL_{ij}^k越接近于1，表明两国间k类商品的产业内贸易程度越高；GL_{ij}^k越接

近于 0，则表明两国间 k 类商品的产业内贸易程度越低。若 $GL_{ij}^k = 1$，表明两国间为产业内贸易；若 $GL_{ij}^k = 0$，则表明两国间为产业间贸易，不存在产业内贸易。在这里简单地规定产业内贸易指数大于 0.5 为产业内贸易，产业内贸易指数小于 0.5 为产业间贸易。

通过对 2015 至 2019 年欧亚经济联盟与中国进出口商品的产业内贸易指数进行计算，得表 7-7。该表采用国际贸易商品分类法中的 HS 编码分类法，把有形商品共分为二十一类，由于第十四类宝石、贵金属及其制品和第十九类武器、弹药及其零件、附件两类产品的金额不存在，所以在该表中没有加以计算分析。

表 7-7 欧亚经济联盟与中国进出口商品的产业内贸易指数

类别	商品名称	2015 年	2016 年	2017 年	2018 年	2019 年
第一类	活动物；动物产品	0.38	0.36	0.36	0.30	0.25
第二类	植物产品	0.34	0.41	0.45	0.63	0.71
第三类	动、植物油、脂及其分解产品	0.09	0.05	0.03	0.03	0.02
第四类	食品、饮料、酒及醋；烟草及其制品	0.43	0.57	0.54	0.56	0.73
第五类	矿产品	0.02	0.01	0.01	0.01	0.01
第六类	化学工业及其相关工业产品	0.91	0.72	0.64	0.54	0.63
第七类	塑料及其制品；橡胶及其制品	0.35	0.31	0.35	0.29	0.26
第八类	生皮、皮革、毛皮及其制品	0.17	0.11	0.07	0.05	0.05
第九类	木及木制品	0.15	0.12	0.10	0.10	0.10
第十类	木浆及其他纤维状纤维素浆	0.56	0.58	0.59	0.53	0.63
第十一类	纺织原料及纺织制品	0.03	0.02	0.04	0.03	0.03
第十二类	鞋、帽、伞、杖、鞭及其零件	0	0	0	0	0

续表

类别	商品名称	2015年	2016年	2017年	2018年	2019年
第十三类	石料及类似材料的制品；陶瓷产品	0.01	1.97	0.03	0.03	0.03
第十五类	贱金属及其制品	0.70	0.71	0.80	0.82	0.88
第十六类	机器、电器设备、声像设备及其零件	0.13	0.11	0.13	0.09	0.13
第十七类	车辆、航空器、船舶及有关运输设备	0.11	0.30	0.21	0	0.07
第十八类	光学、医疗仪器、钟表及其零、附件	0.28	0.37	0.28	0.24	0.27
第二十类	杂项制品	0.01	0.01	0.01	0.01	0
第二十一类	艺术品、收藏品及古物	0.82	0.46	0.18	0.13	0.08

数据来源：Статистический ежегодник евразийского экономического союза, евразийская экономическая комиссия, 2015-2020года, 整理所得。

从表7-7可以看出，2015至2019年间，产业内贸易指数一直大于0.5的为第六类化学工业及其相关工业产品，第十类木浆及其他纤维状纤维素浆，第十五类贱金属及其制品。其中第十五类贱金属及其制品的产业内贸易指数呈逐步上升趋势，是目前产业内贸易程度最高的产品，第六类化学工业及其相关工业产品的产业内贸易指数呈下降趋势，第十类木浆及其他纤维状纤维素浆的产业内贸易指数一直较为稳定，但产业内贸易程度较前两种产品还有一定差距。与此同时，第四类食品及其相关产品和第二类植物产品的产业内贸易指数不断上升，已由产业间贸易向产业内贸易转移。除以上五类产品外，剩余产品的产业内贸易指数只有个别年份大于0.5，其余年份均小于0.5，为产业间贸易。因此，欧亚经济联盟与中国的贸易整体以产业间贸易为主。

综合以上计算和分析可以发现，中国与欧亚经济联盟各国在贸易结构、产业结构等方面存在差异，双方在经济发展水平和居民消费需求方面不尽相同，彼此的优势产业相互交错，具有较强的互补性。这种互补性使得双方经贸合作潜力巨大，前景广阔，具有构建自由贸易区的可行基础。

第三节 中国—欧亚经济联盟自由贸易区建设的现有优势

一、地理位置毗邻为双方自由贸易区建设提供了地缘条件

世界地缘经济发展进程表明，位于同一区域的相邻国家或经济体基于关系正常化，受经济利益驱动，进行双边或多边地缘经济合作实属必然。中国与欧亚经济联盟的俄罗斯、哈萨克斯坦、吉尔吉斯斯坦三国接壤，与白俄罗斯、亚美尼亚两国是近邻，这为中国与欧亚经济联盟建立自由贸易区提供了有利的地缘条件。

中国幅员辽阔，有14个陆上邻国，陆上边境线长达21000多公里，而其中与俄、哈、吉三国的边境线长分别为4300多公里、1700多公里、1100多公里，占中国陆上边境线总长的34%。中国与三国边境地区没有自然屏障的阻碍，民风相通、人文相亲，民间交往频繁。在中俄、中哈、中吉边境地区生活着许多跨境民族，这些民族有着相同或相近的语言文字、宗教信仰、生活习惯、民俗民风，自古以来这些跨境而居的民族就保持着密切的文化往来，这为双方经贸合作奠定了坚实的人文基础。除此之外，中俄、中哈、中吉边境地区的互市贸易历史悠久，形成了多个通商口岸。如中俄边境的满洲里口岸和绥芬河口岸。满洲里口岸是中国最大的边境陆路口岸，俄罗斯对应的是后贝加尔斯克口岸，该口岸位于中俄蒙三角地带，北接俄罗斯，西邻蒙古国，是第一欧亚大陆桥的交通要冲。绥芬河口岸，俄罗斯对应的是波格拉尼奇内口岸，该口岸现有1条铁路和2条公路与俄罗斯的滨海边疆区相通，通过该口岸到俄罗斯的符拉迪沃斯托克、纳霍德卡港口的陆海联运，货物可直达日本、韩国、东南亚等国家。再如中

哈边境的霍尔果斯（公路）口岸、阿拉山（铁路、公路）口岸，这是中国西北最大的两个边境口岸，也是目前中国新疆面向第三国开放的重要口岸，这两个口岸为中哈两国进行直接贸易提供了条件，也为中国货物走向中亚、西亚、南亚以及哈萨克斯坦货物进入日本、韩国、东南亚等国家提供了便利。在中吉边境有吐尔尕特（公路）口岸和伊尔克什坦（公路）口岸，这两个口岸在促进中吉边境贸易发展的同时，也为中国货物西去南行及吉尔吉斯斯坦货物进入东北亚和东南亚提供了条件。中俄、中哈、中吉的这些边境口岸为中国与欧亚经济联盟贸易往来提供了交通便利。与此同时，中哈两国边境地区还建立了中哈霍尔果斯国际边境合作中心，该中心是集加工制造、货物中转、金融服务、旅游休闲等功能为一体的综合性国际贸易服务中心，是中国与其他国家建立的首个国际边境合作中心，该中心的建立在促进中哈边境贸易发展同时，也为中哈双方参与更高层次的区域经济合作提供了实践探索。

欧亚经济联盟另外两个成员国白俄罗斯和亚美尼亚，两国虽不与中国直接接壤，但也属中国近邻。途经俄罗斯，中国可以与白俄罗斯和亚美尼亚两国建立直接的贸易通道。如中欧班列的开通，白俄罗斯成了其集装箱运输的贸易交汇点，拉动了白俄罗斯的对外贸易。再如中白工业园区的建立，这个中国最大的海外工业园区，为中国与欧亚经济联盟的进一步合作提供了示范。

中国与欧亚经济联盟各国良好的区位条件、便捷的口岸、便利的交通运输系统以及相似的跨境文化，为双方自由贸易区建设提供了坚实基础。

二、经济结构互补为双方自由贸易区建设提供了直接动力

欧亚经济联盟各成员国均脱胎于苏联，受苏联计划经济体制影响，欧亚经济联盟各国经济同构现象明显。当前尽管欧亚经济联盟各成员国双边或多边经济联系较为紧密，政策协调度较高，但互补性较差。欧亚经济联盟内部贸易额相对较小，贸易创造效应也未因欧亚经济联盟的成立而得到有效发挥。中国作为欧亚经济联盟最大贸易伙伴国，与欧亚经济联盟各国在资源禀赋、贸易结构以及相互投资等方面都表现出了显著互补的特点，这为中国与欧亚经济联盟建立自由贸易区提供了直接动力。

在经济合作方面。欧亚经济联盟主导国俄罗斯国内经济发展一直存在三大产业结构失衡、过度依赖自然资源、东西部发展不平衡等问题，受资金限制，俄罗斯经济转型举步维艰，加之乌克兰危机所带来的经济制裁，更使俄罗斯经济雪上加霜。俄罗斯经济发展严重依赖能源出口，俄罗斯对外贸易总额的60%以上都是通过油气出口贡献的，然而俄罗斯油气产品在国际市场上面临多重挑战。例如乌克兰危机引发欧洲市场对俄罗斯油气产品进口下降，美国"页岩气革命"对俄罗斯油气产品冲击等。因此，对于俄罗斯而言，寻觅与拓展出口市场，强化出口市场多元化，成为十分迫切的问题，此时中国则成为俄罗斯拓展油气出口市场的主要对象。根据国际能源机构预测，"2035年中国市场的天然气需求量将增加至每年6340亿立方米，其中2030至2035年的天然气进口量将达到每年2000至3000亿立方米，中国将占到整个亚洲天然气消费量增长的56%"。因此，无论是对需要开拓新油气出口市场的俄罗斯来说，还是对天然气需求量逐步增加的中国来说，加强双方经济合作都是必然选择，而中国与欧亚经济联盟构建自由贸易区将为双方经济合作提供直接动力。

在贸易合作方面，中国与欧亚经济联盟贸易结构显著互补，通过前文中国与欧亚经济联盟及各成员国的进出口商品结构及贸易指数分析计算可知，欧亚经济联盟向中国出口的主要产品为矿产品，而中国向欧亚经济联盟出口的主要为机器及机械器具，双方从产业间贸易为主。在欧亚经济联盟各成员国中，中国与俄罗斯的贸易最大，其贸易结构主要是以俄罗斯向中国出口矿产品，中国向俄罗斯出口工业产品为主；其次为中哈贸易，中哈贸易仅次于中俄贸易，位居中国与欧亚经济联盟5个成员国中的第二位，双方贸易结构以哈萨克斯坦向中国出口金属、矿物及化学产品，中国向哈萨克斯坦出口机械产品、贱金属、纺织品、塑料、轻工产品和运输设备为主，哈萨克斯坦是中国在中亚地区最重要的贸易伙伴。再次为中白贸易、中吉贸易和中亚贸易，中国与白俄罗斯、吉尔吉斯斯坦、亚美尼亚三国的贸易总量较小，仅占中国与欧亚经济联盟贸易总额的6%左右，其中白俄罗斯向中国出口的主要为钾肥和杂环化合物，吉尔吉斯斯坦向中国出口的主要产品为黑色金属、有色金属及贵金属，亚美尼亚向中国出口的主要为铜矿产品，而中国向三国出口的主要为日常生活用品和机械产品。中国与欧亚经济联盟各成员国进出口贸易以产业间贸易为主，双方贸易结构具有较强的互补性，贸易潜力较大。

在投资方面，中国对欧亚经济联盟各国的投资一直占欧亚经济联盟吸引第三方投资的主要地位。截止到2020年年底，中国对欧亚经济联盟成员国俄罗斯、哈萨克斯坦、白俄罗斯、亚美尼亚的直接投资存量分别为21.7亿美元、61.41亿美元、4.27亿美元、0.031亿美元，分别占各国吸引除欧亚经济联盟以外国家投资总额的0.4%、3.81%、4.27%、0.09%，中国为欧亚经济联盟主要成员国哈萨克斯坦和白俄罗斯主要投资伙伴。而对吉尔吉斯斯坦来说，2016年和2017年中国均为该国第一大投资伙伴。与此同时，中国在白俄罗斯首都明斯克投资建立的中白工业园区，作为白俄罗斯招商引资的最大项目和中国目前海外最大的工业园区项目，已成为中国同欧亚经济联盟合作的重要平台。

三、政治基础良好为双方自由贸易区建设提供了有力保障

睦邻友好、相互信任的政治关系是经济体间进行经济合作的坚实基础。中国与欧亚经济联盟各国一直保持着良好的双边和多边政治关系，这为中国与欧亚经济联盟自由贸易区建设提供了有力保障。

1991年底苏联解体后，在原中苏友好关系的基础上，中国与欧亚经济联盟主导国俄罗斯建立了外交关系。1992年中俄两国签署了《关于中俄相互关系基础的联合声明》，宣布两国"相互视为友好国家"，标志着中俄两国顺利实现了从中苏关系向中俄关系的平稳过渡。1994年中俄两国决定把双边关系提升为"建设性伙伴关系"，这不仅是双边关系水平的提升，也是新原则基础上发展双边关系的成功实践。1996年为中俄关系发展不平凡的一年，这一年双方决定将中俄关系上升为"面向21世纪的战略协作伙伴关系"，这是两国在相互信任和平等互利基础上建立的新兴国家关系。2001年中俄两国在深入总结双边关系正反两方面历史经验教训的基础上签署了《中俄睦邻友好合作条约》，这是继1950年《中苏友好同盟互助条约》后，两国签署的又一确定双边关系性质的条约，该条约将两国关系提升到了一个崭新的高度，具有划时代意义。2010年中俄两国共同发表了《关于全面深化战略协作伙伴关系的联合声明》，标志着中俄两国全面战略协作伙伴关系正式形成。之后，2019年在世界经历巨大变局的形势下，双方再次把双边关系提升为"新时代全面战略协作伙伴关系"。中国与欧亚经济联盟的哈、吉、白、亚四国也一直保持着良好的双边及多边政治关系。自1992年中哈建交以来，两国经历了从2002年的睦邻友好到2005年的战略伙伴关系，再到2011年的全面战略伙伴关系的变化过程。2019年，哈萨克斯坦新任总统托卡耶夫访华，两国关系提升为"永久全面战略伙伴关系"，标志着两国关系迈上了一个全新台阶。目前，中哈关系已走在中国与其他中亚国家合作的前列。另外，中国与吉、白、亚三国自1992年建交以来，双边关系发展得也十分顺利。首先是中吉关系，2002年中吉签署《中吉睦邻友好合作条约》，2013年双方建立战略伙伴关系，2014年中吉两国发表深化战略伙伴关系的联合声明，中吉双方不仅构建了合作机制，还巩固了合作关系。其次是中白关系，2005年中白两国领导人签署联合声明，表示中白关系进入全面发展和战略合作的新阶段，之后，2013年中白两国建立了全面战略伙伴关系，2016年两国宣布发展全天候友谊，双方关系全面提速。最后是中亚关系，2015年中国和亚美尼亚签署了《中华人民共和国与亚美尼亚共和国关于进一步发展和深化友好合作关系的联合声明》，双方关系进入新的发展阶段。经过30年发展，中国与欧亚经济联盟各国双边及多边关系，从正常化发展到睦邻友好，从"建设性伙伴关系"上升为"战略协作伙伴关系"进而提升为"全面战略协作伙伴关系"，双方关系已进入最好的发展时期。

除此之外，中国与欧亚经济联盟各国在国际和地区事务中的合作也较为密切，中国、俄罗斯、哈萨克斯坦、吉尔吉斯斯坦同为上海合作组织成员国，白俄罗斯为上海合作组织观察员国，亚美尼亚为上海合作组织对话伙伴国。与此同时，中俄两国还是亚太经合组织、金砖国家的主要成员国。中国与欧亚经济联盟各国在这些地区性国际组织及机制中共识较多，政治互信不断加深，这为双方构建自由贸易区提供了有利的政治保障。

四、发展战略契合为双方自由贸易区建设提供了重要支持

中国与欧亚经济联盟各国在经济社会发展任务上具有相似性，在发展理念上具有相通性，在战略规划上具有契合性，这为中国与欧亚经济联盟自由贸易区建设提供了重要支持。

欧亚经济联盟主导国俄罗斯为应对内部经济发展不平衡问题以及对外过度依赖欧洲问题，从叶利钦时期就开始提出大力发展东部地区，为实现东部地区经济的快速发展，俄罗斯出台了一系列经济政策。例如，1996年俄罗斯出台并实施了《远东和外贝加尔地区1996—2005年经济与社会发展联邦专项纲要》，2007年出台了《远东和外贝加尔地区2013年前经济社会发展联邦专项规划》，2014年出台了《俄罗斯社会经济超前发展区联邦法》等相关法律文件，从这些文件可以看出，多年来俄罗斯一直重视远东地区的发展问题。而中国自改革开放以来，经济虽高速增长，但也面临发展困境，如中国东北老工业基地振兴问题。自2002年开始，中国不断提出振兴东北老工业基地的发展战略,并出台了多项政策,中国东北老工业基地振兴与俄罗斯远东开发战略相契合。中俄双方地理位置毗邻,经济结构互补,协调两地区经济发展对未来双方经济社会发展具有重要意义。2009年中俄两国共同批准了《中国东北地区同俄罗斯远东及东西伯利亚地区合作规划纲要》,该合作纲要为中国东北与俄罗斯远东及东西伯利亚地区合作提供了支持。乌克兰危机后,俄罗斯进一步扩大远东开发力度,积极打造面向亚太地区的开放通道。中俄双方在发展战略上的契合,为中国与欧亚经济联盟进一步合作铺平了道路。

除此之外,中国与欧亚经济联盟其他四国哈萨克斯坦、白俄罗斯、亚美尼亚、吉尔吉斯斯坦四国在发展战略上也具有契合性。2013年中国提出了"一带一路"倡议,其重点是发展与"一带一路"沿线国家的经济合作。2014年哈萨克斯坦提出了"光明之路"新经济政策(2015—2019),目标是将哈萨克斯坦建成世界级的贸易、物流、金融、科技和旅游中心,成为连接欧洲和亚洲的桥梁。哈萨克斯坦的"光明之路"计划与中国的丝绸之路经济带倡议不谋而合,"光明之路"计划的核心在于推动哈萨克斯坦国内基础设施建设,其中交通基础设施是重点,这与丝绸之路经济带的"设施联盟"目标相契合。此外,哈萨克斯坦的"第三次现代化""2050年发展战略"与中国的"中国制造2025"以及"两个一百年"奋斗目标等都相互对接。另外,中哈两国还于2016年签署了《"丝绸之路经济带"建设与"光明之路"新经济政策对接合作规划》,这为中哈两国在诸多领域展开经济合作提供了政策支持。与此同时,吉尔吉斯斯坦的国家稳定发展战略也与中国的丝绸之路经济带倡议相契合。2013年,吉尔吉斯斯坦通过了《2013—2017年吉尔吉斯斯坦国家稳定发展战略》,该战略强调发展交通运输业、电力、采矿业、农业、轻工业以及服务业等领域的迫切性,而中国恰有与其开展上述领域合作的意愿和能力。2016年,中吉两国签署了《中华人民共和国政府和吉尔吉斯共和国政府联合公报》,该公报明确表示两国要进行发展战略对接，推动各领域合作，此举为双方深化区域经济合作提供了政策保障。亚美尼亚和白俄罗斯在对外合作方面与中国也表现出了契合，2014年亚美尼亚颁布了《亚美尼亚2014—2025发展战略》，2015年白俄罗斯政府通过了《2030年白俄罗斯经济社会稳定发展国家战略》，亚、白两国的发展战略同中国的丝绸之路经济带倡议具有一定程度的吻合性，这为双方进行深度经济合作提供了新机遇。

综上所述，中国与欧亚经济联盟各国在发展理念上相近，在战略规划上契合，这为中国与欧亚经济联盟自由贸易区建设赋予了宏观的抓手和载体。

本章小结

自欧亚经济联盟成立以来，欧亚经济联盟积极对外建立自由贸易区，现阶段欧亚经济联盟已与越南、塞尔维亚、新加坡分别签署自由贸易协定，与伊朗的临时自由贸易协定正向全面自由贸易协定升级。中国作为欧亚经济联盟在东亚的支点国家，与欧亚经济联盟进行深度经济合作符合双方政治经济利益，被视为具有可行性。首先，自由贸易区建设是深化双方区域经济合作的客观需要。其次，自由贸易区建设是实现双方持续经济增长的有效途径。再次，自由贸易区建设是改善双方外部政治环境的必然选择。最后，自由贸易区建设是"一带一盟"对接的现实要求。因此，中国与欧亚经济联盟构建自由贸易区具有可行性。与此同时，中国与欧亚经济联盟具有建立自由贸易区的贸易基础，从中国与欧亚经济联盟各成员国的贸易发展历程和贸易发展现状来看，双方贸易持续而稳定，贸易结构显著互补，这为双方构建自由贸易区奠定了坚实基础。另外，中国与欧亚经济联盟还具有建立自由贸易区的多个优势，具体表现在以下四个方面：一是

>>> 第七章 中国—欧亚经济联盟自由贸易区建设的可行性

地理位置毗邻为双方自由贸易区建设提供了地缘条件；二是经济结构互补为双方自由贸易区建设提供了直接动力；三是政治基础良好为双方自由贸易区建设提供了有力保障；四是发展战略契合为双方自由贸易区建设提供了重要支持。综上所述，中国与欧亚经济联盟具有建立自由贸易区的现实基础和有利条件，构建自由贸易区符合双方长远利益，具有可行性。

第八章

中国—欧亚经济联盟自由贸易区建设的障碍与对策建议

中国作为欧亚经济联盟对外自由贸易区建设的支点国家，欧亚经济联盟重视与中国的经贸合作，目前双方已签署经贸合作协定。虽然该协定属于非优惠经济协定，与欧亚经济联盟已签署的自由贸易协定相比，并未涉及货物贸易关税减免，但在其他议题方面两者存在很大重合性，该协定被认为是双方签署自由贸易协定的基础。现阶段，双方经贸合作协定已生效，但距双方签署自由贸易协定仍有很长一段距离，双方自由贸易区建设还存在一系列障碍，针对这些障碍中国需要借鉴欧亚经济联盟已签署自由贸易协定的成功经验，进行长期规划。

第一节 中国—欧亚经济联盟已取得的经贸合作成果

一、双方已签署经贸合作协定

2013年9月，中国国家主席习近平访问哈萨克斯坦，在哈萨克斯坦纳扎尔巴耶夫大学发表演讲时，中国国家主席习近平提出了共建"丝绸之路经济带"倡议。2015年1月，俄罗斯、哈萨克斯坦、白俄罗斯三国在独联体地区共同成立了欧亚经济联盟，之后，亚美尼亚和吉尔吉斯斯坦两国加入。欧亚经济联盟与中国提出的"丝绸之路经济带"倡议在地理空间上具有很大重合性，欧亚经济联盟主要成员国哈萨克斯坦和吉尔吉斯斯坦是中国"丝绸之路经济带"向西建设的第一站，欧亚经济联盟的其他三个成员国俄罗斯、白俄罗斯、亚美尼亚是中国"丝绸之路经济带"向北和向西发展延伸的必经之地，欧亚经济联盟与中国"丝绸之路经济带"的交叉重叠决定了双方深化合作的必要性。2015年5月，中国国家主席习近平与俄罗斯总统普京在莫斯科签署了《中华人民共和国与俄罗斯联邦关于丝绸之路经济带建设和欧亚经济联盟建设对接合作的联合声明》，声明指出双方将在贸易、投资、物流、基础设施、产能、金融等多个领域加强合作，其中贸易合作是双方对接的主要标志，而建立贸易便利化机制是推动双方贸易合作的重要体现。为此，中国商务部与欧亚经济委员会共同签署了《关于启动中国与欧亚经济联盟经贸合作伙伴协定的联合声明》，声明表示双方将正式启动经贸合作协定谈判，并最终建立自由贸易区。2016年10月，中国与欧亚经济联盟举行了双方经贸合作协定的首轮谈判，之后双方又经过了五轮谈判、三次工作组会议、两次部长级磋商。2017年10月，双方完成了关于经贸合作协定的所有实质性谈判。2018年5月，在哈萨克斯坦经济论坛期间，中国与欧亚经济联盟正式签署了《中华人民共和国与欧亚经济联盟经贸合作协定》（以下简称《经贸合作协定》），该协定是中国与欧亚经济联盟达成的首个关于经贸合作方面的制度安排，是双方制度建设的阶段性成果。2019年10月，中国与欧亚经济联盟共同发表了《关于<经贸合作协定>生效的联合声明》，这标志着双方经贸合作迈入了制度性安排的新阶段。

二、《经贸合作协定》的主要内容

《经贸合作协定》以WTO法律框架为依据，共包含13章和1个附件。13章分别为总则、贸易救济、透明度、卫生和植物卫生措施、技术性贸易壁垒、海关合作及贸易便利化、竞争、知识产权、政府采购、部门合作、电子商务、机制条款、最终条款等。1个附件为联委会议事规则和联络点的指定。[①] 协定内容不涉及货物关税减让，主要是通过降低非关税壁垒、简化贸易手续、提高贸易便利化水平等促进双方贸易规模的扩大。协定主要聚焦法律调节、贸易救济、卫生与植物卫生措施、知识产权、政府采购以及电子商务等议题。其中在贸易救济章节的内部信息保护和补贴方面，要求进行信息交换，在电子商务章节，要求保护消费者权益和个人信息，此外双方还商定提前通报可能限制双方贸易的措施。协定属于典型的非优惠经济协定，内容涉及较广，但主要都是框架性的。在降低关税壁垒、消除贸易中的非关税壁垒、加强投资合作以及扩大服务贸易等领域，缺乏实质性的措施。协定为中国与欧亚经济联盟双方在海关执法、技术协调、检验检疫措施等方面开展合作奠定了良好基础，为双方基础设施建设、工业、运输、投资活动中的互动创造了有利条件。

三、经贸合作协定与自由贸易协定的关系

中国与欧亚经济联盟签署的经贸合作协定与欧亚经济联盟已签署的自由贸易协定存在明显的区别和联系。

首先，两者的区别。欧亚经济联盟与越南、与伊朗、与新加坡、与塞尔维亚签署的自由贸易协定是双方建立自由贸易区的法律基础，是区域贸易协定的六种形式之一。自由贸易协定的核心是取消成员国间货物和服务贸易的关税壁垒，协定生效会对成员国的进出口贸易产生直接影响。而欧亚经济联盟与中国签署的经贸合作协定是双方通过协商谈判达成的经贸方面的制度安排，不属于区域经济一体化形式，其框架和内容并不涉及货物

[①] Соглашение о торгово - экономическом сотрудничестве между евразийским экономическим союзом и китайской народной республикой. http：//www.eurasiancommission.org/ru/act/trade/dotp/Pages/Соглашение-с-Китаем.aspx.

的关税减让，双方合作的主要内容为贸易便利化，即从制度安排角度提高贸易效率，降低贸易成本。

其次，两者的联系。经贸合作协定内容包含的技术性贸易壁垒、贸易救济、海关管理及贸易便利化、卫生和植物卫生检疫、竞争、知识产权、政府采购、电子商务等8个议题，也是自由贸易协定包含的主要议题，两类协定除主要的货物贸易议题外，涉及的其他议题有很大重合性，这说明经贸合作协定是以自由贸易协定为蓝本除去了其中最为敏感的货物贸易部分而制定的。经贸合作协定为自由贸易协定的第一步，对提升双方贸易便利化水平，减少双方非关税贸易壁垒，提高市场透明度、拓展更深层次的经贸合作奠定了坚实的基础，协定作为中国与欧亚经济联盟签署的首个经贸合作的制度安排，对进一步提升双方贸易关联度以及促进双方自由贸易区建设都具有重要意义。

第二节　中国—欧亚经济联盟自由贸易区建设的障碍

中国与欧亚经济联盟双方政治关系良好，经济关系紧密，且都有签署自由贸易协定的意愿，但现阶段双方只签署了经贸合作协定，还尚未进行自由贸易协定谈判，双方自由贸易区建设还存在诸多障碍。

一、俄罗斯担心中国会削弱其在联盟的影响力

俄罗斯作为欧亚经济联盟主导国，在中国与欧亚经济联盟的自由贸易区建设中，俄罗斯一直持谨慎态度，俄罗斯担心中国与欧亚经济联盟建立自由贸易区会间接强化中国在欧亚经济联盟中的地位，而自身在联盟中的影响力会随之下降。

首先，俄罗斯担心在欧亚经济联盟中的经济影响力下降。俄罗斯之所以存在此种顾虑，原因主要体现在以下两个方面。

一是俄罗斯和中国在人口、经济总量、经济发展水平等方面存在一定差距。中国为世界第一人口大国和世界第二大经济体，俄罗斯在人口、经济总量、对外贸易总额等方面远低于中国，具体详见表8-1。

表8-1　2020年中国与俄罗斯的人口、GDP及对外贸易情况

	人口（亿人）	GDP（亿美元）	对外贸易总额T1（亿美元）	中俄贸易总额T0（亿美元）	T0/T1
中国	14.12	146486	46559	1082	2.32%
俄罗斯	1.46	14869	5193	1041	20.04%

数据来源：Евразийский экономический союз в цифрах. Евразийская экономическая комиссия, 2021года. 2021年中国年度数据，整理所得。

从表8-1可以看出，2020年中国人口为14.12亿，约为俄罗斯的9.67倍，GDP总量和对外贸易总量分别为俄罗斯的9.85倍和8.97倍，其中，俄中贸易总额为1041亿美元，占俄罗斯除欧亚经济联盟以外国家对外贸易总额的20.04%，而中俄贸易总额为1082亿美元，占中国对外贸易总额的2.32%，两国在对方贸易总额中的占比相差悬殊。另外，在双方贸易商品结构中，俄罗斯为能源大国，向中国出口的主要产品为石油、天然气等能源类产品；而中国为制造业大国，向俄罗斯出口的主要为机械设备及轻工业产品，双方贸易结构虽然显著互补，但与俄罗斯致力于经济结构转型的目标相冲突。中、俄双方在人口数量、经济规模、贸易总额以及贸易商品结构等方面的差异引发俄罗斯担忧。

二是中国与哈、白、亚、吉四国紧密的经贸关系引发俄罗斯顾虑。目前，在欧亚经济联盟对外贸易中，中国是哈、白、亚、吉四国的主要贸易伙伴国，而在欧亚经济联盟内部贸易中，俄罗斯具有绝对优势，是哈、白、亚、吉四国的最大贸易伙伴国，具体详见表8-2。表8-2为2020年哈、白、亚、吉四国分别与中国、俄罗斯的进出口贸易情况，由于中国属

<<< 第八章 中国—欧亚经济联盟自由贸易区建设的障碍与对策建议

于欧亚经济联盟以外的第三国，而俄罗斯属于欧亚经济联盟内部成员国，为了使中、俄两国在哈、白、亚、吉四国的对外贸易中能够进行横向对比，因此该表中的占比和排名与以往统计不同，是将欧亚经济联盟以外的第三国和欧亚经济联盟内部成员国合并占比和排名。

表8-2 2020年哈、白、亚、吉与中、俄的贸易情况

单位：亿美元

	中国					俄罗斯				
	出口	进口	总额	占比	排名	出口	进口	总额	占比	排名
哈萨克斯坦	94.2	63.4	157.6	18.2%	第二位	50.1	137.7	187.8	21.7%	第一位
白俄罗斯	7.5	37.1	44.6	7.2%	第三位	131.6	166.5	298.1	48.2%	第一位
亚美尼亚	2.9	6.3	9.2	13.0%	第二位	6.8	16.5	23.3	32.8%	第一位
吉尔吉斯斯坦	0.4	7.4	7.8	13.4%	第四位	2.6	13.2	15.8	27.2%	第一位

数据来源：Внешняя торговля с третьими странами, Взаимная торговля, Евразийская Экономическая комиссия, 2020года. 2021年中国统计年鉴，整理所得。

从表8-2可以看出，2020年俄罗斯在哈、白、亚、吉四国的对外贸易中占有重要地位，占比分别为21.7%、48.2%、32.8%、27.2%，在四国对外贸易总额中均居第一位。而中国在哈、白、亚、吉四国的对外贸易总额中占比分别为18.2%、7.2%、13.0%、13.4%，在四国对外贸易总额排名中分别为第二位、第三位、第二位、第四位。俄罗斯为四国最大贸易伙伴国，而中国为欧亚经济联盟以外最重要的贸易伙伴国。中国与哈、白、亚、吉四国紧密的经贸关系引发俄罗斯顾虑，俄罗斯担心中国与欧亚经济联盟建立自由贸易区后会动摇其自身在欧亚经济联盟中的经济地位。

其次，俄罗斯担心在欧亚经济联盟中的政治影响力下降。欧亚经济联盟各国所处的独联体地区一直是俄罗斯的核心利益区，涉及俄罗斯的地缘政治利益。苏联时期，欧亚经济联盟各成员国均为苏联加盟共和国。苏联解体后，俄罗斯将独联体地区视为对外合作的优先发展地区，并在该地区

积极推动成立欧亚经济联盟,欧亚经济联盟成立的主要目标之一是维护其自身在该地区的政治利益。目前中俄关系正处于历史发展的最好时期,两国均面临全球经济下行的压力和西方大国的挑战,两国政治互信不断增强,但在中亚地区俄罗斯对中国的戒备心理未消退。如在基础设施建设方面,俄罗斯出于维护自身利益考虑,在推行统一经济空间时,坚持在铁路轨道建设上采用宽轨,这与中亚周边国家的准轨产生了差异,轨距的不同给中国与中亚国家的经济合作带来了困难。现阶段,中国与欧亚经济联盟成员国经济关系紧密,俄罗斯担心中国与欧亚经济联盟建立自由贸易区会在无形中提高中国在欧亚经济联盟中的地位,而弱化自身与欧亚经济联盟成员国的关系。

二、联盟其他成员国警惕对中国经济形成过度依赖

欧亚经济联盟其他成员国担心与中国建立自由贸易区会对中国经济形成过度依赖。尽管中国在对外经济合作中一贯坚持平等互惠、不干涉他国内政、尊重他国领土和主权完整的基本原则,但"中国威胁论""中国扩张论"的不实言论在欧亚经济联盟一些国家内部仍然存在,这些国家担心中国与欧亚经济联盟建立自由贸易区后会加深对中国经济的依赖,具体原因主要表现在以下几个方面。

首先,哈、白、亚、吉四国与中国的经济差距过大,具体详见表8-3。

表8-3 2020年中国与哈、白、亚、吉四国的人口、GDP及贸易情况

	人口数量（百万人）	GDP金额（亿美元）	人均GDP金额（美元）	对外贸易 总额（亿美元）	对外贸易 占世界比重
中国	1412.12	146486	10381	46559	13.15%
哈萨克斯坦	18.88	1711	9122	865	0.24%
白俄罗斯	9.35	597	6370	619	0.17%

<<< 第八章　中国—欧亚经济联盟自由贸易区建设的障碍与对策建议

续表

	人口数量（百万人）	GDP 金额（亿美元）	人均 GDP 金额（美元）	对外贸易 总额（亿美元）	对外贸易 占世界比重
亚美尼亚	2.96	126	4269	71	0.02%
吉尔吉斯斯坦	6.64	77	1224	58	0.016%

数据来源：Евразийский экономический союз в цифрах краткий статистический сборник；Евразийская экономичеса якомиссия，2021года. 2021 年中国统计年鉴，整理所得。

从表 8-3 可以看出，在人口、GDP 以及对外贸易总额方面中国均远远高于哈、白、亚、吉四国，中国为世界有影响力大国，而哈、白、亚、吉四国均为独联体地区小国。虽然在经济全球化时代，各国经济都已紧密相连，但对于一个单独经济体而言，无论是贸易领域合作，还是投资领域合作，都不仅仅是单纯的经济问题，还会涉及其他方面的问题。如果参加区域经济合作的双方在经济规模和经济发展水平方面差距过大，容易使较弱的一方有所顾虑，从而缺乏主动性。欧亚经济联盟成员国中的哈、白、亚、吉四国对与中国建立自由贸易区存有矛盾心理，这些国家既希望通过与中国深化经济合作带动自身经济发展，但又担心经济合作过快会加深对中国的经济依赖，进而引发中国"经济扩张"而冲击本国产业。正因为如此，进入 21 世纪以来，中国曾多次向哈萨克斯坦和吉尔吉斯斯坦两国提出建立自由贸易区倡议，但都未能得到对方的回应。目前，虽然欧亚经济联盟对外自由贸易区建设如火如荼，欧亚经济联盟成员国也曾表示对外自由贸易区建设的终极目标之一是中国，但现阶段欧亚经济联盟各国对与中国建立自由贸易区仍有所顾虑。

其次，哈、白、亚、吉四国与中国的贸易逆差较大。2020 年，除哈萨克斯坦对中国贸易顺差外，其余白、亚、吉三国与中国均为贸易逆差，其中白中逆差额为 30 亿美元、亚中逆差额为 3.4 亿美元、吉中逆差额为 7 亿美元，分别占白中、亚中以及吉中进出口贸易总额的 67.3%、37%、89.7%，双方贸易以三国从中国进口产品为主。而哈萨克斯坦虽与中国存在贸易顺差，但双方贸易结构以哈萨克斯坦向中国出口原材料产品、从中国进口轻工业产品和高附加值产品为主，鉴于双方贸易结构的特殊性，哈萨克斯坦常有"能源掠夺"的不利言论流出，这对中国与欧亚经济联盟自由贸易区建设形成了负面影响。

最后，哈、白、亚、吉四国为寻求大国平衡，会警惕与中国关系过于紧密。苏联解体后，美国不断对独联体有关国家进行经济、政治以及军事渗透，希望减少俄罗斯对独联体地区的影响，美国通过策划"颜色革命"颠覆某些独联体国家的"不民主"政权。而由于自身因素，某些独联体国家发生"颜色革命"的可能性较大，如白俄罗斯、吉尔吉斯斯坦、亚美尼亚等国。俄罗斯推动建立欧亚经济联盟的目标之一是维护欧亚经济联盟成员国的地缘安全，减少来自美欧等西方国家的影响，从而实现对欧亚经济联盟其他成员国的主导，以此恢复其自身在独联体地区乃至全球的影响力。中国努力与欧亚经济联盟国家发展友好合作关系，其主要目标是保障中国西部地区安全，通过经济合作发展新的经济空间。尽管中国与俄罗斯、美国在独联体地区的合作目标不同，中国不会对俄罗斯形成竞争，但欧亚经济联盟成员国与中国深化经济合作的心态依然较为复杂，基于战略平衡的考虑，这些国家会警惕与中国关系过于紧密。

三、联盟成员国地区安全隐患困扰中国与其深化合作

地区的安全与稳定是深化经济合作的前提。欧亚经济联盟成员国地处欧亚大陆结合部，不仅是世界大国激烈争夺的主要地区，更是各种极端势力活跃的重要地区，欧亚经济联盟成员国复杂的地缘政治环境以及安全结构使得中国与欧亚经济联盟的自由贸易区建设充满变数。

欧亚经济联盟各国所处的地区是世界最为复杂的地区之一，该地区西部的北约东扩以及所引发的"颜色革命"、东部的领土争端以及南部的

"三股势力"等，这些问题都长期困扰着欧亚经济联盟各国。尤其是欧亚经济联盟主要成员国哈萨克斯坦、吉尔吉斯斯坦以及亚美尼亚三国所处的中亚以及外高加索地区，这些地区的安全问题已成为制约欧亚经济联盟对外经济合作的重要因素。欧亚经济联盟成员国复杂的地缘关系、动荡的国内局势以及日益激化的民族矛盾等诸多问题，不仅影响了欧亚经济联盟各国自身的社会稳定，也对欧亚经济联盟的对外区域经济一体化产生了深刻影响。这些不稳定因素的存在必定会成为中国与欧亚经济联盟自由贸易区建设道路上的障碍。近些年来，中国政府为了鼓励中国企业走出去采取了一系列措施，但欧亚经济联盟内部这种潜在的安全威胁制约了中国企业与其深化经济合作。

综上所述，欧亚经济联盟成员国的地缘安全隐患将成为双方自由贸易区建设的阻碍，将直接影响双方自由贸易区建设的进程。

第三节　中国深化对欧亚经济联盟自由贸易区建设的对策建议

建立自由贸易区是充分发挥贸易伙伴国比较优势的主要途径，将为挖掘双方贸易潜力创造更广阔的空间。中国与欧亚经济联盟政治关系良好，贸易关系紧密，贸易互补性强，双方均有加强自由贸易区建设的意愿。但目前双方自由贸易区建设还存在一系列障碍，针对这些障碍中国需就双方自由贸易区建设做长期规划，借鉴欧亚经济联盟已建立自由贸易区的成功经验，逐步推动双方自由贸易区建设。

一、坚持以经济为导向，积极引导去政治化

1991 年苏联解体，苏联 15 个加盟共和国宣告独立，新独立的欧亚经济联盟各国与其他独联体国家一样，独立带有明显的突发性。在苏联计划经济体制下受困多年的欧亚经济联盟各国在经济上没有任何准备，经济基础薄弱、经济结构畸形，尤其是哈、白、亚、吉四国。哈萨克斯坦以黑色金属、有色金属、粮食种植以及石油开采为主，经济增长主要依靠资源出口拉动，工业制成品高度依赖进口；白俄罗斯则重工业和化学工业发展较快，矿产资源匮乏，工业发展需要的能源和原材料主要依赖进口；亚美尼亚虽然在苏联时期工业化程度较高，但由于独立后与周边国家冲突，周边国家对其实施经济封锁，这直接导致亚美尼亚内部面临严重的经济危机；而吉尔吉斯斯坦能源资源匮乏，工业基础薄弱，农业开发以及农产品加工等生产能力较弱，是世界较为贫困的国家之一。哈、白、亚、吉四国经济结构单一，经济基础落后。独立后，四国一直寻求摆脱单一经济结构的困境，但收效甚微。2019 年，哈、白、亚、吉四国国内生产总值在世界 GDP 总量中的排名依次为第 54 位、第 81 位、第 127 位和第 140 位，四国总体经济实力较弱，在全球经济格局中缺乏竞争力。

然而，经济上落后的欧亚经济联盟四国在地理位置上却十分重要。英国经济学家麦金德和美国专家布热津斯基都曾突出强调过东欧以及中亚地区的重要性。在欧亚经济联盟中，白俄罗斯为东欧国家，吉尔吉斯斯坦和哈萨克斯坦为中亚国家，亚美尼亚则处于欧洲和亚洲的交界处。欧亚经济联盟成员国特殊的地理位置，使欧亚经济联盟成了欧洲与亚洲的枢纽、运输通道和战略走廊。除此之外，欧亚经济联盟成员国还拥有丰富的自然资源，能源储量巨大，尤其是毗邻里海的哈萨克斯坦所蕴藏的石油以及天然气，在能源竞争日益激烈的今天，显得弥足珍贵。哈、白、亚、吉四国因其重要的地理位置以及丰富的能源储备自独立以来就成为世界大国博弈的焦点。一方面，越来越多的世界大国参与到该地区，希望通过自身力量改变该地区原有的政治经济格局，成为该地区有影响力的重要一员；另一方面，众多参与者热衷于该地区的能源资源，希望能在该地区的能源市场上

<<< 第八章 中国—欧亚经济联盟自由贸易区建设的障碍与对策建议

占有一席之地。为此，世界多个主要经济体都曾在欧亚经济联盟地区出台过构想或计划，如美国、日本、俄罗斯、伊朗等国。这些计划或构想深化了双方经济合作的同时，也增加了世界主要经济体对该地区国家的政治渗透，对该地区国家产生了重要影响。最直接的影响就是加剧了该地区地缘环境的复杂性，欧亚经济联盟成员国内部多次发生"颜色革命"。目前，欧亚经济联盟中的哈、白、亚、吉四国对俄罗斯具有较强依赖性，俄罗斯也在积极扩大对四国的经济投资和经济援助，希望通过经济上的支持换取政治上的特权地位，包括在解决国际事务时能够听从俄罗斯安排等。俄罗斯对欧亚经济联盟其他四国经济上的支持进而引发的政治追求，使得四国对俄罗斯存有疑虑和不满。2011年，哈萨克斯坦前总统纳扎尔巴耶夫曾在《消息报》上发表题为《欧亚联盟：从思想走向未来的历史》的文章，该文章明确表示，在欧亚一体化过程中应以经济利益为目标，不主张国家政权演变。[①] 这在一定程度上解释了为什么在欧亚经济联盟发展过程中，但凡涉及主权让渡的问题，都会遭到哈萨克斯坦以及白俄罗斯等国的强烈反对。

　　欧亚经济联盟成员国，尤其是哈、白、亚、吉四国的经济发展状况以及大国地缘争夺的现实，使得四国对国家主权极度敏感。一方面，四国希望获取世界大型经济体的投资和援助，以此来发展经济；另一方面，四国又担心吸收的外来资本太多，会在经济上形成对某些国家的过度依赖，进而导致主权缺失。欧亚经济联盟成员国的这种矛盾心理应该引起我国重视，中国在深化与欧亚经济联盟合作时应注意以经济为导向，积极引导去政治化。

　　2013年9月，中国国家主席习近平在出访中亚四国时曾表示，中亚国家是中国的好邻居、好伙伴、好朋友，中国高度重视发展同中亚各国的友

---

① 陆南泉. 什么阻碍着欧亚经济联盟一体化 [EB/OL]. [2016-11-07]. http://www.eeo.com.cn/2016/1107/-293760.shtml.

好合作关系,决不干涉中亚国家内政、不谋求地区事务主导权,不经营势力范围,中国与中亚以及俄罗斯国家之间合作的重点是经济和安全领域。①以此为基础,中国在发展与欧亚经济联盟关系时,应坚持以经济合作为中心,其核心思想是,欧亚经济联盟各国搭乘中国经济迅速崛起的快车,实现经济复苏,让中国的发展惠及欧亚经济联盟各国,使欧亚经济联盟成员国获得实实在在的经济利益。为此,中国需要从以下三个方面着手消除欧亚经济联盟成员国的疑虑。

首先,应与欧亚经济联盟成员国充分协调交流,做好政策沟通。一个国家对世界和平发展是否形成威胁,不在于它的国力是否强大,而在于它奉行怎样的对外政策。因此,面对欧亚经济联盟某些成员国民间传播的"中国威胁论"等,中国应与欧亚经济联盟成员国开展多领域、多层次的友好合作,应做好协调交流,向欧亚经济联盟各国阐明中国的政策意图,消除联盟各国的疑虑。

其次,应正确引导相关报道,消除欧亚经济联盟各国对中国的误解。要想消除欧亚经济联盟成员国对中国的疑虑,准确传达中国的态度,理解中国的政策,首先得确保能把中国的态度准确地传达出去,这需要依靠高质量的对外宣传工作。习近平主席曾强调:"要精心做好对外宣传工作,创新对外宣传方式。"因此,应正确引导相关报道,努力做好对外宣传工作。

最后,应加强中国与欧亚经济联盟各国之间的文化交流。注重与欧亚经济联盟各国的文化交流,不仅是双方外交关系的需要,也是促进双方自由贸易区建设的"软推动力",应主导推动建立多种文化交流渠道,让欧亚经济联盟各国民众增进对中国文化的了解,这对于消除联盟有关国家对中国的误解,破除联盟成员国疑虑具有十分重要的意义。

---

① "三不"是我国外交政策的核心和基础 [EB/OL]. [2016-11-07]. http://opinion.china.com.cn/opinion_89_82289.html.

二、深化实体项目合作,逐步扩大产业投资

中国与欧亚经济联盟成员国经济结构互补,中国应以实体项目合作为基础,加强对欧亚经济联盟成员国的产业投资,以技术推广和资金支持深化与欧亚经济联盟成员国的产业合作。就现阶段中国与欧亚经济联盟双方的经贸合作现状看,虽然双方贸易总额较大,但贸易不平衡现象明显。中国在欧亚经济联盟各国对外贸易总额中占比较大,为欧亚经济联盟主要贸易伙伴国,但欧亚经济联盟各国在中国对外贸易总额中占比较小,为中国小型贸易伙伴国,欧亚经济联盟各国对中国贸易逆差较大,这让欧亚经济联盟各国警惕,担心对中国的贸易依存度过大,会影响欧亚经济联盟的安全与稳定。在此情况下,中国应积极拓展、深化与联盟各国的产业合作,通过技术交流,扩大联盟各国的产品生产规模,促进联盟内部产业结构优化。随着联盟成员国产业结构的逐步升级,联盟成员国对中国的出口产品规模必将扩大,相应的双方贸易不平衡现象也会发生改观。目前,在"一带一盟"对接合作的背景下,中国已与欧亚经济联盟成员国签署了多项实体项目合作协议。例如,中哈两国签署了公路项目贷款协议,中白两国签署了国际运输与战略对接协定,中吉两国签署了关于共同推动产能与投资合作重点项目谅解备忘录,中俄两国设立了中俄地区合作发展基金等。通过这些实体项目合作,逐步推动中国与欧亚经济联盟各国的经济融合,促进欧亚经济联盟各国产业结构转型升级。尽管双方已经达成了多个合作项目,但与双方整体的经济规模相比还较小,还没有达到应有的水平。为此,中国还应在以下领域考虑与欧亚经济联盟进行实体项目合作。

首先,能源领域。欧亚经济联盟拥有丰富的能源以及矿产资源,是世界主要能源和金属类产品出口方,而中国作为世界第二大经济体,对能源有较大需求,是世界主要能源进口方,双方能源供求显著互补为双方能源合作提供了可能。同时欧亚经济联盟受技术限制,出口的能源产品附加值

较低。近年来，欧亚经济联盟已把改进技术，提高产品附加值，促进产业结构优化升级作为经济发展的主要目标；而中国随着工业技术发展，在能源开采以及机械制造领域都具有较高水平，各类大型成套设备已向许多国家出口，双方技术结构的明显互补为双方能源合作提供了广阔空间。在此背景下，中国与欧亚经济联盟双方应该优势互补，形成更深层次的能源产业合作。为此，中国应加强对欧亚经济联盟能源领域的投资，加强与欧亚经济联盟在油气产业方面的合作，争取把合作的领域扩大至上下游产业，充分发挥双方合作的潜力，促进欧亚经济联盟能源产业优化升级。

其次，农业领域。欧亚经济联盟成员国地广人稀，但各类物资十分丰富。独立后的欧亚经济联盟各国经济基础薄弱，农业在国民经济中占据较大比重。但多年来农业生产因投资少，整个农业保持的是较为粗放的生产经营模式，农业生产收益不能满足农民对经济的需求，使得大量农牧人员迁移至城市，这造成了农牧业生产劳动力不足的情况。欧亚经济联盟成员国希望外国资本流入其农业以及农产品加工领域。而中国具有丰富的农业生产经验，具有先进的农业生产和加工技术，具备对外投资的雄厚资金，同时中国对农产品的需求也在不断增长。为此，中国应充分发挥技术和资金优势，加强与欧亚经济联盟成员国在农业生产领域的技术交流，提升欧亚经济联盟成员国农业生产能力，使双方在农业领域形成优势互补。

再次，交通领域。欧亚经济联盟成员国总体上还属于交通基础设施比较落后的地区，联盟各国现有的基础设施大部分陈旧，过境能力有限。尽管近些年在国际社会和有关国家的自身努力下，联盟各国实施了多个交通基础设施项目，交通条件已经大有改观，但由于联盟整体幅员辽阔，交通基础设施总体条件依然较差。因此，现阶段欧亚经济联盟发展经济最迫切的任务就是要改善交通基础设施，而这需要技术和资金的投入。目前，中国在高速公路、沙漠公路、高铁等领域的技术水平都已经达到了世界先进水平，有与欧亚经济联盟合作的能力。在此基础上，中国应加强与欧亚经济联盟成员国在交通基础设施建设方面的合作。

最后,制造业领域。欧亚经济联盟拥有丰富的自然资源,这为欧亚经济联盟重工业发展创造了先天有利的条件,受苏联时期重重工业、轻轻工业国家发展战略的影响,欧亚经济联盟成员国制造业基础薄弱,轻工业产品大量依靠进口。而中国在制造业方面具有优势,且很多制造行业产能过剩,如机械、家电、汽车等。近年来,欧亚经济联盟向中国出口的主要产品为资源密集型产品,自中国进口的主要产品为劳动密集型产品,双方产业结构互补,双方具有深层次合作的基础。因此,中国应鼓励企业走出去,加大对联盟成员国制造业的投资,为欧亚经济联盟经济发展提供助力。

三、借助上合组织平台,加强安全领域合作

地区安全稳定是深化区域经济合作的前提。欧亚经济联盟成员国因历史、政治、经济、民族等多方面因素,一直以来都面临传统与非传统安全威胁。所谓传统安全主要是指以军事为核心的安全,从这个意义来看,欧亚经济联盟各国的传统安全问题依然十分突出。苏联解体后,新独立的欧亚经济联盟各国纷纷组建了自己的军队,但由于独立时间较短以及缺乏资金和技术支持,除俄罗斯以外的联盟其他成员国军事力量不足,在捍卫国家安全方面需借助俄罗斯势力。除传统安全威胁外,欧亚经济联盟各国还面临较大的非传统安全威胁。非传统安全威胁是指除了军事安全威胁以外的由其他因素构成的对国家主权、经济、社会以及生态的威胁。欧亚经济联盟成员国,尤其是位于中亚地区的吉尔吉斯斯坦和哈萨克斯坦两国,自独立以来一直面临"三股势力"袭扰,而且近年来"三股势力"还呈现出跨国性、动态性以及协作性等新特点,这给欧亚经济联盟各国以及其他独联体国家的安全稳定造成了重大威胁。因此,要从根本上解决欧亚经济联盟各国的安全与稳定,需要走多边主义道路,需要加强国际合作。2013

年，中国国家主席习近平在召开中央周边外交工作座谈会上指出："要着力推进地域安全合作，我国同周边国家毗邻而居，开展安全合作是共同需要。"①

多年来，中国与欧亚经济联盟成员国在重视经济领域合作的同时，也逐步扩大安全领域合作，因为安全稳定的外部环境不仅可以为双方深化经济合作提供保障，也可以为双方深化经济合作扫除障碍。为此，中国与欧亚经济联盟主要成员国共同推动成立了上海合作组织，简称上合组织。上合组织成立于2001年6月15日，目前包括8个正式成员国、4个观察员国、6个对话伙伴国，其中俄罗斯、吉尔吉斯斯坦、哈萨克斯坦、中国为正式成员国，白俄罗斯为观察员国、亚美尼亚为对话伙伴国。上合组织作为地区安全合作机制之一，旨在维护地区和平和保证区域经济合作安全。上合组织自成立以来，在边境安全、反恐、打击有组织犯罪、制毒贩毒等方面取得了众多成果。现阶段，"三股势力"，特别是国际恐怖主义仍然是欧亚经济联盟成员国最大的非传统安全威胁，针对近年来国际恐怖主义呈现的联合化、网络化以及年轻化等新特点，中国需借助上合组织平台与欧亚经济联盟成员国扩大安全领域合作，具体应从以下三方面着手。

首先，构建网络安全机制。进入21世纪以来，随着互联网的普及，网络安全已成为地区安全稳定的重要领域。欧亚经济联盟成员国长期受传统和非传统安全问题的侵扰，这给中国与欧亚经济联盟自由贸易区建设带来了极大阻碍。作为在安全领域合作重要平台的上合组织，在维护地区网络安全方面有着不可小觑的作用。中国需借助上合组织平台与欧亚经济联盟各国展开网络安全合作，从互利共赢角度出发在网络信息交换领域开展行之有效的沟通与合作，构建网络安全共享机制。2014年，在上合组织国家元首理事会上，中国国家主席习近平指出，中国建议上合组织商签反极

---

① 习近平在周边外交工作座谈会上发表重要讲话 [EB/OL]. [2013-10-25]. http：//politics. people. com. cn/n/2013/1025/c1024-23332318. html.

端主义公约,研究建立打击网络恐怖主义行动机制,定期举行贴近实战的联合反恐演习,推动联合反恐力量建设。①

其次,提供更多安全公共产品。中国经济的迅速发展为世界和平与发展带来了正能量,中国作为有影响力的地区大国,对地区安全公共产品投放表现积极。在传统安全领域,中国作为上合组织重要成员国曾与其他上合组织成员国举行了多次双边联合军事演习,这些演习为上合组织有关成员国提供了安全保障,确保了联盟成员国的地区安全与稳定。在非传统安全领域,在上合组织框架下中国与联盟成员国进行了广泛的合作,合作的领域包括反恐、禁毒以及跨国犯罪等,并成立了地区反恐机构,这为该地区的非传统安全合作提供了有效保障。目前,尽管中国与欧亚经济联盟成员国已经进行了多方面合作,但在上合组织框架下中国对联盟成员国投放安全公共产品还有进一步提升的空间。为此,中国需要结合自身情况向欧亚经济联盟成员国投放更多安全公共产品,尤其是网络安全产品,中国可以与欧亚经济联盟有关国家进行深层次网络安全合作。

最后,加强国际反恐合作。当前恐怖主义已经被公认为全球性的问题,反恐已成为世界所有国家共同的目标,针对这一目标世界有关国家已经联合建立了地区反恐机制,中国也已借助上合组织平台与其他地区反恐机制展开了一系列合作。如在国际层面,上合组织已与联合国及其下属的毒品犯罪问题办公室以及亚太经社委员会签订了共同应对安全问题的谅解备忘录。在地区层面,上合组织也已经同东盟、独联体等区域组织签署了谅解备忘录。通过上述国际和地区层面的合作,上合组织在应对恐怖主义问题方面已经取得了显著成效。未来上合组织还需与西方安全合作机制建立有效联系机制,同时也有必要协同其他发展中国家的安全合作机制,通

---

① 中国国家主席习近平在上海合作组织成员国元首理事会第十四次会议上的讲话(全文)[EB/OL]. [2014-9-12]. http://news.xinhuanet.com/politics/2014-09/12/c_1112464703.htm.

过国际反恐安全合作，共同制定针对恐怖主义问题的对策。

四、秉持先易后难原则，加快推进自贸区谈判

现阶段欧亚经济联盟成员国与中国无论是在经济体量上，还是在对外贸易总额方面都存在明显差距，这引起欧亚经济联盟成员国警惕，联盟成员国担心双方建立自由贸易区会对自身市场形成较大冲击，会使对外贸易结构更趋不合理。为此，中国应根据欧亚经济联盟成员国的实际国情和双方贸易发展情况，秉持先易后难原则，采取分阶段、分层次的形式，逐步推进自由贸易区谈判，具体应从以下几方面着手。

首先，在自由贸易协定议题方面，应遵循灵活的自由化原则。按照惯例，如果未来中国和欧亚经济联盟进行自由贸易协定谈判，谈判将会围绕三大核心议题展开，即货物贸易、服务贸易以及投资议题。关于这三大议题的谈判顺序以及达成顺序，中国应根据双方实际利益以及实际谈判情况决定，不必拘泥于先谈货物贸易再谈服务和投资议题的程序，需遵循先易后难的原则。而对于这三大议题的呈现形式，可以仿照欧亚经济联盟已签订自由贸易协定的格式。如在货物贸易议题方面，可以依据《欧亚经济联盟和越南自由贸易协定》的形式，采取在主协定中直接纳入一章货物贸易自由化议题，待双方达成具体的关税减免共识后，再以附件形式呈现具体的关税减让细则。而在服务和投资议题方面，可依据《欧亚经济联盟和新加坡自由贸易协定》形式，在主协定文本外单独呈现服务和投资协定，具体可根据中国与欧亚经济联盟各国的谈判情况分别达成双边服务与投资协定，也可以按照《欧亚经济联盟和越南自由贸易协定》的做法，采取中国与欧亚经济联盟主要成员国（俄罗斯、哈萨克斯坦）先就服务与投资议题达成双边安排，同时规定其他成员国加入的条件，以期逐步达成最后的综合性议题。

其次，在市场开放度方面，应在充分协商的基础上有序开放。通常自

<<< 第八章 中国—欧亚经济联盟自由贸易区建设的障碍与对策建议

由贸易成员国在进行自由贸易谈判过程中，会充分考虑构建自由贸易区对本国产业结构的影响，尤其是对弱小产业的冲击。因此，一般会区分行业以及商品实施不同的关税削减策略。中国在与欧亚经济联盟进行自由贸易区建设过程中同样可以在充分协商的基础上将产品分成一般产品、敏感产品、高度敏感产品三类，针对不同产品实行不同关税减让进程。针对一般产品，双方可以在较短的时间内实行较大幅度的关税减让。针对敏感产品，双方可以在自由贸易协定实施的阶段先以较小的关税减让幅度逐渐推进，给成员国产业适应外国产品的时间，待市场对进口产品冲击的敏感度降低后，再加大关税减让的幅度和进程。针对高度敏感的产品，可以在自由贸易协定生效后暂不实行关税减免政策，待自由贸易区内贸易发展以及竞争形势逐步改变后，适时对高度敏感产品的类目进行评估和修正，对已被剔除高度敏感产品类目的产品加快推进关税减免进程。总之，不同产品类目可实行动态调整机制，即随着行业竞争能力和市场形势的改变，成员国可协商产品类目的调整，高度敏感产品可过渡为敏感产品，敏感产品可转为一般产品，并实施新的产品类目关税调整体系。在调整产品类目时应遵循只下不上、平等协商的原则，即只能由高敏感度品类向低敏感度品类调整，避免出现以调高敏感度为名的贸易保护。至于产品敏感度的评价指标，可以建立产业竞争力指标、就业影响指标和战略影响指标为主的指标体系，进行综合评价。

最后，在货物贸易关税减免上，应采取分阶段降税策略。中国与欧亚经济联盟自由贸易区建设可以借鉴中国与东盟自由贸易区建设推行的"早期收获计划"经验。"早期收获计划"是指在中国—东盟自由贸易区建设的十年间，在农产品关税下调方面采取的分阶段实施的方式，即第一阶段为2004至2006年，该阶段只有约600种产品关税逐步减免为零，第二阶段为2005至2010年，这一阶段约有7000种产品关税逐步削减为零，这里把第一阶段的约600种产品优先实施降税的制度安排称为"早期收获"计划。中国—欧亚经济联盟自由贸易区建设可以借鉴中国—东盟自由贸易区建设经验，同时中国—欧亚经济联盟自由贸易区建设也可以借鉴欧亚经济联盟—伊朗自由贸易区建设经验。欧亚经济联盟—伊朗自由贸易区建设同样分两个阶段：第一阶段，2019至2021年为临时自由贸易区阶段，双方对862种商品实施关税减免安排；第二阶段，为全面自由贸易区阶段，根据第一阶段的建设效果，决定是否进入第二阶段谈判。两个自由贸易区，虽然在内容和时间安排上存在不同，但就建设方式来看，存在一个共性，那就是所涉及的贸易商品关税减让安排方面并非一蹴而就、一概而论，而是采取分层次、分阶段、先易后难、循序渐进的方式进行的。中国与欧亚经济联盟自由贸易区建设可以借鉴上述两个自由贸易区的经验，在商品分类、削减关税时间、关税税率起点、每年削减幅度等方面进行细化，采取分阶段推进的方式，在自由贸易区建设框架下推行"早期收获计划"。如可以对欧亚经济联盟竞争力较强的原材料、皮毛制品等先行降税，以期在双方自由贸易区建立前让欧亚经济联盟成员国先行体会到自由贸易区的切实利益，而对于中国竞争力较强，欧亚经济联盟竞争力较弱的机电产品和轻纺产品，双方可以协商延长削减关税期限，并参照双方贸易的实际情况逐年有序降税。

综上所述，双方自由贸易区建设是一个长期而系统的工程，需要中国和欧亚经济联盟各成员国共同努力，双方自由贸易区一经建成，不仅对中国和欧亚经济联盟各国产生深刻影响，也将对欧亚地区乃至世界经济格局产生重要影响。因此，中国和欧亚经济联盟各国应该坚定信念，克服障碍，争取早日进行自由贸易区谈判。

<<< 第八章 中国—欧亚经济联盟自由贸易区建设的障碍与对策建议

本章小结

  中国是欧亚经济联盟最大的贸易伙伴国，中国和欧亚经济联盟具有建立自由贸易区的良好基础，具有推进自由贸易区建设的意愿。目前，中国与欧亚经济联盟的经贸合作协定已经生效，该协定中的许多议题与欧亚经济联盟自由贸易协定中的议题相重合，《经贸合作协定》作为中国与欧亚经济联盟签署的非优惠经济协定，被视为自由贸易协定的第一步。中国与欧亚经济联盟具备建立自由贸易区的广泛基础和意愿，但中国与欧亚经济联盟各国在经济总量、对外贸易总额等方面的差距，使得欧亚经济联盟各国对与中国建立自由贸易区有所顾虑，担心自由贸易区会扩大其对中国的经济依赖，同时欧亚经济联盟成员国地区安全隐患也困扰中国与其深化合作，这些因素都将阻碍双方自由贸易区建设。为此，中国在规划与欧亚经济联盟建立自由贸易区时应制定长期战略，借鉴欧亚经济联盟已建立自由贸易区的成功经验，坚持以经济为导向，从实体项目入手，秉持先易后难的原则，逐步推进自由贸易区建设。

结　论

通过对欧亚经济联盟对外自由贸易区建设的上述研究，得出如下结论：

第一，欧亚经济联盟对外自由贸易区建设是在俄罗斯陷入经济危机、与欧盟关系恶化、在独联体地区向心力下降的基础上提出的。欧亚经济联盟对外自由贸易区建设在追求经济利益的同时也被寄予了更多政治、安全以及外交等战略诉求。

第二，欧亚经济联盟对外自由贸易区建设以俄罗斯现阶段遵循的新欧亚主义理念为指导思想，在寻求加强与欧盟关系的同时，把亚洲作为自由贸易区建设的主要发展方向，优先选取了东亚的中国、东南亚的越南、南亚的印度，以及西亚的伊朗等与俄罗斯政治经济关系较为紧密的地区大国作为自由贸易区建设的支点国家，并以"5+1"合作模式，以市场、能源和技术合作为推进手段，进行自由贸易区建设，以点带面，逐步扩展，最终形成以欧亚经济联盟为轴心向整个亚洲乃至全球辐射的自由贸易区网络。

第三，经过六年多的实践，目前欧亚经济联盟已和越南、塞尔维亚、新加坡分别签署了自由贸易协定，和伊朗签署了临时自由贸易协定，和印度、埃及、以色列分别进行了多轮自由贸易谈判。从已生效的自由贸易协定来看，协定推动了双方贸易增长，深化了双方的政治互信，为双方在更多领域合作提供了可能，同时协定也产生了一定的消极后果，如加剧了双方贸易不平衡，双方贸易结构问题更加突出等。但由于欧亚经济联盟与这些国家的贸易总量较小，协定生效对欧亚经济联盟总体经济贸易影响有限。

第四，通过对欧亚经济联盟已签署和正在谈判的自由贸易协定的分析，可以得出欧亚经济联盟对外自由贸易区建设具有以下主要特征：一是在地域范围上以亚洲国家为主。在欧亚经济联盟已签署和正在谈判的7个国家中，5个为亚洲国家，亚洲国家占欧亚经济联盟对外自由贸易区建设的71%。二是在谈判对象上优先选择盟友及战略伙伴国。在欧亚经济联盟已签署和正在谈判的7个伙伴国中，越南、塞尔维亚、印度、埃及为俄罗斯重要战略伙伴关系国，伊朗和以色列为俄罗斯"特殊关系"国。三是在协议内容上采取灵活的自由化标准。在欧亚经济联盟已签署的3个自由贸易协定和1个临时自由贸易协定中，欧亚经济联盟和新加坡的自由贸易协定是最全面综合的协定，该协定采用的是一揽子式文本结构，既包括货物贸易议题，也包括服务和投资议题。而欧亚经济联盟与伊朗的临时自由贸易协定采用的是分立式的文本结构，协定包含临时自由贸易协定和全面自由贸易协定两个阶段，且在临时自由贸易协定阶段，双方只涉及了较窄范围的货物贸易自由化。四是在建设目标上兼顾传统与非传统收益。欧亚经济联盟对外自由贸易区建设在关注经济目标的同时，地缘政治影响也是其重点考虑的因素，是经济目标、政治目标以及安全目标的结合。欧亚经济联盟对外自由贸易区建设表现出的这些主要特征符合欧亚经济联盟的建设规划，是欧亚经济联盟对外自由贸易区建设思路在实践中的具体体现。未来欧亚经济联盟在继续推进与小型贸易伙伴自由贸易区建设的同时，还将致力于和东盟、中国、欧盟等大型经济体构建自由贸易区。

第五，中国是欧亚经济联盟对外自由贸易区建设的支点国家，欧亚经济联盟重视与中国的经贸合作，欧亚经济联盟是中国丝绸之路经济带建设的重点区域经济组织，中国有意与其深化合作，双方具有建立自由贸易区的现实基础和有利条件。现阶段中国与欧亚经济联盟已经签署了经贸合作协定，但距双方签署自由贸易协定仍有很长一段距离，双方自由贸易区建设还存在明显障碍，这主要源于以下三方面原因：首先，欧亚经济联盟主导国俄罗斯和中国在人口、经济规模以及对外贸易总额方面差距较大，欧亚经济联盟其他成员国和中国经贸关系紧密，俄罗斯担心双方建立自由贸易区会影响自身在欧亚经济联盟的地位。其次，欧亚经济联盟其他成员国哈萨克斯坦、白俄罗斯、亚美尼亚、吉尔吉斯斯坦，特别是与中国西部毗邻的哈、吉两国，对"中国崛起"存有一定警惕，担心对中国经济形成过度依赖。最后，欧亚经济联盟各国因历史遗留、地理位置、资源禀赋等原因，一直面临传统和非传统安全威胁，地区安全隐患困扰中国与其进一步合作。针对上述障碍中国可以借鉴欧亚经济联盟已签署自由贸易协定的成功经验采取相应对策措施。

参考文献

1. 中文书籍

［1］［美］塞缪尔·P.亨廷顿.变化社会中的政治秩序［M］.上海：上海人民出版社，2008.

［2］［英］彼得·罗布森.国际一体化经济学［M］.上海：上海译文出版社，2001.

［3］［哈］纳扎尔巴耶夫.站在21世纪门槛上——总统手记［M］.北京：时事出版社，1997.

［4］程伟，等.经济全球化与经济转轨互动研究［M］.北京：商务印书馆，2005.

［5］张蕴岭.世界区域化的发展与模式［M］.北京：世界知识出版社，2004.

［6］冯绍雷，相蓝欣.俄罗斯与大国及周边关系［M］.上海：上海人民出版社，2005.

［7］姜文学.国际经济一体化的新特性与大国战略［M］.大连：东北财经大学出版社，2009.

［8］柳丰华.俄罗斯与中亚——独联体次地区一体化研究［M］.北

京：经济管理出版社，2010.

［9］邢广程. 中国和新独立的中亚国家关系［M］. 哈尔滨：黑龙江教育出版社，1996.

［10］李永全. 丝绸之路经济带和欧亚经济联盟对接研究［M］. 北京：社会科学文献出版社，2017.

［11］盛斌. 中国对外贸易政策的政治经济分析［M］. 上海：上海人民出版社，2002.

［12］赵传君. 创建中俄自由贸易区问题探索［M］. 北京：社会科学文献出版社，2010.

［13］富景筠. 丝绸之路经济带与欧亚经济联盟：如何实现战略对接？［M］. 北京：社会科学文献出版社，2016.

［14］华晓红. 国际区域经济合作——理论与实践［M］. 北京：对外经济贸易大学出版社，2007.

［15］姜桂石，姚大学，王泰. 全球化与亚洲现代化［M］. 北京：社会科学文献出版社，2005.

［16］杨希燕，唐朱昌，等. 对接与合作：丝绸之路经济带与欧亚经济联盟［M］. 北京：中国经济出版社，2020.

［17］刘晨阳. 中国参与双边FTA问题研究［M］. 天津：南开大学出版社，2006.

［18］张秀华，高天明. 欧亚经济联盟一体化政策［M］. 北京：经济科学出版社，2018.

［19］王俊文. 加快实施中国自贸区战略研究［M］. 北京：中国商务出版社，2013.

［20］王晨星. 欧亚经济联盟：成因、现状及前景［M］. 北京：社会

科学文献出版社，2019.

［21］曹亮. 区域经济一体化的政治经济学分析［M］. 北京：中国财政经济出版社，2006.

2. 外文书籍

［1］Г. Г. Мокров. Евразийский экономический союз：Общий рынок. Формирова-ние, регулирование, защита［M］. Москва：Проспект, 2018.

［2］В. П. Оболенского. Внешнеэкономические связи России：современные вызовы и возможные ответы［M］. Москва：Институт экономики РАН, 2016.

［3］С. Н. Алпысбаевой. Казахстан в евразийском экономическом союзе：эффектыинтеграции［M］. Астана：2017.

［4］Н. Н. Котлярова, А. Б. Дмитриевой. Внешнеэкономические связи России［M］. Raleigh, North Carolina, USA：Open Science Publishing, 2018.

［5］Л. Н. Красавиной. Тенденции и перспективы развития евразийского экономи‐ческого союза в контексте опыта европейской интеграции и глобальных вызовов［M］. Москва：Финансовый университет при Правительстве Российской Федерации, 2016.

［6］Евгений Юрьевич Винокуров, Т. В. Цукарев, Владимир Перебоев, Д. А. Коршунов. Евразийский экономический союз［M］. Санкт‐Петербург：Центр интеграционных исследований Евразийского банка развития, 2017.

［7］Александр Либман. Евразийская континентальная интеграция［M］.

Санкт-Птеррбург: Центр интеграционных исследованийЕвразийского банка развития, 2012.

［8］Т. А. Шаклеина, А. Н. Панов, А. С. Булатов и др. Внешняя политика России, 1991 - 2016 ［М］. Москва: МГИМО - Университет, 2017.

［9］Е. Н. Грачиков, П. А. Цыганов и др. Внешняя политика России в условиях глобальной неопределенности ［М］. Москва: Издательство "Русайнс", 2015.

［10］М. О. Тураева, Л. Б. Вардомский. Трансформация моделей экономики в странах постсоциалистического мира ［М］. Москва: ИЭ РАН, 2020.

［11］И. И. Орлик, Н. В. Куликова. Страны Центрально - Восточной Европы: влияние новых геополитических факторов на экономическое развитие и отношения с Россией ［М］. Москва: Институт экономики РАН, 2016.

［12］С. П. Глинкина, А. Г. Пылин, Нгуен Куок Хунг. Проблемы имплементации и ожидаемые эффекты Соглашения о свободной торговле между Евразийским экономическим союзом и Социалистической Республикой Вьетнам［М］. Москва: Эдитус, 2018.

［13］А. А. Каширкина, А. Н. Морозов. Россия, Евразийский экономический союзи Всемирная торговая организация ［М］. Москва: Институт законодательства и сравнительного правоведения при Правительстве РФ, 2014.

［14］Л. Б. Вардомский. Евразийская интеграция в турбулентном

мире [M]. СПБ: Алетейя, 2019.

[15] Г. Д. Толорая. Азиатские соседи России: взаимодействие в региональной среде [M]. Москва: Издательско‐торговая корпорация 《Дашков и К》, 2016.

[16] Л. А. Аносова. Глобализация экономики Китая. Всеобъемлющее стратегич-еское партнёрство Китая с Россией [M]. Москва: Эдитус, 2017.

[17] В. К. Бурлачков, М. Ю. Головнин. Денежно‐кредитные системы России и Беларуси в условиях глобальной финансовой нестабильности [M]. Москва: ИЭ РАН, 2016.

[18] Т. В. Чубарова. Социальная сфера в современной экономике. Вопросы теории и практики [M]. СПб: Нестор-История, 2015.

[19] О. С. Сухарев. Институционально‐структурные факторы экономического развития [M]. Москва: ИЭ РАН, 2015.

[20] Р. С. Гринберга, В. М. Гееца. Социально‐экономическое развитие России и Украины: противоречия и комплементарность [M]. Москва: ИЭ РАН, 2014.

[21] И. А. Коргун, С. Ф. Сутырин. Торговая политика России и стран Восточной Азии: поиск путей для взаимовыгодного сотрудничества [M]. Москва: ИЭ РАН, 2020.

[22] Л. А. Аносова. Российский Дальний Восток: стратегия развития в XXI веке [M]. Москва: ИЭ РАН, 2014.

[23] С. П. Глинкина. Новое направление российской внешней и внешнеэкономич‐еской политики – взаимодействие в БРИКС [M]. Москва: Институт экономики РАН, 2014.

[24] Н. В. Куликова. Центрально-Восточная Европа: развитие в новых геополити-ческих реалиях [M]. Москва: ИЭ РАН, 2016.

[25] Е. Б. Ленчук, Б. Н. Паньшин. Внешнеэкономический фактор в стратегии модернизации России и Беларуси [M]. Минск: ГУ 《БелИСА》, 2012.

[26] К. Н. Брутенц. Великая геополитическая революция [M]. Москва: Междуна-родные отношения, 2014.

[27] Л. И. Цедилин. Протекционизм в российской экономической политике: институциональный исторический опыт [M]. Москва: ИЭ РАН, 2016.

[28] И. И. Орлик. Россия и Центрально-Восточная Европа: взаимоотношения в 2014—2015 гг [M]. Москва: ИЭ РАН, 2016.

[29] Л. Б. Вардомского. Социально-экономическое развитие постсоветских стран: итоги двадцатилетия [M]. Москва: ИЭ РАН, 2016.

[30] Е. М. Бухвальд, А. В. Виленский. Новая пространственная стратегия для России [M]. Москва: Институт экономики РАН, 2020.

[31] Р. С. Гринберг, П. В. Савченко. Российская социально-экономическая система: реалии и векторы развития [M]. Москва: ИНФРА-М, 2014.

[32] Е. Б. Ленчук. Новаяпромышленная политика России в контексте обеспече-ния технологической независимости [M]. СПб: Алетейя, 2016.

[33] Б. А. Хейфец. Новые экономические мегапартнерства и Россия [M]. СПБ: Алетейя, 2019.

3. 学位论文

［1］向洁. 丝绸之路经济带与欧亚经济联盟对接研究［D］. 乌鲁木齐：新疆大学，2018.

［2］傅裕. "大欧亚伙伴关"与"一带一路"倡议对接的挑战分析［D］. 上海：华东师范大学，2019.

［3］潘琦. 地缘政治视角下俄罗斯欧亚联盟战略研究［D］. 济南：山东大学，2016.

［4］邓永永. 欧亚经济联盟与丝绸之路经济带大对接研究［D］. 哈尔滨：黑龙江大学，2018.

［5］吴坚业. 俄罗斯新亚洲政策的探究［D］. 广州：广东外语外贸大学，2016.

［6］倪望舒. 丝绸之路经济带与欧亚经济联盟的对接分析［D］. 济南：山东大学，2018.

［7］徐弯弯. 丝绸之路经济带与欧亚经济联盟对接：阻碍因素及应对策略［D］. 上海：华东师范大学，2018.

［8］徐博. 冷战后俄罗斯亚太地缘战略研究［D］. 长春：吉林大学，2013.

［9］邓万林. 欧亚经济联盟一体化路径选择研究［D］. 北京：北京外国语大学，2020.

［10］史申楠. "一带一盟"建设对接合作的风险与对策研究［D］. 长春：东北师范大学，2017.

［11］潘奇杰. 中国同独联体国家自贸区建设的经济效应分析——基于"欧亚经济联盟"成立背景下［D］. 杭州：浙江工商大学，2017.

［12］张金泉. 乌克兰危机以来俄罗斯外交政策调整研究［D］. 哈尔滨：黑龙江大学，2019.

［13］殷振兴. 俄罗斯外交"东向"调整研究［D］. 北京：外交学院，2019.

［14］徐永智. 构建中俄自由贸易区问题研究［D］. 长春：吉林大学，2016.

［15］肖影. 独联体区域一体化：路径与进展［D］. 沈阳：辽宁大学，2015.

［16］陈烨. 俄罗斯大欧亚战略及其影响研究［D］. 兰州：兰州大学，2019.

［17］孙家欣. 中国"一带一路"倡议与俄罗斯"欧亚经济联盟"设想对接研究［D］. 广州：中共广东省委党校，2018.

［18］梁乾. 丝绸之路经济带与欧亚经济联盟合作研究［D］. 北京：对外经济贸易大学，2015.

4. 中文期刊文献

［1］李建民，李永全，陈玉荣等. 欧亚经济联盟：理想与现实［J］. 欧亚经济，2015（6）.

［2］白当伟，陈漓高. 区域贸易协定的非传统收益：理论、评述及其在东亚的应用［J］. 世界经济研究，2003（6）.

［3］顾炜. 欧亚经济联盟的新动向及前景［J］. 国际问题研究，2015（6）.

［4］陈明. 国际油价波动及其对俄罗斯的战略影响［J］. 河北地质大学学报，2017（8）.

［5］罗英杰. 俄罗斯与欧盟的经济关系［J］. 外交评论（外交学院学报），2005（8）.

［6］田畑伸一郎，刘旭. 俄罗斯油气资源依附型经济论析［J］. 俄罗斯研究，2010（6）.

［7］郭晓琼. 俄罗斯工业发展问题探析［J］. 欧亚经济，2020（4）.

［8］韩冬雪，王雨. 俄罗斯国家能源发展战略评析［J］. 当代世界与社会主义，2016（2）.

［9］王智辉. 俄罗斯资源依赖型经济的长期增长［J］. 东北亚论坛，2008（1）.

［10］王晨星. 美国对欧亚经济联盟的认知与对策分析——兼对俄美关系的若干思考［J］. 北京教育学院学报，2018（3）.

［11］徐向梅. 乌克兰危机下的俄罗斯政经局势分析［J］. 人民论坛·学术前沿，2015（1）.

［12］李兴. 普京欧亚联盟评析［J］. 俄罗斯研究，2012（12）.

［13］黄蕊，蔡伟志. 国际石油价格波动对俄罗斯经济的影响［J］. 税务与经济，2016（9）.

［14］米军，刘彦君. 国际石油价格波动与俄罗斯经济增长［J］. 欧亚经济，2015（10）.

［15］卓四清，王博，乔路. 国际油价波动对俄罗斯实际有效汇率的影响研究［J］. 价格理论与实践，2017（1）.

［16］梁雪秋. 乌克兰危机后俄罗斯与欧盟关系走向研究［J］. 西伯利亚研究，2016（4）.

［17］胡毅翔. 国际区域经济一体化的原因、发展及未来前景［J］. 现代商业，2020（3）.

[18] 张丽娟. 为何区域经济一体化再次成为潮流 [J]. 世界知识, 2020 (3).

[19] 刘儒. 自贸区建设的必要性及发展情况研究 [J]. 淮北职业技术学院学报, 2019 (12).

[20] 王志远. 俄罗斯进口替代与欧亚经济联盟发展的协同关系 [J]. 新疆财经, 2020 (8).

[21] 李洋. 新一轮发展周期内俄罗斯经济形势探析 [J]. 和平与发展, 2020 (6).

[22] 周帅. 欧亚经济联盟的发展与前景 [J]. 唯实, 2019 (2).

[23] 李兴. 从地缘安全视角析俄罗斯周边环境与中俄关系 [J]. 北京教育学院学报, 2017 (9).

[24] 韩璐. 乌克兰危机后白俄罗斯外交发展态势评析 [J]. 欧亚人文研究, 2019 (3).

[25] 陆齐华. 美国地缘战略中的亚美尼亚 [J]. 东欧中亚研究, 2001 (10).

[26] 杨雷, 刘雨喆. 俄罗斯干预独联体地区冲突的情感因素分析 [J]. 俄罗斯东欧中亚研究, 2020 (8).

[27] 陆南泉. 丝绸之路经济带与欧亚经济联盟关系问题 [J]. 西伯利亚研究, 2015 (10).

[28] 左凤荣. 欧亚联盟: 普京地缘政治谋划的核心 [J]. 当代世界, 2015 (4).

[29] 毕洪业. 俄罗斯地缘政治思想的演变及影响 [J]. 俄罗斯研究, 2018 (2).

[30] 郭丽双. 俄罗斯新欧亚主义的理论建构及其政治实践 [J]. 当

代世界与社会主义，2017（8）.

[31] 赵志阳. 新欧亚主义再反思［J］. 学术交流，2018（3）.

[32] 李鼎. 俄罗斯"大欧亚伙伴关系"倡议的体系因素分析——基于新古典现实主义的解释［J］. 公关世界，2020（3）.

[33] 郭丽双. 反抗与重塑：新欧亚主义政治哲学对俄罗斯文明的新构想［J］. 俄罗斯研究，2019（12）.

[34] 庞大鹏. 俄罗斯的"大欧亚伙伴关系"［J］. 俄罗斯学刊，2017（4）.

[35] 高立伟. 东方经济论坛与俄罗斯经济东转［J］. 西伯利亚研究，2019（12）.

[36] 王萌，郭连成. 俄罗斯与新兴市场国家的政治经济关系［J］. 财经问题研究，2020（1）.

[37] 张莹莹. 俄罗斯能源外交的新形势、新特点与新趋势［J］. 商业经济，2020（1）.

[38] 祖立超. 俄罗斯与伊朗的交情有多深［J］. 世界知识，2010（4）.

[39] 崔宪涛. 怎样把握俄罗斯市场的特点［J］. 东欧中亚市场研究，2001（2）.

[40] 那传林. 俄越关系急剧升温的意味［J］. 世界知识，2013（8）.

[41] 郭春霞. 俄罗斯与越南关系演变的轨迹［J］. 今日东欧中亚，1999（2）.

[42] 马德义. 20世纪60年代下半期苏联对越援助及其影响［J］. 辽宁大学学报（哲学社会科学版），2013（7）.

[43] 张建. 大国博弈背景下的俄罗斯中东政策［J］. 和平与发展，2020（6）.

[44] 王明昊. 中俄蒙自由贸易区的非传统收益分析 [J]. 关东学刊, 2017 (5).

[45] 张继荣. 欧亚经济联盟对外自由贸易区建设的实践与启示 [J]. 中国流通经济, 2019 (11).

[46] 宫艳华. 欧亚经济联盟对外经济合作评析 [J]. 欧亚经济, 2020 (12).

[47] 马嬰. 俄印关系的发展及其特点 [J]. 西伯利亚研究, 2004 (4).

[48] 杨焰婵. 当代南亚地缘政治格局特征及其发展态势 [J]. 印度洋经济体研究, 2016 (10).

[49] 高祖贵. 当前国际战略的四大发展趋势 [J]. 和平与发展, 2017 (4).

[50] 朱成虎. 关于当前世界战略格局的几点思考 [J]. 世界经济与政治, 2011 (2).

[51] 孙建杭. 冷战后世界格局演变的新特点 [J]. 探索与争鸣, 2000 (4).

[52] 张国凤. 中国与欧亚经济联盟自由贸易区构建的基础、问题与对策 [J]. 中国高校社会科学, 2016 (7).

[53] 王树春, 张娜. 中国与欧亚经济联盟建立自贸区的前景分析 [J]. 欧亚经济, 2019 (12).

[54] 丛晓男. 中国—欧亚经济联盟FTA的经济障碍与现实选择——基于可计算以便均衡GMP-CGE [J]. 俄罗斯研究, 2018 (2).

[55] 项义军, 张金萍. 中俄区域经济合作战略对接的障碍与冲突 [J]. 国际贸易, 2016 (1).

[56] 张艳璐. 丝绸之路经济带与欧亚经济联盟对接的基础、阻碍与对策思考 [J]. 战略决策研究, 2018 (5).

[57] E. 维诺库罗夫, 封帅. 欧亚经济联盟: 发展现状与初步成果 [J]. 俄罗斯研究, 2019 (1).

[58] 理查德·萨克瓦, 宋阳旨. 欧亚精英如何以全球视角看待欧亚经济联盟的作用 [J]. 国外理论动态, 2017 (2).

[59] 亚历山大·利布曼, 杨茗. 乌克兰危机、俄经济危机和欧亚经济联盟 [J]. 俄罗斯研究, 2016 (6).

[60] 徐洪峰. 欧亚经济联盟建立的背景及未来发展 [J]. 俄罗斯学刊, 2016 (3).

[61] 顾炜. 欧亚经济联盟的新动向及前景 [J]. 国际问题研究, 2015 (6).

[62] 宫艳华. 欧亚经济联盟的规则、成效与前景 [J]. 西伯利亚研究, 2017 (3).

[63] 杨辉, 毕洪业. 普京对后苏联空间的整合及前景——以欧亚经济联盟的成立为例 [J]. 世界经济与政治论坛, 2014 (7).

[64] 王维然, 王京梁. 试析欧亚经济联盟的发展前景 [J]. 现代国际关系, 2015 (8).

[65] 王海滨. 欧亚经济联盟及其世界影响 [J]. 现代国际关系, 2015 (8).

[66] 王海滨. 论欧亚经济联盟的发展前景 [J]. 国际论坛, 2015 (9).

[67] 王晨星, 姜磊. 欧亚经济联盟的理论与实践——兼议中国的战略选择 [J]. 当代亚太, 2019 (12).

[68] 王志. 欧亚经济联盟：进展与挑战［J］. 俄罗斯研究，2019（1）.

[69] 李自国. 欧亚经济联盟：绩效、问题、前景［J］. 欧亚经济，2016（4）.

[70] 徐洪峰. 欧亚经济联盟对俄欧关系影响分析［J］. 欧亚经济，2016（6）.

5. 外文期刊文献

［1］Б. Хейфец. О зоне свободных инвестиций евразийского экономического союза［J］. Вопросы экономики，2014（8）：26-40.

［2］В. Мазырин. Соглашение о создании зоны свободной торговли между ЕАЭС и вьетнамом［J］. Проблемы дальнего востока，2015（10）：71-82.

［3］А. С. Алисенов. Налоговые аспекты интеграции евразийского экономи－ческого союза［J］. Всероссийский экономический журнал，2017（2）：82-91.

［4］Дмитрий Кондратов. Проблемы создания оптимальной валютной зоны в евразийском экономическом союзе［J］. Общество и экономика，2015（3）：47-66.

［5］Николай Шумский. Зона свободной торговли в СНГ: Формирование и перспективы развития［J］. Общество и экономика，2011（10）：111-124.

［6］Наби Зиядуллаев，Саидакмал Зиядуллаев. Евразийский экономический союз в контексте российской интеграционной стратегии

[J]. Общество и экономика, 2016 (8): 5-16.

[7] А. Кнобель. Евразийский экономический союз: Перспективы развития и возможные препятствия [J]. Вопросы экономики, 2015 (3): 87-108.

[8] Ярослав Лисоволик. Евразийский экономический союз и асеан: Оценка взаимодолняемости [J]. Международные процессы, 2017 (9): 46-54.

[9] Таир Мансуров. Евразэс: От интеграционного сотпудничества к евразийскому экономическому союзу [J]. Международная жизнь, 2014 (10): 15-34.

[10] Борис Хейфец. Евразийский экономический союз: Новые вызовы для безнеса [J]. Общество и экономика, 2015 (6): 5-22.

[11] Н. Кондратьева. Еврлазийсий экономичесий союз: Достижения и перспект-ивы [J]. Мировая экономика и международные отношения, 2016 (6): 12-53.

[12] А. А. Широв. О выборе дальнейшей модели интеграции для евразийского экономического союза [J]. Всероссийский экономический журнал, 2016 (12): 66-79.

[13] Н. И. Атанов. Российско-Евразийский транзит экономической зоны великого шелкового пути [J]. Всероссийский экономиский журнал, 2017 (4): 78-87.

[14] Е. Винокуров, М. Демиденко, Д. Коршунов. Потенциальные выгоды и издержки валюетной интеграции в евразийском экономическом союзе [J]. Вопросы экономики, 2017 (2): 75-96.

[15] Т. Н. Беловаискусств. О аграрнойполитики: Протекционизм или свободная торговля? [J]. Всероссийский экономиский журнал, 2017 (5): 61-75.

[16] Ергали Байльдинов. Договор о евразийском экономическом союзе: Как оправдать надежды? [J]. Общество и экономика, 2014 (9): 5-21.

[17] Лев Кришта Пович. Евразийский союз: От удельщины к государственно-сти [J]. Молодая гвардия, 2017 (8): 3-14.

[18] В. Фальцман. Кризис внешней торговли россии и его последствия [J]. Вопр-осы экономики, 2017 (4): 148-158.

[19] Аманжол Кошанов. "Единый пояс шелкового пути" и перспективы формирования объединенного евразийского экогомического сообщества [J]. Общество и экономика, 2016 (4): 5-20.

[20] Шарбатулло Содиков, Константин Сафронов, Эльнур Мехдиев. Постмайда - нные перспективы евразийской интеграции [J]. Международная жизнь, 2016 (4) 53-72.

[21] В. И. Нефёдкин. Внешняя торговля в экономике региона: До и послекрли-зиса [J]. Всероссийский экономический журнал, 2010 (11): 45-56.

[22] Антон Степаненко. Процесс евразийской интеграции стран СНГ [J]. Межд-ународная жизнь, 2014 (9): 96-108.

[23] Н. И. Козыре, Д. А. Сидоров. ШОС: новые контуры евразийской интеграц-ии [J]. Азия и африка сегодня, 2015 (10): 2-7.

[24] С. Л. Сазонов. Россия и китай в евразийском транспоом

коридоре [J]. Азия иафрика сегодня, 2014 (8) 12-18.

[25] Михаил Делягин. Основы внешней политики россии [J]. Наш современник, 2007 (9): 163-180.

[26] Тимофей Бордачёв, Екатерина Островская, Андрей Скриба. Выбор и вызов евразийской интеграции [J]. Россия в глобальной политике, 2013 (10): 34-45.

[27] Борис Хейфец. Трансрегионализация глобального экономического простр-анства [J]. Общество и экогомика, 2016 (6) 97-108.

[28] Владимир Петровский. На пути к большому евразийскому партнерству: вызовы и возможности [J]. Международная жизнь, 2017 (6): 99-112.

[29] Дмитрий Новиков. Без партнерства [J]. Россия в глобальной политике, 2017 (4): 103-114.

[30] Игорь Нилин. Евразийское тяготение [J]. РБК, 2017 (2): 104-106.

[31] Вань цинсун. Евразийский момент [J]. Свободная мысль, 2017 (2): 71-80.

[32] Нурхан Ашшейх. Египет-Россия: отпартнерства к союзничеству [J]. Азия и Африка сегодня, 2016 (3): 47-51.

[33] Елена Пономарева Империяфеникс. Между советским прошлым и еврази-йским будущим [J]. Свободная мысль, 2016 (4): 181-196.